Heinrich Bergstresser

Nigeria:
Macht und Ohnmacht am Golf von Guinea

Nigeria ist der größte christlich-islamische Staat der Welt und zugleich der bevölkerungsreichste Teil Afrikas, der über enorme Erdöl- und riesige Erdgasreserven verfügt. Zudem stellen die Nigerianer die größte afrikanische Diaspora in Übersee. Dieser Staat der mehrfachen Superlative versucht seit nunmehr fünfzig Jahren aus dem ethnisch und religiös hochkomplizierten Gebilde Nigeria eine Nation zu formen. Irrungen und Wirrungen kennzeichnen diesen Weg, auf dem Freud und Leid, Gewalt und Kreativität, Repression, ungebrochener Überlebenswille und Optimismus Hand in Hand gehen.

Noch ist Nigeria nicht kollabiert, sondern spielt geopolitisch in Afrika zusammen mit Südafrika nach wie vor eine führende Rolle, und die Führungsmächte der Welt betrachten Nigeria als einen zentralen Eckpfeiler ihrer Afrikapolitik. Heinrich Bergstresser hat viele Akteure nigerianischer Politik und Literatur während seiner langjährigen Aufenthalte in dem Land getroffen und wirft hier einen ungeschminkten Blick auf ein Land der Extreme. Sein Buch geht den Gründen für die vielfältigen Verwerfungen des »Systems« Nigeria nach und legt die entscheidenden und längerfristig wirkenden Strukturen offen, die plausibel erklären, wie der immer noch »unfertige« Staat Nigeria »tickt«. Eine spannende Lektüre.

Der Autor:

Heinrich Bergstresser, geb. 1949, Studium der Politikwissenschaft und Afrikanistik in Hamburg, langjähriger Redakteur bei der Deutschen Welle in Köln und Bonn. Viele Berichte, Reportagen und Features über Nigeria und andere afrikanische Staaten und über die Medienentwicklung in Afrika. Arbeitet als freier wissenschaftlicher Autor und Journalist.

Mitarbeit: *Sibylle Pohly-Bergstresser*

Heinrich Bergstresser

NIGERIA:

Macht und Ohnmacht am Golf von Guinea

Brandes & Apsel

Sie finden unser Gesamtverzeichnis mit aktuellen Informationen
im Internet unter: www.brandes-apsel-verlag.de
Wenn Sie unser Gesamtverzeichnis in gedruckter Form wünschen,
senden Sie uns eine E-Mail an: info@brandes-apsel-verlag.de
oder eine Postkarte an:
Brandes & Apsel Verlag, Scheidswaldstr. 22, 60385 Frankfurt a. M., Germany

1. Auflage 2010

Lektorat: Cornelia Wilß
Umschlag und DTP: Franziska Gumprecht, Brandes & Apsel Verlag Frankfurt a. M.,
unter Verwendung eines Fotos von Sam Olukoya
Druck: Grafika Soča d.o.o., Printed in Slovenia
Gedruckt auf einem nach den Richtlinien des Forest Stewardship Council (FSC)
zertifizierten, säurefreien, alterungsbeständigen und chlorfrei
gebleichten Papier.

Bibliografische Information der Deutschen Nationalbibliothek:
Die Deutsche Nationalbibliothek verzeichnet diese Publikation in der
Deutschen Nationalbibliografie; detaillierte bibliografische
Daten sind im Internet über http://dnb.ddb.de abrufbar

ISBN 978-3-86099-672-0

Inhalt

Vorwort

In keinem Land außerhalb Deutschlands habe ich mehr Zeit verbracht als in Nigeria. Seit mehr als 30 Jahren spielt dieses Land in meinen wissenschaftlichen und journalistischen Arbeiten eine zentrale Rolle in meinen wichtigsten Tätigkeitsfeldern Afrika und Nord-Süd-Beziehungen. Zwischen einem mehrwöchigen Aufenthalt 1978, der mir einen ersten und oftmals auch verstörenden Eindruck über die Vielfalt und die Dimensionen dieses Landes und seiner Gesellschaft vermittelte, und dem Eintauchen in die große nigerianische Diaspora in London Anfang 2010 lagen eine Vielzahl beruflich veranlasster Dienstreisen im Rahmen meiner langjährigen Tätigkeit bei der *Deutschen Welle* in Köln und Bonn und zwei ausgedehnte Aufenthalte: ein vom DAAD unterstütztes Forschungsjahr an der Ahmadu Bello Universität in Zaria 1984/85 und die Leitung der *Friedrich-Naumann-Stiftung*[1] 1991-94 in Lagos. Darüber hinaus bin ich seit Studententagen dem *GIGA Institut für Afrika Studien* in Hamburg eng verbunden und habe in regelmäßigen Abständen für das Institut Beiträge zu Nigeria und anderen afrikabezogenen Themen publiziert. Das Ergebnis ist dieses Buch, in dem ich versucht habe, Ordnung in die schwer überschaubare Masse an Informationen zu bringen und nachvollziehbare politische und sozioökonomische Strukturen aufzuzeigen, die sich bisher als konstitutiv für das System Nigeria erwiesen haben. Sie eignen sich somit als Kompass, um zu verstehen, wie dieses Land und diese Gesellschaft funktioniert, trotz des vielzitierten Chaos und der nach wie vor bestehenden erheblichen gesellschaftlichen Fragmentierung.

Vielen der Akteure, die das Schicksal Nigerias entscheidend beeinflusst und das politische Denken mitbestimmt haben, bin ich immer wieder persönlich begegnet. Die Gespräche und Diskussionen mit Ken Saro-Wiwa, Wole Soyinka, Olusegun Obasanjo, Matthew Hassan Kukah,* Attahiru Jega* und Umaru Musa Yar'Adua zählen sicherlich zu den nachhaltigsten Erinnerungen und Erfahrungen, und sie stehen stellvertretend für Hunderte von einflussreichen Personen und Persönlichkeiten im ganzen Land, die ich kennen- und zumeist auch schätzen gelernt habe und denen viel Leid und nur wenig Freud zuteil wurde, obgleich auch sie das System Nigeria in all seinen Widersprüchen und Brüchen mehr oder weniger bewusst mittragen und mitprägen.

So ergaben sich zwangsläufig einige wenige Hauptlinien, an denen sich aber die tragenden Säulen des »unfertigen« Staates Nigeria beschreiben, analysieren, interpretieren und bewerten lassen. Diese sechs Personen waren zentrale Zeugen und Akteure der komplizierten und konfliktreichen politischen, wirtschaftlichen, sozialen und kulturellen Entwicklung. Damit aber bieten sie zugleich eine geeignete Projektionsfläche für die vielschichtigen und zahllosen Dilemmata, die dieses Land Nigeria beherrschen, es antreiben und es gleichzeitig ausbremsen. Diese Dialektik zieht sich wie ein roter Faden durch das Buch, weshalb mir eine linear chronologische Betrachtung des Systems Nigeria nicht als geeignet erschien. Dementsprechend sind inhaltliche und zeitliche Sprünge unvermeidlich, die aber größere Zusammenhänge sichtbar machen und so die entscheidenden und längerfristig wirkenden Strukturen zum Verständnis des Staates Nigeria offenlegen.

Die Zahl derer, die meine Arbeit direkt oder indirekt beeinflusst haben, ist zu groß, um sie alle in diesem Rahmen zu nennen. Von den Freunden in Nigeria, denen ich nun seit fast zwei Jahrzehnten auf das Engste verbunden bin, möchte ich Ayodele und Oluwatosin Aderinwale, Sam Olukoya, Ubale Musa und John und Molly Adeleke erwähnen, die ihren Glauben an ein besseres Nigeria nie verloren haben und die aus ihren sehr verschiedenen Perspektiven meinen Blick für das Wesentliche im Land schärften. Und seit meinem ersten Aufenthalt in Nigeria dauert die Freundschaft mit dem Haussa-Experten Joe McIntyre, der mir zuerst Kano und dann in Hamburg die Haussa-Sprache näherbrachte. Das trifft auch auf Klaus Hock zu, der mich in zahlreichen Gesprächen für die religiöse Dimension politischer Konflikte in Nigeria und Afrika sensibilisierte. Mein besonderer Dank gilt Markus Brunner, den ich zusammen mit seiner Frau Doris Danler während der schweren innenpolitischen Turbulenzen 1993/94 in Lagos kennenlernte und der das Skript gelesen und mit zahlreichen Anregungen und Hinweisen bereichert hat. Doch verdankt dieses Buch seine Entstehung letztlich auch der kritischen Unterstützung und Geduld meiner Frau Sibylle Pohly-Bergstresser, die mich angesichts der Materialfülle und des Zeitfensters immer wieder daran erinnerte, nicht den Blick für das Wesentliche zu verlieren. Dabei versteht es sich von selbst, dass Auslassungen, Unzulänglichkeiten und Schlussfolgerungen allein auf mein Konto gehen.

Heinrich Bergstresser, Köln, Juli 2010

* Jega war als junger Dozent Vorsitzender der progressiven nationalen Vereinigung der Akademiker während der Babangida-Diktatur und erklärter Gegner des Regimes. Später stieg er auf zum Vice-Chancellor der Bayero Universität in Kano auf und wurde vor wenigen Monaten zum Chef der Wahlkommission berufen.

Kukah ist katholischer Priester und diente zehn Jahre lang als Generalsekretär der Katholischen Kirche. Trotz seiner Priesterwürde war und ist er überwiegend politisch aktiv, regelmäßig auch im Regierungsauftrag.

Nigeria: Land der Extreme

Zweifellos ein schwieriges Land, dieser unfertige Staat Nigeria, der 2010, im Erscheinungsjahr dieses Buches, als freier unabhängiger Staat sein »Goldenes Jubiläum« feiert und entgegen vieler Prognosen nicht von der Landkarte Afrikas verschwunden ist, ganz im Gegenteil. Der Vielvölkerstaat Nigeria mit seinen mehr als 150 Millionen Menschen ist ein wichtiger Akteur in Afrika und mit seinem natürlichen und menschlichen Ressourcenreichtum ein nicht unwichtiger Teil der modernen Welt. Zurzeit versucht dieser Staat einmal mehr, nach vielen bitteren Erfahrungen und Rückschlägen wie dem Bürgerkrieg um die Sezession Biafras und fast einem Dutzend erfolgreicher und gescheiterter Militärputsche seinen Weg in die Demokratie fortzusetzen.

Ein schwieriges Unterfangen. Denn alles in diesem geografisch überschaubaren Raum erscheint extrem und hoch verdichtet und wirkt auf viele Nicht-Nigerianer häufig abschreckend. Es ist die schiere Zahl von Ereignissen, die gleichzeitig geschehen, sich überlappen, sich durchdringen, oft gar nicht zusammenpassen, aber den Bodensatz liefern für Gerüchte und Verschwörungstheorien, über die dann in den Medien berichtet und diskutiert wird. Es gibt keinen Stillstand, keinen Moment des Innehaltens im hektischen Miteinander und Durcheinander dieses Staates, wo Regeln die Ausnahme sind und die Überzeugung vorherrscht, die meisten Probleme allein mit Geld lösen zu können. Zudem glauben fast alle Nigerianer, dass Gott, Allah oder die traditionellen Gottheiten es letztlich schon richten werden. Die nigerianische Gesellschaft, in der sich Christen und Muslime zahlenmäßig in etwa die Waage halten, sieht sich selbst als extrem religiös, und Religionsausübung gehört zum Leben wie die Luft zum Atmen. So verwundert es nicht, dass in Nigeria Christentum und Islam, Tradition und Moderne, Säkulares, Islamisches und Traditionelles Recht neben- und miteinander existieren können.

Die Bevölkerungsgröße – jeder sechste oder siebte Afrikaner ist Nigerianer –, die ethnische Vielfalt, der Drang zur Selbstdarstellung, die als Show-off- und Big-Man-Syndrom der Eliten Eingang in die nigerianischen Alltagssprachen[2] gefunden haben, das Patenunwesen, der Widerspruch, als OPEC-Mitglied Benzin zu importieren und nach Sonnenuntergang zumeist im Dunkeln sitzen zu müssen, weil es keinen Strom gibt, das planlose Wuchern der Städte, ein unbändiger Überlebenswille und ein tief verankerter Pragmatismus in allen Schichten der Vielvölkergesellschaft charakterisieren diesen Staat.

Nigerianer bilden die größte afrikanische überseeische Diaspora. Nigerianer lehren in westlichen Demokratien, arbeiten als anerkannte Mediziner in den

Früher Holzschnitt von Susanne Wenger

Golfstaaten, überschwemmen den afrikanischen und den Diaspora-Markt jedes Jahr mit weit mehr als tausend Videoproduktionen aus *Nollywood* und nehmen erfolgreich an internationalen Friedensmissionen der Vereinten Nationen und der Afrikanischen Union teil. Zugleich zählt Nigeria zu den korrupten Staaten weltweit, und die organisierte Schwerkriminalität ist Teil des Alltags, unter der viele Menschen leiden. Darüber hinaus gibt es eine hohe Anzahl interner gewalttätiger Konflikte um den direkten Zugang zu den lukrativen Ressourcen Öl, Gas, Grund und Boden, allen voran im Niger-Delta. Dort sind Entführungen von Mitarbeitern der internationalen Ölkonzerne und von wohlhabenden Nigerianern an der Tagesordnung und haben sich zu einem lukrativen Geschäftszweig entwickelt.

Zu den Extremen Nigerias gehören auch künstlerische und intellektuelle Entfaltung, und dazu zählt letztlich auch Fußball und Sport im weiteren Sinne. Es gibt jede Menge Nigerianer, die jederzeit in der Weltliga von Kultur und Sport mitspielen können: Literaturnobelpreis, Friedenspreis des Deutschen Buchhandels, Olympisches Gold für die Fußballer 1996 und Silber 2008, Gold für die Weitspringerin Chioma Ajunwa 1996 und die 4x400 Meter St Männer bei Olympia 2000. Schriftstellergrößen wie Wole Soyinka und Achebe, deren literarisches Werk Weltruhm erlangte, brachten die krea te Nigerias der übrigen Welt näher, aber auch herausragende bildende Künstler wie Bruce Onebrakpeya, Obiora Udechukwu, Olu Oguibe oder Marcia Kure, deren Bilder auf dem internationalen Kunstmarkt begehrt sind. Neue Sterne am Schriftstellerhimmel, wie die in den USA lebende Chimamanda Ngozi Adichie, die mit ihrem Roman *Half of a Yellow Sun* 2007 den Prestige trächtigen *Orange Prize for Fiction* (auch bekannt als *Orange Broadband Prize for Fiction)* gewann, Ben Okri, Sefi Atta oder die Preisträger Helon Habila, Segun Afolabi und E. C. Osondu, die 2001, 2005 und 2009 den begehrten *Caine Prize for African Writing* erhielten, lassen sich wie ihre Vorgänger von den Gegensätzen dieses Landes inspirieren. Und unvergessen für Musikliebhaber ist der 1997 verstorbene Fela Ransome-Kuti.

Zu erwähnen wären auch die verschiedenen Identitäten, die die Nigerianer zumeist sehr bewusst in sich tragen und die sie nach Bedarf meisterlich einsetzen. Das gilt sowohl für die Innen- wie für die Außenidentität. Im Außenverhältnis verkörpern Nigerianer als Staatsbürger ihres Landes ein hohes Maß an nationaler, an nigerianischer Identität, was zum Beispiel bei den weltweiten Blauhelmeinsätzen und im Fußball deutlich wird. Hier handeln, gewinnen oder verlieren nur Nigerianer. Im Innenverhältnis, also zu Hause, gilt das nur äußerst eingeschränkt. Dort gibt es kaum Nigerianer, es gibt Yoruba, Igbo, Haussa-Fulani, Kanuri, Fulani, Ijaw, Nupe, Itsekiri, Tiv, Ogoni, um nur einige der etwa 400 Völker zu nennen, es gibt Northerners und Southerners, Christen und Muslime, die alle zuerst ihrer Familie, ihrem Clan und ihrer Religionsgemeinschaft verpflichtet sind, dann eventuell ihrem Heimatbezirk[3], dem Bundesstaat, der Region und dann – vielleicht – dem Staat Nigeria.

I Ressourcenreichtum: Fluch und Segen

Weltenergiemarkt und der Fetisch Auto

Unersättlich ist der weltweite Hunger nach Energie, die als Öl, Gas und Kohle seit nunmehr 150 Jahren die technologische Entwicklung vorantreibt und deren Ausbeutung seither gewaltige politische, wirtschaftliche, soziale und ökologische Probleme aufwirft, die sich intelligenten, tragfähigen Lösungen bislang verschlossen haben. Klimawandel, Wachstumsfantasien, Zerstörung der Lebensgrundlagen und die Frage, wie die Menschheit in einer nun endgültig globalisierten Welt ihre Zukunft gestalten will, stehen im Zentrum eines Diskurses, der vor dem Hintergrund einer demografischen Zeitbombe und des ungebrochenen Glaubens an Wohlstand und Fortschritt extreme politische, sozioökonomische und soziokulturelle Widersprüche spiegelt. So ist die Weltbevölkerung innerhalb der vergangenen vier Jahrzehnte auf 6.8 Milliarden Menschen angewachsen, und im gleichen Zeitraum hat sich der Verbrauch von Primärenergie mehr als verdoppelt.[4] Etwa 79 Prozent des Verbrauchs stammen noch immer von fossilen Energieträgern, 18 Prozent entfallen auf erneuerbare Energie, und den relativ kleinen Rest liefert die Atomenergie. Noch leben die größten Energiefresser in den OECD-Staaten, wo der Pro-Kopf-Verbrauch mehr als doppelt so hoch ist wie im globalen Durchschnitt. Aber die bevölkerungsreichsten Staaten China, Indien, Russland, Brasilien oder Indonesien schließen auf, haben sich doch dort Industrieproduktion und Dienstleistungen weit schneller entwickelt als erwartet. Inzwischen sind in diesen Ländern einkommensstarke Schichten entstanden, die die Annehmlichkeiten energieintensiver, hochwertiger Gebrauchsgüter wie Heizung, Klimaanlage, Kühlschrank und Kommunikationsmittel zu schätzen wissen.

Doch kein Konsumgut prägt die Welt von heute, über alle Kontinente, Grenzen, Klassen und Schichten hinweg, so wie das Auto, der Fetisch der Moderne, das in den letzten 50 Jahren eine beispiellose Erfolgsgeschichte hingelegt hat, in den westlichen Industriestaaten wie auch in den aufstrebenden Ländern Osteuropas, Asiens, Lateinamerikas und den neuen Staaten Afrikas. Das Auto, das noch lange Zeit ohne Kohlenwasserstoffe in Form von Erdöl und Erdgas nicht denkbar ist und das viele Menschen eigentlich gar nicht brauchen, schickt sich an, verpackt in glitzerndem Chrom oder rostigem Blech, neue Welten zu erobern, die noch vor einer Generation auf Ewig verschlossen schienen. Nun dringt das Auto mit Macht und zweistelligen Wachstumsraten in die endlosen Weiten der Russischen Föderation, Chinas und Indiens ein, wo bereits heute 50 Millionen Pkws die Straßen der Großstädte verstopfen. China motorisiert sich mit atemberaubender Geschwindigkeit, setzte sich 2009 an die Weltspitze aller Automärkte und überflügelte mit 13.5 Millionen Neuzulassungen den bisherigen Spitzenreiter USA, die es immerhin noch auf etwas mehr als 10 Millionen verkaufter Pkws brachten.

Nach Asien schaut inzwischen die Welt des Finanz- und Industriekapitals, denn dort liegen die Märkte der Zukunft, wo sich eine soziale und wirtschaftliche Revolution abspielt, wo mehr als ein Viertel der Weltbevölkerung lebt, und dieses Viertel gerade erst begonnen hat, das Auto für sich zu entdecken und zu lieben. Schon jetzt drängen sich weltweit etwa 600 Millionen Pkws[5], die Hälfte davon in Westeuropa und den USA, auf Autobahnen, Fernstraßen, Landstraßen und Pisten, oder wälzen sich als endlose Blechlawinen durch die wild wachsenden urbanen Ballungszentren und Megacities dieser Welt. Doch dieses Vergnügen verschlingt Unmengen an kostspieligem Kraftstoff[6], zumeist raffiniert aus den mehr als 80 Millionen Fass[7] Erdöl, die die internationalen Ölkonzerne jeden Tag aus den Tiefen der Erde pumpen. Die Hälfte der Produktion konsumieren allein die USA (20), Westeuropa (13) und China und Japan mit jeweils etwa 6 Millionen Fass am Tag. Und obwohl die USA wie auch China zum Kreis der führenden Erdölproduzenten gehören, zählen diese beiden Wirtschaftsmächte zugleich zu den größten Importeuren, denn sie können ihren Bedarf allenfalls zu 40 (USA) bzw. 60 Prozent (China) aus eigener Produktion decken.

Zur Unabhängigkeit Nigerias 1960 belief sich die weltweite Tagesproduktion gerade auf gut 20 Millionen Fass und zehn Jahre später, gegen Ende des Bürgerkrieges um das abtrünnige Biafra, schon auf fast 50 Millionen. Sein Weltmarktanteil lag dagegen zu jener Zeit mit 850.000 Fass hochwertigen Öls[8] lediglich bei 1,5 Prozent. Noch gehörte Nigeria nicht zu den international relevanten Produzenten und Exporteuren fossiler Energieträger. Erst der Beitritt zum Ölkartell OPEC[9] 1971, die kurz darauf einsetzende Preisspirale, die innerhalb weniger Jahre den Weltmarktpreis von anfangs 1.7 auf 11 US-Dollar[10] und am Ende des Jahrzehnts gar auf 40 US-Dollar ansteigen ließ, und der zeitgleiche Ausbau der Produktionskapazität auf gut zwei Millionen Fass pro Tag katapultierte das nur mittelgroße aber bevölkerungsreiche Nigeria in die Phalanx der führenden Erdölexporteure jener Zeit. Der Ölpreis brach zwar anschließend ein und bewegte sich bis zur Jahrtausendwende im unteren zweistelligen Bereich, ehe er 2008 den nominalen Spitzenwert von fast 150 US-Dollar erreicht hatte, dann infolge der internationalen Finanzkrise auf 60 Dollar abstürzte und in der ersten Jahreshälfte 2010 zeitweise wieder die 80 Dollar-Marke deutlich übersprang. Doch verharrte Nigerias Produktionsmarge knapp oberhalb der Marke von zwei Millionen Fass. Denn politisch-strategische Quotenvorgaben der OPEC, wo Nigeria als größter Erdöl- und wichtiger Erdgasproduzent Afrikas mit einem Anteil von sieben Prozent politisches Gewicht besitzt[11], systemische Korruption und halbherzige Investitionen in die kostspielige Exploration, Produktion und Verarbeitung blockierten eine qualitative Kapazitätsausweitung, so dass die theoretisch maximale Förderleistung allenfalls bei 2.7 Millionen Fass am Tag liegt. Dieses Produktionsniveau könnte Nigeria nach derzeitigen Erkenntnissen 40 Jahre aufrechterhalten, denn das Land verfügt zurzeit über 36 Milliarden Fass Erdölreserven, fast drei Prozent der Weltölreserven. Trotz dieser Ressourcen entspricht die Tagesproduktion nicht einmal drei Prozent der Weltproduktion, wovon Nigeria nur maximal zehn Prozent oder 270.000 Fass selbst nutzt, angesichts der großen Bevölkerungszahl und des üppigen Motorisierungsgrades eine unglaublich geringe Menge, die auf eine der vielen destruktiven Widersprüche und Absurditäten dieses Landes verweist. Nigeria muss 75 Prozent seines Kraftstoffbedarfs für seine mehr als fünf Millionen Fahrzeuge importieren, was immer wieder zu extremen Versorgungsengpässen und einem einträglichen Handel auf dem Schwarzmarkt führt.

Der Faszination Auto tut dies allerdings keinen Abbruch, trotz mangelhafter Fernstraßen, oft kaum passierbarer Pisten und verstopfter Städte. Schon 1927 sorgte die aus Aluminium gefertigte Luxuskarosse des Alaafin[12] von Oyo für Aufsehen und Bewunderung, denn der Daimler-Benz war mit Deckenventilatoren und neun hell strahlenden Scheinwerfern ausgestattet. Und in der größten Stadt des Nordens, in Kano, mussten Teile der traditionellen Lehmarchitektur dem beginnenden Modernisierungs- und Motorisierungswahn der siebziger/achtziger Jahre weichen, dem auch die historischen Stadttore zum Opfer fielen. Billige Betonrepliken begrüßen seitdem den Besucher der Altstadt, wo vierspurige Straßen tiefe Narben hinterließen. Aber es war politisch gewollt, und Vertreter verschiedenster gesellschaftlicher Schichten der feudalistischen Gesellschaft Nordnigerias waren sich zumindest im Hinblick auf das Auto als Symbol für Fortschritt und Entwicklung einig. In diesem Geiste wurde 1975 in der Altstadt von Kano, in Gwammaja, die erste Berufsschule eröffnet, in der junge Männer zu Kfz-Technikern ausgebildet werden sollten, ein Projekt, dem sich Aminu Kano, einer der wenigen kritischen und dem Modernen aufgeschlossenen Politiker aus dem feudalen islamischen Umfeld Nordnigerias verschrieben hatte. Selbst der Emir, Alhaji Ado Bayero, erschien mit seinem Hofstaat, um mit seiner Anwesenheit ein Zeichen zu setzen für den dringend notwendigen Modernisierungsprozess im rückständigen Norden. Und nach den üblichen Sonntagsreden zur Relevanz moderner Technik und Ausbildung verweigerte ausgerechnet der Rolls Royce des Emirs den Dienst, so dass das traditionelle Oberhaupt der Stadt in die kleinere S-Klasse aus Stuttgart umsteigen musste. Diese Anekdote sagt einiges über das sozioökonomische Niveau und den gesellschaftlichen Zustand dieser Region wenige Jahre nach dem Bürgerkrieg aus. Doch hat sich gegenüber dem Süden das eklatante Entwicklungsgefälle jener Zeit auch 35 Jahre später kaum verringert.

Der im selben Jahr erschienene Roman von Nkem Nwankwo *My Mercedes is BiggerThan Yours* drehte sich auch um dieses Wunder von zwei Fahrzeugen der oberen Preisklasse, um einen Jaguar und einen Mercedes. Die beiden Autos stehen als Metapher für die Moderne und Entfremdung, für den unüberbrückbaren Gegensatz zwischen Stadt und Land beim Übergang vom Kolonialismus zur Unabhängigkeit. Das Auto als Sexsymbol, dessen Geräusch und Vibration die Hauptfigur an einen Liebesakt erinnern, und die Fetischisierung des Fahrzeugs wirkt tragikomisch. Zum Schluss wird der Mercedesbesitzer ermordet, der Mörder fährt mit der Luxuslimousine davon und erlebt während der Fahrt einen langen Orgasmus.

Das Niger-Delta – Kosmos von Reichtum, Macht und Gewalt

1956 fand das Konsortium Shell/BP das erste Öl in Oloibiri, im heutigen Bundesstaat Bayelsa. Zwei Jahre später konnten schon 5.100 Fass am Tag exportiert werden. Damit begann innerhalb weniger Jahre ein sozialer und politischer Destruktions- und Zersetzungsprozess, der nicht nur das Niger-Delta dauerhaft verändern sollte, sondern die Grundfesten des jungen, labilen Vielvölkerstaates erschütterte. Im Delta und in seinen Küstengewässern werden 75 Prozent des Erdöls und das gesamte Erdgas produziert. Heute sind neben dem nigerianischen Staatsunternehmen NNPC fast alle bekannten westlichen Energiegiganten im Niger-Delta vertreten, darunter Shell, Chevron/Texaco, ExxonMobil, ConocoPhillips, British Gas, BP, Eni/Agip, Elf, Total, Statoil, Nexen, Tenneco, Sun Oil, Maurel & Prom, die brasilianische Petrobas, die chinesische Sinopec, die indische ONGC, die südafrikanische Sasol, sowie kleine nationale Unternehmen wie die Pan-Ocean, Sahara Group und Conoil. Sie alle, allen voran die internationalen Großkonzerne, machen seit jeher glänzende Geschäfte in Nigeria und haben alle Staats- und Wirtschaftskrisen, Militärputsche, Bürgerkrieg, Regierungs- und Politikwechsel und gewalttätige Unruhen weitgehend schadlos überstanden. Nur die britische BP traf 1979 der Bannstrahl der Militärregierung unter Obasanjo, als der Rhodesien-Konflikt außenpolitische Friktionen zwischen Großbritannien und Nigeria hervorrief und die nigerianische Regierung das Unternehmen vor Ort kurzerhand verstaatlichte. Ansonsten arrangierten sich die Ölgesellschaften problemlos mit jedem Regime, und beide Seiten verfolgten nur das eine Ziel: Profitmaximierung um jeden Preis! Angesichts dieser Zielsetzung landen bis zum heutigen Tag die vielen Ölmilliarden in den Taschen der Eliten und auf den Konten internationaler Konzerne, die kein ernsthaftes Interesse zeigten, die üppigen Öleinnahmen für die wirtschaftliche und soziale Entwicklung des Landes einzusetzen. Das Ergebnis: weit verbreitete bittere Armut bei der Masse der Bevölkerung und exorbitanter Reichtum in der im afrikanischen Vergleich zahlenmäßig großen Oberschicht.

Immer wieder werden in Europa die steigenden Benzinpreise mit den Unruhen im Niger-Delta, mit marodierenden Milizen oder streikenden Ölarbeitern erklärt, die die Erdölproduktion gewaltsam behindern oder gar einen Teil der Produktion rauben und auf dem internationalen Schwarzmarkt versilbern. Den Ölgesellschaften gefiel dieses absurde Bild, gaben doch die Milizen von MEND[13] und anderen bewaffneten Gruppierungen einen perfekten Sündenbock für das Auf und Ab der Benzinpreise. Dabei importiert Europa nur 250.000 Fass nigerianisches Erdöl täglich, das entspricht zwei Prozent aller Gesamtimporte, ein verschwindend geringer Teil, wovon mehr als die Hälfte nach Frankreich, Spanien und in die Niederlande geht. Auch Deutschland deckt lediglich zwei Prozent seiner Erdölimporte aus nigerianischer Produktion, mit etwa 40.000 Fass pro Tag eine quantité négligeable.

Erdgas – lukratives Geschäft mit grosser Zukunft

Trotz des theoretisch möglichen Produktionsniveaus von maximal 2.7 Millionen Fass pro Tag und der üppigen Erdölreserven von 36 Milliarden Fass ist Nigeria in Wirklichkeit ein Erdgasland, das auch über etwas Erdöl verfügt. Folgerichtig gehört Nigeria zum Gas Exporting Countries Forum (GECF)[14], einem neuen Kartell, das, wie auch die OPEC, die weltweite Energiepolitik mitbestimmen will. Denn in den Tiefen des Niger-Deltas und vor der Küste im Golf von Guinea schlummern nach bisherigem Kenntnisstand mit mehr als 5.0 Billionen Kubikmeter die siebtgrößten Erdgasvorräte[15] der Welt und mehr als ein Drittel der Erdgasreserven Afrikas. Beim derzeitigen Produktionsniveau können Nigerias Erdgasreserven für die nächsten 150 Jahre ausreichen. Diesen eigentlichen »Schatz« begannen die internationalen Ölmultis erst vor zehn Jahren zu heben.

Zurzeit fördern sie jährlich etwa 33 Milliarden Kubikmeter, von denen sie 21 Milliarden in Flüssiggas umwandeln, um dann mit speziellen Tankschiffen auf dem Seeweg die Energiemärkte der USA[16] und der europäischen Mittelmeeranrainer zu beliefern. Das Fassungsvermögen moderner LNG-Tanker beträgt heute schon bis zu 150.000 Kubikmeter Flüssiggas, womit umgerechnet bis zu 90 Millionen Kubikmeter Erdgas transportiert werden können, angesichts der Größenordnungen ein hochprofitables Geschäft.[17] Die langfristig steigende Nachfrage soll demnächst eine erheblich erweiterte Transportkapazität der nächsten LNG-Tankergeneration befriedigen, deren Fassungsvermögen dann bei 270.000 Kubikmeter Flüssiggas liegt.

Erst 1995 setzte ein Konsortium unter Federführung von Shell das lang geplante und bislang größte Investitionsprojekt Afrikas um und baute innerhalb weniger Jahre den ersten Teilabschnitt der gigantischen Gasverflüssigungsanlage Nigeria Liquefied Natural Gas (NLNG) in Bonny Island, die inzwischen über eine Produktionskapazität von 22 Millionen Tonnen jährlich verfügt. Die gewaltigen Investitionskosten in die Anlage – die NLNG verschlang in der ersten Bauphase vier Milliarden US-Dollar – zahlen sich nur bei sehr langen Vertragslaufzeiten von 20 Jahren und mehr aus. Eine weitere Anlage, Escravos Gas to Liquids (GTL), ist in Bau, doch verzögerten die Konflikte im Delta die Fertigstellung um mehrere Jahre, so dass erst ab 2012 mit dem Produktionsbeginn zu rechnen ist. Das gilt auch für das westafrikanische Großprojekt West African Gas Pipeline (WAGP)[18], das den Energiebedarf der westlichen Nachbarstaaten befriedigen und nach vielen politischen und technischen Rückschlägen in Nigeria zumindest im Laufe des Jahres 2010 einen eingeschränkten Betrieb aufnehmen soll. Die von Nigeria und Algerien angedachte Trans-Saharan Gas Pipeline (TSGP) würde mindestens zwölf Milliarden US-Dollar Investitionskosten verschlingen und alle bisherigen Gasprojekte weit in den Schatten stellen. Das Niger-Delta wäre dann direkt mit Westeuropa verbunden. Noch klingt dieses Vorhaben nach Zukunftsmusik, doch angesichts des unersättlichen Energiehungers in Europa und der Suche nach zusätzlichen und alternativen Quellen und Lieferanten könnte das Projekt innerhalb eines Jahrzehnts Wirklichkeit werden.

Abfackelung von erdölgebundenem Gas

Obwohl der Erdgassektor weltweit langfristig einer der lukrativsten Industriezweige sein wird, vernichtet Nigeria seit 40 Jahren systematisch einen beträchtlichen Teil seiner natürlichen Energierohstoffe und zählt somit zugleich global zu den größten Umweltsündern der Welt. Denn die Konzerne fackeln das bei der Förderung in Nigeria anfallende ölgebundene Erdgas, das sogenannte *Associated Gas* einfach ab, statt es zu reinigen und zu nutzen. Aufgrund der geologischen Beschaffenheit des Deltas lagert das Erdöl nicht in großflächigen Feldern wie zum Beispiel in Saudi Arabien, sondern in unzähligen Blasen unterschiedlichen Volumens, die lokalisiert angezapft werden müssen. Schon deshalb liegen die Explorationskosten im Delta höher als auf der arabischen Halbinsel. Um weitere Kosten zu sparen, verzichteten die Ölkonzerne weitgehend auf die Aufbereitung des ölgebundenen Erdgases, was technisch problemlos möglich, aber mit zusätzlichem Aufwand verbunden wäre. Die Entwicklung eines lokalen Marktes für solche Produkte in Nigeria bzw. in Afrika insgesamt ist sowohl von Regierungen wie auch Konzernen seit Jahrzehnten systematisch hintertrieben worden, da die dafür notwendige Infrastruktur Geld gekostet hätte, die kaufkräftige Klientel aber zu klein und die Profite zu gering gewesen wären. So verbrennen im Niger-Delta an hunderten von Brennstellen seit Jahrzehnten, Tag und Nacht, jährlich mindestens 15 Milliarden Kubikmeter. Die orangefarbenen Flammen scheinen unter dem dunklen Sternenhimmel am Äquator wie ein Leuchtfeuerwerk der Superlative, vergleichbar einem »Ewigen Licht«, mit dem sie die Nacht zum Tage machen. Gleichzeitig verursachen diese Fackeln einen fast unerträglichen Lärm, verpesten die Luft, schleudern riesige Mengen von CO_2 und Methangas in die Atmosphäre. Der Ruß fällt zurück auf die Felder und Gewässer und dringt mit zeitlicher Verzögerung ein in die Nahrungskette und verschärft die bereits bestehende prekäre Versorgungslage der großen Bevölkerungsmehrheit. Diesem Umweltverbrechen setzte Ken Saro-Wiwa ein mahnendes dichterisches Denkmal, als er die Flammen im Niger-Delta beschrieb als:

The Flames of Shell are flames of Hell
We bask below their light
Nought for us to serve the blight
Of cursed neglect and cursed Shell[19]

Umweltverbrechen und Nichtentwicklung gehen Hand in Hand. In Nigeria sind Energiereichtum und Energiearmut die beiden Seiten einer Medaille. Erdöl und Erdgas landen in den Industriestaaten und den neuen Wirtschaftzentren Asiens, während die Haushalte der Nigerianer des Nachts zumeist im Dunklen bleiben und auch ohne Wasser auskommen müssen, denn ohne Strom arbeiten auch die wenigen Wasserpumpen nicht. »How is NEPA at your place?« ist eine übliche Frage, denn die Stromversorgung der einzelnen Stadtteile ist durchaus unterschiedlich. Die Viertel der *Big Shots* sind eben besser beleuchtet. Das Firmenkürzel des staatlichen Stromkonzerns NEPA wurde schon in den achtziger Jahren umgesetzt in »Never Expect Power Anymore«. Nach einer Umstrukturierung nach der Jahrtausendwende änderte der Konzern seinen Namen in PHCN[20], woraus der Volksmund sehr schnell »Please Hold Candle at Night« machte. Die, die es sich leisten können, leben mit teuren Dieselgeneratoren, die das Land bis heute für Milliardenbeträge importiert statt das Stromnetz auszubauen. Diese Geräte lärmen und stinken wie große Lkws, und wenn ganze Straßenzüge ihre Generatoren laufen lassen, dann ist die Luft verpestet, der Lärm unerträglich. Mit dem Übergang zur Demokratie und der Wahl von Olusegun Obasanjo zum Staatspräsidenten 1999 hoffte das Land auf Besserung durch neue Investitionen in den maroden Konzern, doch die Milliarden versickerten wieder einmal im Sumpf der Korruption.

In der Kategorie der weltweiten Verbrennung ungenutzter oder minderwertiger Gasvorkommen belegt Nigeria den zweiten Platz hinter Russland, das noch drei Mal mehr ölgebundenes Gas verbrennt. Zusammen mit Iran und Irak jagen diese vier Staaten allein die Hälfte des weltweit abgefackelten Gases von 140 Milliarden Kubikmeter in die Luft und vergiften die Atmosphäre. In Nigeria hat bislang niemand ernsthaft Korrekturen angemahnt, obwohl seit Anfang der achtziger Jahre entsprechende gesetzliche Regelungen bestehen und mehrmals novelliert wurden. Denn es ist immer noch wesentlich einfacher und mangels eines lokalen Marktes preiswerter, die festgelegten Konventionalstrafen zu begleichen, als sich der aufwändigen Aufbereitung des stark verunreinigten Gases zu widmen. So besteht die absurde Situation, dass der nigerianische Staat Bußgelder gegen seine eigene Ölgesellschaft NNPC verhängt und diese wiederum als Staatseinnahmen verbucht. Das Bußgeld belief sich über viele Jahre hinweg auf gerade mal 10 Naira für 28 Kubikmeter, das die Bundesregierung 2009 auf 3.50[21] US-Dollar erhöhte, was etwa 520 Naira entspricht.

Ressourcenfluch im Niger-Delta

Nigeria lebt fast ausschließlich aus dem Verkauf seiner Öl und Gasvorkommen, und Öl und Gas sind die Stahlklammern, die die auseinander laufenden Interessen des Landes zusammenhalten. Befriedung und Entwicklung des Deltas müssten deshalb höchste Priorität besitzen, für jede Regierung wie auch für die Energiekonzerne. Aber weder die Militärs noch die Politiker oder die Konzerne haben bisher tragfähige Konzepte zur Hebung des Lebensstandards der Bewohner vorgelegt. Es fehlt an allem: Schulen, Krankenhäuser und Arbeitsmög-

Oben: Pipelines durchschneiden Dörfer

Unten: Fischer im Delta

Oben: Armselige Behausung im Delta

Unten: Verschmutztes Wasser für die Delta-Bewohner

lichkeiten für die junge Generation. Stattdessen Raubbau und rücksichtslose Öl- und Gasförderung auf Kosten der lokalen Bevölkerung und der Umwelt. Am Ressourcenreichtum des Niger-Deltas laben sich die nigerianischen Eliten und die Öl-Multis, während Steinzeit und Moderne hier ganz dicht beieinander liegen: Hochkomplexe Petrochemie neben ärmlichen Lehmhütten, zumeist oberirdisch verlegte Pipelines durchqueren Weiler und Dörfer, verlaufen häufig direkt vor den Eingängen der strohbedeckten Behausungen. Elektrizität ist hier seit jeher ein Fremdwort, denn den Strom für die Industrieanlagen und die zahllosen Pumpstationen liefern Dieselgeneratoren, die Tag und Nacht dröhnen und den Lärmterror der Abfacklungsanlagen noch steigern.

Auch Staatspräsident Obasanjo kümmerte sich wenig um die Nöte der Bevölkerung, wohingegen die Amnestieangebote seines Amtsnachfolgers Umaru Musa Yar'Adua im Sommer 2009 die Gewaltorgien im Niger-Delta zumindest vorläufig beendeten. Aber auch diese Amnestieangebote bieten allenfalls den führenden Gewaltakteuren individuelle Optionen, um sich auf Kosten der lokalen Bevölkerung Zukunftsperspektiven im landesweiten Ränke- und Machtspiel zu sichern. Deshalb ist wohl auch diese Amnestie mehr als die Fortschreibung des nigerianischen *Anything Goes* als das Bemühen um Entwicklung, Partizipation und Demokratisierung.

Das 70.000 Quadratkilometer große Niger-Delta[22] ist das größte Feuchtgebiet Afrikas und eines der ökologisch sensibelsten Gebiete Nigerias, das in seiner geologischen Struktur dem Mississippi-Delta gleicht. Seit der Teilung Südnigerias in eine Ost- und eine Westprovinz Ende der dreißiger Jahre gehörte das von Minoritätenvölkern besiedelte Delta zur Igbo-dominierten Ostregion. Die zahlenmäßig größte ethnische Minorität der Ijaw lebt im Küstenbereich mehrerer Bundesstaaten, während andere größere Minoritäten wie die Itsekiri, Urhobo und Edo das westliche Delta bevölkern. Mittelgroße ethnische Minoritäten wie die Ogoni, Andoni und Ikwerre leben im zentralen, die Ibibio und Efik im östlichen Delta. Zahlenmäßig relevante Gemeinschaften des Igbo-Volkes leben in den Großstädten Port Harcourt, Warri, Sapele und an den nördlichen Rändern des Deltas. Heute liegt der Großteil[23] des Niger-Deltas in den drei Bundesstaaten Bayelsa, Delta und Rivers, das von den Sedimenten der beiden wichtigsten Flüsse des Landes, Niger und Benue beständig gespeist, geformt und verändert wird. Die Flussläufe dieser beiden Ströme, die wie ein Y das Staatsgebiet Nigerias formen und sich im südlichen Zentralnigeria vereinen, zeichnen so eine schicksalhafte asymmetrische territoriale Dreiteilung. Sie strukturieren als geografisch-politischer Bezugsrahmen seit der islamischen Revolution in Westafrika und Nordnigeria vor 200 Jahren auf fast schon tragische Weise die Geschichte des Landes.

Kolonialismus und unaufhaltsamer Aufstieg des Igbo-Volkes

Lange Zeit galt das Niger-Delta für die Kolonialherren aus Übersee als unzugänglich, so dass die natürliche Umgebung den mächtigen aber instabilen Fürstentümern (*Chiefdoms*) an der Küste als Schutzwall gegen die koloniale Expansion diente und sich die Unterwerfung unter das britische Empire lange hinauszögerte. Als Mittler im Sklavenhandel zwischen dem von Igbo besiedelten Hinterland und den ausländischen Händlern erzielten die Fürstentümer hohe Renditen und lebten bis zur Mitte des 19. Jahrhunderts gut von diesem einträglichen Geschäft, obwohl Großbritannien diesen Handel schon 50 Jahre zuvor verboten hatte. Aber auch die Fürstentümer hatten letztlich dem kolonialen Ansturm nichts entgegenzusetzen. Die Briten eroberten und missionierten zunächst das Hinterland. In der ersten Hälfte des 20. Jahrhunderts, nach der Verwüstung des machtvollen *Aro-Chukwu Orakels* 1902 im Igbo-Land, übernahmen die Igbo schließlich das christliche Missionsangebot und wandten sich von ihren tradierten religiösen Überzeugungen und Wertvorstellungen ab. Binnen weniger Jahrzehnte eigneten sie sich in den zentralen Bereichen Bildung, Handwerk, Handel, Landwirtschaft und Verwaltung beachtliche Fertigkeiten an, die innerhalb einer ungewöhnlich kurzen Zeitspanne ihre Denk-, Verhaltens- und Handlungsmuster radikal veränderten. Die traditionelle Igbo-Gesellschaft, die keine oder nur rudimentäre zentralistische und hierarchische Organisationsstrukturen kannte, entpuppte sich mit ihren flachen Hierarchien und dezentralen Machtstrukturen als ideale Plattform für einen schnellen und durchgreifenden Transformationsprozess. Kategorien wie Erfolg, Konkurrenz und Individualismus waren Eckpfeiler, die jedwede Autorität jederzeit in Frage stellten und herausforderten. In diesem Umfeld konnte ein junger und erfolgreicher Igbo-Geschäftsmann aufgrund seiner persönlichen Leistung im politischen System des Spätkolonialismus politische Macht erlangen und sie sogar gegenüber der älteren Generation ungestraft ausüben, eine Möglichkeit, die in den hochhierarchischen Yoruba- und Haussa-Fulani-Gesellschaften undenkbar gewesen wäre.

Chinua Achebe

Chinua Achebe,[24] der wohl meistgelesene afrikanische Schriftsteller und Träger des *Friedenspreises des Deutschen Buchhandels* 2002, hat diese Entwicklung seines eigenen Igbo-Volkes in seinen Anfängen in seinem 1958 erschienenen Roman *Things Fall Apart*[25] eindrucksvoll beschrieben. Sein Held Okonkwo war kein Mann der Gedanken, sondern ein Mann der Tat, der sich als wohlhabender Farmer und geachteter Krieger nur in den Strukturen und Ritualen von Geburt und Tod zurechtfand. Blutrache und Sühneopfer, der immerwährende Kontakt zu den Ahnen, der Umgang mit Fetischen, Orakeln und Göttern und der durch die Saatzeit des Yams bestimmte Jahreszyklus prägten das Leben der Menschen im Igbo-Land am Vorabend des herannahenden Kolonialismus. Der kam leise, fast lautlos und unmerklich, im Gewand der christlichen Kirchen und der Missionsgesellschaften, und im scheinbar friedlichen Nebeneinander von einzelnen Predigern und den Dorfgesellschaften begann das Christentum vorsichtig, Alternativen zur Glaubenswelt der traditionellen Götter anzubieten. Als Okonkwo mehrfach unüberlegt und mitunter fahrlässig die strengen Regeln der Gemeinschaft verletzt und sogar versehentlich ein Mitglied der Sippe getötet hatte, wurde er von der Erdgöttin zur Strafe in das Dorf der Sippe seiner Mutter geschickt.

Als er nach sieben Jahren zurückkehrte, hatte sich alles verändert, und die Gottheiten zählten nicht mehr viel. Ein Riss war durch das Dorf gegangen, den auch die alten Gottheiten nicht mehr heilen konnten. Denn schließlich erwies sich in den Augen der Dorfbewohner der Fetisch des weißen Mannes stärker als die alten Götter, denen es nicht gelungen war, die Eindringlinge und ihre christliche Botschaft aus der Gesellschaft zu verbannen. Okwonkwo begehrte nun gegen die Weißen auf und tötete den Sprecher einer Abordnung, die die Clanführer überzeugen sollte, von weiteren Aktionen gegen die neuen Herren abzusehen. Das Dorf ließ die übrigen Mitglieder der Delegation unbehelligt abziehen, und Okonkwo musste mit ansehen, wie sein Aufruf zum Widerstand ungehört verhallt war. In dieser für ihn ausweglosen Lage, gefangen zwischen Tradition und der neuen Zeit, blieb ihm nur der Selbstmord, was in seiner Gesellschaft jedoch als Todsünde galt. Niemand durfte den Leichnam berühren, um ihn zu begraben. Nur Fremde, in diesem Fall die Weißen, durften den Strick durchtrennen und stellten somit sicher, dass Okonkwo nach althergebrachter Sitte doch noch seinen Seelenfrieden fand.

Die Igbo waren auch in der Realität in der Moderne angekommen. Sie fühlten sich legitimiert, vielleicht sogar göttlich inspiriert, nun eine Führungsrolle in Wirtschaft, Politik, Kultur und Administration in ihrer Region zu übernehmen. Der zunehmende innere Bevölkerungsdruck löste innerhalb der Igbo-Gemeinschaften einen Mobilitäts- und Expansionsschub aus, der nicht auf die Ostregion und das Niger-Delta beschränkt blieb. Bis Anfang der fünfziger Jahre hatten sich die Igbo, gewappnet mit Bildung, Wirtschaftskompetenz, Selbstbewusstsein und einem gewissen Maß an Sendungsbewusstsein binnen einer Generation über ganz Nigeria verbreitet. In der Kaderschmiede der Universität Ibadan, der einzigen Hochschule des Landes und Dependance der Universität von London, qualifizierten sich nun ebenso viele Igbo für das Studium wie Schulabsolventen aus dem Yoruba-Land, ein Beleg dafür, dass das eklatante Bildungsgefälle zwischen West und Ost inzwischen aufgehoben war.

Die Kronkolonie Lagos zählte zu dieser Zeit schon mehr als 30.000 Igbo, das entsprach 12 Prozent der Stadtbevölkerung. In Jos, dem urbanen Zentrum im Minoritätengebiet des Middle Belt mit etwa 32.000 Bewohnern, lag ihr Anteil sogar bei 30 Prozent. Selbst in den Zentren des muslimisch dominierten hohen Nordens siedelten größere Igbo-Gemeinschaften. So lebten in der Hauptstadt der Nordregion, in Kaduna, mehr als 10.000 Igbo, was 20 Prozent der Stadtbevölkerung entsprach, und 8 Prozent der lokalen Bevölkerung stellten sie in den historischen Zentren Kano (11.000) und in Zaria (7.300). Zu diesem Zeitpunkt lebten insgesamt mindestens 120.000 Igbo allein in der Nordregion. Der Zug der Igbo gen Norden und Westen hielt unvermindert an und nahm in den nächsten 15 Jahren sogar noch zu. Die Biografien des ersten Präsidenten Nnamdi Azikiwe und des Biafra-Sezessionisten Chukwuemeka Odumegwu-Ojukwu sind Paradebeispiele für diese Entwicklung. Beide sind im Norden geboren und aufgewachsen, bevor sie ihre Sekundär- und Tertiärbildung in der Heimat ihrer Eltern im Igbo-Land erhielten.

Gegen Ende der Kolonialzeit entstand mit massiver Unterstützung amerikanischer Hochschulen in Nsukka im Igbo-Kernland die erste nationale Universität, die wenige Tage nach der Unabhängigkeit ihren Lehrbetrieb aufnahm. Sie setzte damit die seit den dreißiger Jahren bestehenden guten Kontakte der Igbo-Intelligenzia zu amerikanischen Bildungseinrichtungen fort, die die ersten in den USA akademisch ausgebildeten Igbo wie Nnamdi Azikiwe sorgsam gepflegt hatten. Besonders Azikiwes mehrjähriger Aufenthalt in den USA, seine dort gewonnenen Erfahrungen und die Diskriminierung der Afroamerikaner lieferten den Grundstock eines tief verankerten Igbo-Nationalismus, der seiner Natur nach lange Zeit explizit antiimperialistisch, pan-nigerianisch und panafrikanisch ausgerichtet war.

Besonders erfolgreich waren die Igbo im Süden gewesen, wo sich das neue koloniale Handels- und Verwaltungszentrum Port Harcourt[26] in eine Igbo-

Stadt verwandelt hatte, wahrlich ein Schock für die Minoritätenvölker und Fürstentümer. Sie hatten das Volk der Igbo von jeher als zurückgeblieben und minderwertig betrachtet und in der Vergangenheit auf ihren Raubzügen viele Igbo gefangen und als Sklaven verkauft. Als nach dem II. Weltkrieg die neue Weltordnung den Dekolonisierungsprozess schließlich auf die internationale Tagesordnung setzte, hatten die Igbo ihre politisch-wirtschaftliche und kulturelle Dominanz in der Ostregion bereits gesichert und zugleich ein Konfliktpotenzial gesät, das nur darauf wartete, aufzugehen. Denn die Kolonialregierung in Gestalt der Willink-Kommission hatte 1958 wider besseren Wissens die seit Jahren in allen drei Regionen bestehenden Forderungen der Minoritäten nach eigenen Gliedstaaten zurückgewiesen.[27] So verblieben das Niger-Delta, das noch zaghaft sprudelnde Erdöl und die Minoritätenvölker der Ostregion im Machtbereich der Igbo, und der Konflikt um Einfluss, Macht und Ressourcen und damit die Tragödie waren vorprogrammiert.

Ken Saro-Wiwa: Reformer und Rebell oder das Scheitern einer großen Idee

Ken Saro-Wiwa

Der 1941 in Bori geborene, klein gewachsene, aber sprachgewaltige Ken Saro-Wiwa, der mit seiner Stimme problemlos einen Kasernenhof hätte beschallen können, entstammte einer wohlhabenden Familie und gehörte zu einer kleinen Minderheit in Ogoni, die eine privilegierte Ausbildung erhielt.[28] Dazu zählte insbesondere sein Studium an der damaligen intellektuellen Kaderschmiede, der Universität Ibadan in der Westregion, wo er als Mitarbeiter am Universitätstheater und Herausgeber der Studentenzeitung erstmals journalistisch und künstlerisch in Erscheinung trat. Als Ableger der Universität London hatte diese Institution fast die gesamte aufstrebende geistige und politische Elite der beiden Südregionen hervorgebracht, darunter bekannte Namen wie Literaturnobelpreisträger Wole Soyinka, Chinua Achebe, Elechi Amadi, John Pepper Clark oder Christopher Okigbo.[29] Nach erfolgreichem Abschluss kehrte der junge Saro-Wiwa in die Ostregion zurück, lehrte an der neuen Universität Nsukka und weiteren Bildungseinrichtungen und machte schon als junger Mann zu Beginn des Bürgerkrieges politisch Karriere, die schließlich nach fast drei Jahrzehnten auf dem Schafott endete.

Im November 1995 starb Ken Saro-Wiwa[30] zusammen mit seinen acht Mitstreitern am Galgen. Auch internationale Proteste hatten seinen Schauprozess und diese Morde nicht verhindern können. Er war Schriftsteller, Kolumnist, Bürgerrechtler, Politiker und als Umweltaktivist international bekannt. Mit seinem Tod wurden auch die Hoffnungen und Erwartungen auf eine friedliche Protest- und Reformbewegung im Niger-Delta abrupt begraben, mit verheerenden Folgen für das ganze Land. Saro-Wiwa und seine Ogoni hatten im Niger-Delta eine basisorientierte, ethnisch definierte politische Bewegung aufgebaut, die geschickt alle vorhandenen Clan- und Dorfstrukturen nutzte, um die Menschen individuell anzusprechen und zu mobilisieren. Schnell wurde deutlich, dass das Movement for the Survivel of the Ogoni People, kurz MOSOP, dem »System« Nigeria gefährlich werden könnte, was die Eliten und die politische Führung zu Recht als Frontalangriff auf ihre Macht, Privilegien und Pfründe betrachteten. Bis dahin hatte man Saro-Wiwa als einen der Ihren aus der Mitte der politischen und intellektuellen Elite betrachtet, der, wie alle anderen auch, seinen Aufstieg dem Staat verdankte. Er galt jetzt als Verräter und Staatsfeind, der das korrupte und entwicklungsfeindliche System scharfsichtig analysiert und erfolgversprechende Strategien entwickelt hatte, um für die Ogoni das Beste herauszuholen

Die tragische Geschichte des Ogoni-Widerstands

Die Antwort der Staatsmacht ließ denn auch nicht lange auf sich warten. Denn die friedliche Massendemonstration am *Ogoni-Day-March* im Januar 1993, die letztlich Shell dazu bewog, sich im Sommer des selben Jahres aus dem Ogoni-Gebiet zurückzuziehen, führte den Militärs in der Hauptstadt Abuja und den Ölmultis in Port Harcourt die Kraft und Entschlossenheit dieser Bewegung eindrucksvoll vor. Die private nigerianische Presse berichtete ausführlich und regelmäßig über die Geschehnisse in Ogoni, aber die Übertragung des Protestzuges über den internationalen Nachrichtensender *CNN* erzeugte ein internationales Echo mit weiterreichenden Folgen. Denn die Eliten im ganzen Land, die ihren erweiterten Informationsbedarf regelmäßig über die großen englischsprachigen Radio- und Fernsehstationen wie *BBC*, *VOA* oder *DW* befriedigten, sahen nun zum ersten Mal Bilder aus ihrem eigenen Land, ungeschönt und echt. An der Kraft dieser Demonstration zweifelte nun niemand mehr. Auch die internationalen Umwelt- und Menschenrechtsorganisationen in den USA und Europa sahen nun erstmals Bilder vom Elend der Menschen im Delta. Zu diesem Zeitpunkt dürfte die Militärjunta begonnen haben, Ken Saro-Wiwa und die Ogoni ernst zu nehmen, und spätestens jetzt dachte sie über finale Problemlösungen nach.

MOSOP entfaltete in den Monaten vor der Präsidentschaftswahl im Juni 1993, die das Ende der Militärherrschaft und den demokratischen Neubeginn Nigerias besiegeln sollte, eine rege PR- und Lobbyarbeit mit dem monatlichen Rundbrief *Ogoni Review*. Als Antwort darauf verabschiedete die Junta das *Treason and Treasonable Felony Decree*, das für Sezession, ethnisch durchwirkte Forderungen nach Selbstbestimmung und eigenmächtige Grenzverschiebungen auf lokaler Ebene die Todesstrafe vorsah. Doch verzichte das

Militärregime darauf, dieses Dekret im Vorfeld der Präsidentschaftswahlen anzuwenden, die für den 12. Juni angesetzt waren, und Saro-Wiwa und enge Mitstreiter zu verhaften. Die Wahlen sollten nach zehn Jahren Militärherrschaft einen demokratischen Neuanfang und das Projekt III. Republik (1985-93) und das von General Ibrahim Badamasi Babangida initiierte mehrjährige gelenkte Übergangsprogramm zur Demokratie zu seinem logischen Ende bringen. Doch beendete der Juntachef nach massivem regimeinternen Druck am 23. Juni 1993 abrupt sein Demokratisierungsprojekt, annullierte die Wahl, bevor die Ergebnisse vollständig veröffentlicht worden waren, und löste damit eine Staats- und Legitimationskrise aus, die er selbst am Ende politisch nicht überlebte. Saro-Wiwa seinerseits hatte dem streng kontrollierten Übergangsprogramm schon frühzeitig zutiefst misstraut und zum Wahlboykott aufgerufen. Er forderte wie so viele andere Bürgerrechtler eine *Sovereign National Conference*, die zunächst die verfassungsrechtlichen Grundlagen für die nächste Republik schaffen sollte. Das wiederum führte zu heftigen Auseinandersetzungen innerhalb der MOSOP-Führung. Denn eine starke Fraktion bekannter Ogoni-Politiker wie Garrick Leton, Edward Kobani, Theophilius Orage und traditionelle Chiefs traten in der Hoffnung auf ein politisches Amt vehement für eine Teilnahme an den Wahlen ein. In der Führung kam es schließlich zu einer Kampfabstimmung, die die Boykott-Fraktion knapp für sich entschied. Die Spaltung von MOSOP war perfekt, die Unterlegenen traten von ihren Ämtern zurück und verließen die Organisation. Ken Saro-Wiwa aber behielt Recht, die Militärs gaben das Ruder nicht aus der Hand, und in den turbulenten Tagen nach der Annullierung wurde er als unumstrittener Führer der Ogoni bestätigt. Seine Wahl zum neuen MOSOP-Präsidenten erlebte er dann zwar hinter Gittern, denn die Sicherheitskräfte hatten ihn vier Wochen lang unter dem Vorwurf inhaftiert, widerrechtlich zum Wahlboykott aufgerufen zu haben.

General Babangidas Wahlannullierung hatte auf Bundesebene ein Machtvakuum und einen mehrmonatigen Machtkampf zwischen dem Wahlsieger Moshood Abiola[31] auf der einen und Babangida, General Sani Abacha und der zivilen Marionette Ernest Shonekan auf der anderen Seite ausgelöst. Während alle Welt auf diese politische Auseinandersetzung schaute, verwandelten Militär- und Polizeieinheiten sowie bezahlte Milizen das Ogoni-Land in ein Schlachtfeld. Ganze Dörfer wurden geschleift und dem Erdboden gleichgemacht, die Bewohner vertrieben oder umgebracht. Sowohl die Bundesregierung als auch der Gouverneur des Bundesstaates Rivers und die Verantwortlichen von Shell sprachen von ethnischen Konflikten, und in der Tat gab es auch schwere Zusammenstöße zwischen Ogoni und den benachbarten Andoni und kurze Zeit später zwischen Ogoni und Okrika sowie Ndoki. So blieb in dem Dorf Kaa[32], einem weithin bekannten Marktflecken in Ogoni, kein Stein auf dem anderen.

Und die Geschehnisse an diesem Ort symbolisieren wie kein anderes Ereignis vor der Hinrichtung Saro-Wiwas die Tragöde, die nun ihren Lauf nahm. Die staatliche Propaganda wiederholte gebetsmühlenartig, dass lang bestehende Grenzstreitigkeiten die ethnischen Konflikte ausgelöst hätten. Zwar gab es von jeher unklare Grenzziehungen, doch benutzten die Sicherheitskräfte diese Problemlage, um sie gezielt zu manipulieren und das Ogoni-Land zu zerstören. Dazu wurden zunächst alle Ogoni-stämmigen Polizeikräfte abgezogen, dann überquerten schwerbewaffnete Andoni mit Schnellbooten den Fluss, ein starkes Indiz, dass Militäreinheiten direkt in die Überfälle verstrickt waren, und zerstörten Kaa. Nach ähnlichem Muster liefen auch die übrigen blutigen Zwischenfälle ab.

Als sich die Generäle unter Sani Abacha nach einem dreimonatigen zivilen Interregnum der Marionettenregierung Ernest Shonekan am 17. November 1993 unblutig an die Macht zurückputschten, war MOSOPs Schlagkraft bereits gesunken. Die gezielte physische Gewaltanwendung der Sicherheitskräfte und die ständigen kurzzeitigen Internierungen führender MOSOP-Mitglieder hinterließen ihre Spuren, so dass Saro-Wiwa sich gezwungen sah, strategisch umzudenken. Er traf sich mit Abacha kurz nach dessen Machtübernahme, die noch keineswegs gesichert war, und forderte von der Regierung Zugeständnisse. Ein mehrtägiger Hausarrest Ende 1993 machte die geplante *Ogoni-Week* obsolet, die an den ersten *Ogoni-Day-March* erinnern sollte. Doch hielt ihn auch diese Inhaftierung nicht von einem weiteren Treffen mit dem Diktator im Februar 1994 ab.

Abacha signalisierte Dialogbereitschaft und hatte zuvor bereits seinen Ölminister in die Krisenregion geschickt. Es war der letzte Versuch der Zentralregierung, MOSOP auf ihre Seite zu ziehen. Nach diesem Gespräch mit Abacha waren Saro-Wiwa und Ledum Mitee fest davon überzeugt, den Durchbruch geschafft und substantielle Verbesserungen für die Ogoni erreicht zu haben.[33] Freudestrahlend berichtete er anschließend den Teilnehmern eines Workshops nigerianischer Nichtregierungsorganisationen, die eine Strategie zu einer Verfassungskonferenz erarbeiten wollten, von fruchtbaren, zielführenden Gesprächen. Viele Skeptiker kritisierten allerdings die Strategie der beiden MOSOP-Führer. Denn Saro-Wiwa hatte sich immer nur auf seine Ogoni konzentriert, Unterstützung von den anderen Gruppen des Deltas konnte er jetzt nicht mehr erwarten. Ob sich Saro-Wiwa zu diesem Zeitpunkt diesem Dilemma bewusst war oder es für sich einfach als irrelevant verdrängte, blieb unklar. Er fühlte sich jedenfalls sicher und durch seine guten Beziehungen zu den internationalen zivilgesellschaftlichen Gruppen und Organisationen innerhalb und außerhalb des Landes hinreichend geschützt. Außerdem lag der Rohschnitt einer Fernsehdokumentation des britischen Senders *Channel 4* über das

Niger-Delta bereits vor, der in Kürze fertig gestellt werden sollte. Es schien, als wollten beide Seiten kooperieren, und Saro-Wiwa hielt die angekündigte Verfassungskonferenz des neuen Militärregimes für eine strategisch günstige Plattform, seine Vision eines gerechteren Nigerias in die politische Öffentlichkeit zu tragen. Diese geplante Verfassungskonferenz hatte die Bürgerrechtsbewegung zutiefst gespalten. Einige wie Saro-Wiwa sahen darin jedoch die letzte Chance für Nigeria, aus der tiefen Staatskrise herauszufinden. Die Schar der Gegner dagegen warnte lautstark vor diesem leicht durchschaubaren Trick der neuen Junta, deren einziges Ziel zu diesem Zeitpunkt darin bestand, ihre Macht zu festigen.

Staatsterror im Ogoni-Land

Ken Saro-Wiwas Rechnung ging nicht auf, längst waren in Abuja die Würfel gefallen. Wenige Wochen später begannen Abachas Schergen, mit jedem Tag die Daumenschrauben in Ogoni stärker anzuziehen. Der nigerianischen Öffentlichkeit war die dramatische Zuspitzung im Niger-Delta weitgehend entgangen, wo der neue Militärgouverneur eine Spezialeinheit (Internal Security Task Force) zur »Befriedung« von Ogoni einsetzte, nachdem heftige Grenzstreitigkeiten zwischen Ogoni und den Ndoki zahlreiche Opfer gefordert hatten. Die Spezialeinheit führte willkürlich Strafaktionen durch, zerstörte Ogoni-Dörfer, tötete zahlreiche Bewohner und verbrachte viele in die Kerker von Port Harcourt und in Arrestzellen der umliegenden Kasernen. Militäreinheiten errichten Kontrollposten und sicherten alle Zufahrtsstraßen nach Ogoni. Das kleine Gebiet befand sich im Belagerungszustand. Jenseits des Niger-Deltas beobachteten derweil die Nigerianer den Machtkampf um die Präsidentschaft in Abuja und Lagos, ein erneuter Staatsstreich schien in der Luft zu liegen, und am 23. Juni 1994, ein Jahr nach der Wahlannullierung, wurde der Wahlsieger Moshood Abiola verhaftet.

Unbeirrt von den Strafaktionen und dem Blutvergießen in Ogoni verfolgte Saro-Wiwa sein Ziel, als Delegierter auf der Verfassungskonferenz in Abuja aufzutreten, ein Alptraum für die Generäle und die gekaufte politische Klasse in der Hauptstadt. Saro-Wiwa selbst wollte nichts dem Zufall überlassen und organisierte einen regelrechten Wahlkampf, um seinen einstigen Weggefährten und jetzigen erbitterten Gegnern keinerlei Chance zu lassen, ihm das Mandat streitig zu machen. Doch am 21. Mai begann die Katastrophe: Vier bekannte Ogoni, die sich inzwischen zu erklärten MOSOP-Gegnern gewandelt hatten, wurden an diesem Tag auf einer Wahlveranstaltung ermordet.[34] Täterschaft und Tathergang blieben ungeklärt, aber alle Indizien wiesen auf eine Beteiligung von Agents Provocateurs, radikalen Mitgliedern der MOSOP-Jugendorganisation, die sich der Kontrolle der Führung entzogen hatte, und aufgebrachten Zuschauern hin. Saro-Wiwa befand sich zur Tatzeit rund 30 Kilometer vom Tatort entfernt. Dennoch, die Propagandamaschinerie der Regierung beschuldigte Saro-Wiwa sofort der Volksverhetzung und der Anstiftung zum Mord. Am nächsten Tag wurde er verhaftet. Die Hexenjagd auf MOSOP-Funktionäre war eröffnet, und die berüchtigte Spezialeinheit setzte ihr zerstörerisches Werk und ihre Strafaktionen in Ogoni ungehemmt fort.

Jenseits des Niger-Deltas nahmen die Menschen das Gemetzel kaum wahr. Die Fußballweltmeisterschaft in den USA erschien wichtiger, denn das nigerianische Team spielte hervorragend und entpuppte sich als Favoritenschreck und Geheimtipp für den Titel. Selbst kritische Vertreter der schwachen Menschen- und Bürgerrechtsbewegung ließen sich vom Fußballfieber packen, und manchen beflügelte die wahnsinnige Hoffnung: erst Weltmeister, dann Abacha entsorgen und dann Ken Saro-Wiwa befreien.[35] Die absurden Erwartungen hielten der Realität nicht stand: Weder gewann Nigeria den Titel, noch wurde Abacha aus dem Amt gejagt, und Ken Saro-Wiwa und seine Mitstreiter endeten am Galgen. Den Machtkampf um die politische Führung Nigerias entschieden die Generäle um Abacha für sich. Abiolas kurze politische Karriere und sein Leben endeten 1998 in Isolationshaft, ohne dass er je einen Gerichtssaal betreten hatte. Ab Oktober 1994 herrschte Friedhofsruhe in Nigeria und in Ogoni, das Land verfiel bis zum Tod des Diktators Abacha vier Jahre später in tiefe politische Agonie.

Das Todesurteil – die Tragödie nimmt ihren Lauf

Der Schauprozess gegen Ken Saro-Wiwa und acht weitere Ogoni begann im Februar 1995 in Port Harcourt. Das Verfahren vor dem eigens eingerichteten Tribunal entpuppte sich schnell als Farce und hatte mit einem ordentlichen Gerichtsverfahren nichts zu tun, obwohl das dreiköpfige Gremium aus zwei Berufsrichtern und einem Offizier bestand. Zeugenbestechung, nachweisliche Falschaussagen und eine enge Zusammenarbeit zwischen Tribunal und dem Militärgouverneur des Bundesstaates Rivers hatten nur das eine Ziel, Saro-Wiwa schuldig zu sprechen. Und ein Schuldspruch ließ nur die Todesstrafe zu. Es bestand keine Möglichkeit, das Urteil anzufechten, welches nur dem obersten Militärrat zur Prüfung und Bestätigung vorgelegt werden musste. Im engsten Kreis des Diktators gab es während der Zeit des Prozesses mehrere Arbeitskreise, in denen Juristen, Diplomaten und Sozialwissenschaftler analysierten und bewerteten, welche Konsequenzen die Hinrichtung Saro-Wiwas eventuell nach sich ziehen könnte. Im Kern aber sollten die Diskussionen nur klären, ob die internationale Gemeinschaft, allen voran die USA, bereit wäre, gegen Nigeria einen Ölboykott zu verhängen. Dies war für die Generäle und die Führungselite in Abuja die einzig entscheidende Frage, denn vor einem Ölboykott hatten sie panische Angst. Letztendlich aber war man sich einig, dass es sehr wahrscheinlich zu temporären schmerzhaften internationalen Sanktionen und politischer Isolation käme, nicht aber zu einem internationalen Ölboykott! Damit konnte Abacha sein grausames Exempel statuieren, und folgerichtig bestätigte die Militärjunta die Todesurteile, die das Tribunal am 30. und 31. Oktober gefällt hatte. Die Henker kamen eigens aus dem islamischen Norden eingeflogen, weil man den örtlichen Vollstreckungsbeamten nicht traute. Am 10. November 1995 wurden die Urteile vollstreckt. Nur Ledum Mitee[36], Saro-Wiwas Stellvertreter, wurde freigesprochen. Die Erschütterung über die Morde war im Ausland wesentlich größer als im Inland. Die nigerianische Zivilgesellschaft zeigte sich betroffen, denn niemand hatte ernsthaft damit gerechnet, dass Abacha diesen Tabubruch begehen würde, einen berühmten Bürgerrechtler hinzurichten. Die große Mehrheit der Nigerianer war desinteressiert, der Rest frohlockte, insbesondere viele Igbo und Haussa-Fulani, so unter anderem Ojukwu, dem ehemaligen Staatschefs Biafras. Denn unermüdlich hatte er auf seinen Vortragsreisen im In- und Ausland erklärt, warum es Saro-Wiwa verdient hätte, auf dem Schafott zu enden. Aber auch im wahrhaft multi-ethnischen Lagos und bei den übrigen Minoritäten des Niger-Deltas rührte sich kein Mitleid. Hier waren andere gestorben, Staatsfeinde, die einen großen Teil der Ölgelder für sich beanspruchten. So beendete Ken Saro-Wiwas Tod den bislang einzigen Versuch, jenseits staatlicher Strukturen gewaltlos eine basisorientierte, partizipatorische Organisation auf ethnischer Basis zu formen, die im komplizierten Machtgefüge Nigerias einigen Einfluss hätte ausüben können.

Das Regime ließ jedoch nichts unversucht, auch den Bruder Owens Wiwa und dessen Frau Diana aufzuspüren, um den Namen Wiwa im innenpolitischen Diskurs auszumerzen. Denn Diana spielte in der MOSOP-Frauenorganisation eine führende Rolle, und Owens besaß eine Klinik in Ogoni. Es gelang ihnen, im Chaos der Millionenstadt Lagos unterzutauchen. Sie lebten einige Zeit unerkannt im Dunstkreis der Dodan Barracks im einst vornehmen Diplomatenviertel Ikoyi, wo diverse frühere Militärregierungen ihren Regierungssitz hatten. Nach der Exekution verschärften die Sicherheitskräfte ihre Suchaktionen, und mit Hilfe einiger westlicher Diplomaten und Nichtregierungsorganisationen konnten beide auf abenteuerlichen Wegen die Grenze zum westlichen Kleinstaat Benin überqueren und dann nach Großbritannien ausreisen. Mehrere Monate später zogen sie nach Kanada. Beide saßen in verschiedenen Bussen, jeweils ausgerüstet mit »echten« ECOWAS-Ausweisen und falschen Namen, die zu der Zeit problemlos und preiswert erhältlich waren. In den Bussen fuhr jeweils ein den Flüchtlingen nicht bekannter Beobachter mit, der den Auftraggebern im Fall des Scheiterns zumindest hätte Bericht erstatten können. Die gut organisierte Flucht lief wie geplant ab, denn es gab keine Fahndungsfotos, und die damals existierenden zahlreichen Checkpoints zwischen Lagos und dem Grenzort Seme dienten den Kontrolleuren einzig und allein dazu, in Raubrittermanier ihren Wegezoll zu kassieren.

MOSOP war zu diesem Zeitpunkt weitgehend zerschlagen und hat sich bis heute nicht von den Schlägen der Staatsmacht erholt, geschweige denn neu erfinden können. Die Angehörigen der Hingerichteten allerdings sind 14 Jahre später ein wenig entschädigt worden. Shell war schon zu Lebzeiten von Saro-Wiwa der Komplizenschaft mit den Militärs beschuldigt worden, und über viele Jahre hatten exilnigerianische Gruppen eine Anklage in den USA vorbereitet. Shell unterschätzte die Klagemöglichkeiten im US-amerikanischen Rechtssystem, das geschädigten Bürgern, gleich welcher Nationalität, erlaubt, ein Unternehmen auf Schadenersatzzahlungen zu verklagen, auch wenn sich die Klage auf Ereignisse im Ausland bezieht. Im Sommer 2009 zeigte sich Shell schließlich zu einem Vergleich bereit, um dem bevorstehenden Gerichtsprozess zu entgehen, dessen Ausgang für den Ölmulti inzwischen unkalkulierbar geworden war, und zahlte 15.5 Millionen US-Dollar. Fünf Millionen gingen in einen Entwicklungsfonds, und die restliche Summe teilten sich die Familien der hingerichteten Ogoni. In den Niederlanden ließ Ende 2009 ein Gericht eine Klage gegen Shell wegen schwerer Umweltvergehen in Nigeria zu.

Das Niger-Delta aber entwickelte sich binnen weniger Jahre nach Saro-Wiwas Tod in einen Gewaltmarkt, auf dem schwer bewaffnete Milizen der Ijaw, Itsekiri und Urhobo und hochgerüstete Militäreinheiten aufeinandertrafen und das Gebiet für Jahre in eine bürgerkriegsähnliche Zone verwandelten. Ölraub, Überfälle, Entführungen und Mord gehörten nun zum Tagesgeschäft, um von den Reichtümern des Deltas zu profitieren. Schon bald begann man in den Chefetagen der Multis und der gewählten Regierung, den friedfertigen großen Kommunikator Saro-Wiwa mit anderen Augen zu sehen. Denn in diesem Klima von Gewalt und rapide steigender Kosten für Sicherheitsmaßnahmen sanken die einst hohen Profite und zwangen die beteiligten Akteure, über das Niger-Delta zumindest politisch und sozioökonomisch nachzudenken.

Warlords und Milizen im Niger-Delta

In seinem Schlusswort vor dem Tribunal im November 1995 stünden nicht nur er und acht weitere Ogoni vor Gericht, sondern auch Shell und der nigerianische Staat. Das waren die nachhaltigsten Worte Ken Saro-Wiwas, und er nutzte seine letzte rechtliche Möglichkeit, auf die wahrscheinlichen Konsequenzen hinzuweisen, die mit der Verurteilung und Hinrichtung der Angeklagten verbunden wären: eine Gewaltspirale im Niger-Delta und eine Anklage gegen Shell. Saro-Wiwa sollte ansatzweise Recht behalten. Doch was sich drei Jahre später nach der politischen Stunde »Null«, dem plötzlichen Tod des Diktators Abacha, im Niger-Delta, aber auch in anderen Landesteilen abzuzeichnen begann und in dem Jahrzehnt danach an Gewalt entlud, sprengte jegliche Vorstellungskraft.

Gewaltorgien und Gesprächsangebote

Die »Warlordisierung« der ökonomisch wichtigsten Region verwandelte das zentrale Niger-Delta mit den Bundesstaaten Bayelsa, Delta und Rivers in einen Gewaltmarkt, wo das Primat der Gesetzlosigkeit zu herrschen begann, sich eine Vielzahl unterschiedlichster Akteure tummelte auf der Suche nach Macht, Einfluss und Geld. Martialische Aktionen wie *Operation Restore Hope*, *Operation Flush Out*, *Operation Locust Feast* oder *Operation Moses* schlugen blutige Schneisen im Delta und verbreiteten im Öl- und Gasfördergebiet Tod, Elend, Hoffnungslosigkeit und verbrannte Erde.

Der soziale Dampfkessel, dessen Ventil dem Kesseldruck nicht mehr standhielt, explodierte, und der aufgestaute Hass, den die Repression der Militärdiktatur bis 1989/99 erzeugt hatte, entfesselte eine zerstörerische Kraft, die der nun demokratisch verfasste Staat nicht mehr kontrollieren, geschweige beherrschen konnte. Niemand weiß auch nur annähernd, wie viel Menschenleben die Gewaltorgien und organisierten Verbrechen bislang gekostet haben. Aber im Sommer 2009 hatten die wichtigsten Milizenführer des Movement for the

Emancipation of the Niger Delta (MEND) ein Gesprächsangebot des 2007 gewählten Staatspräsidenten Umaru Musa Yar'Adua angenommen. Sie nutzten einen zweimonatigen Waffenstillstand, sondierten die politische Lage und akzeptierten schließlich das Amnestieangebot der Regierung, das mehr war als ein goldener Handschlag. Es war das Eingeständnis der Zentralregierung, diesen blutigen Konflikt unter den bestehenden sozioökonomischen und politischen Bedingungen nicht gewaltsam lösen zu können. Zu viele Akteure aus Politik, Militär, Polizei, ja aus den Ölgesellschaften selbst, waren involviert und zogen hohe Profite aus diesem lokal begrenzten Krieg. So wurden ganze Älladungen verschoben, staatliche Entwicklungsorganisationen und bewaffnete jugendliche Milizen veruntreuten Sozialprojektgelder, das Patenunwesen blühte und gedieh prächtig in diesem Sumpf von Gewalt, Macht und Geld. Die Milizenführer mit so exotisch klingenden Namen wie High Chief Government Ekpemupolo, alias *Tompolo*, Victor Ben Ebikabowei, alias *Boyloaf*, oder Ateke Tom fühlten sich ihrerseits in ihrer Strategie bestätigt: Gewalt zahlt sich am Ende aus, und beten kann nicht schaden, auch nicht für andere. So folgten sie publikumswirksam dem landesweiten Aufruf, für den schwer kranken Staatspräsidenten zu beten, der seit November 2009 in einem saudischen Krankenhaus lag und erst Ende Januar 2010 nach Nigeria zurückkehrte, seine Amtsgeschäfte aber krankheitsbedingt nicht wieder aufnehmen konnte.

Die Radikalisierung des Widerstands

Mujahid Dokubo-Asari, ein ehemaliger Student und inzwischen weltbekannter Milizenführer, verkörperte den Prototypen des modernen nigerianischen Milizionärs. Aus seinem Ijaw-Umfeld heraus hatte Dokubo-Asari eine militante Anhängerschaft rekrutiert, sie bewaffnet und die Staatsmacht herausgefordert. Seine Festnahme 2005 endete jedoch nicht im Hochsicherheitstrakt oder auf dem Schafott, sondern zwei Jahre später im Amtssitz des Vizepräsidenten. Der hatte ihn eingeladen, mit ihm Lösungsansätze im Niger-Delta zu diskutieren, nachdem sich sein Hochverratsverfahren endlos hinzuziehen schien und er seine Zelle ohnehin gegen Auflagen verlassen konnte. Als Freiheitskämpfer und Respektsperson von seinen Anhängern verehrt, führte er nun ein komfortables Leben und reiste auch ins Ausland, obwohl er jederzeit wieder verhaftet werden konnte, da er nicht unter die Amnestie fiel.[37]

Die Stunde »Null« im nigerianischen Kosmos der Unübersichtlichkeiten markiert der plötzliche Tod des Diktators General Sani Abacha am 8. Juni 1998 und der folgende Zusammenbruch der Militärdiktatur. Die einzige Möglichkeit, zumindest die maroden Grundstrukturen zugunsten der politischen und militärischen Elite zu bewahren, war der halbwegs geordnete Rückzug der Militärs in die Kasernen. Sie sicherten außerdem zu, unverzüglich den notwendigen Demokratisierungsprozess einzuleiten, also eine Verfassung zu verabschieden und zeitnah Wahlen im Rahmen eines präsidentiellen Regierungssystems durchzuführen. Angesichts einer noch wenig entwickelten Zivilgesellschaft hob die etablierte politische Elite in Übereinstimmung mit der neuen Übergangsregierung unter General Abdulsalami Abubakar den prominentesten politischen Gefangenen des Abacha-Regimes, General a. D. Olusegun Obasanjo, im Mai 1999 auf den Schild. Als Kompromisskandidat, rigoroser Verfechter der territorialen und politischen Einheit Nigerias und zumindest international anerkannter »Elder Statesman« trauten ihm das nigerianische Establisment und die internationale Gemeinschaft zu, den schwierigen Übergang zu einem wenigstens formal korrekten demokratischen System umzusetzen. Damit war ein akzeptables Maß an politischer Kontinuität gewährleistet.

Im Trubel der Übergangsturbulenzen von der letzten Militärregierung hin zu gewählten Institutionen kaum beachtet, versammelten sich am 11. Dezember 1998 in Kaiama, dem Geburtsort des Gründers der kurzlebigen Niger Delta Peoples' Republic, Isaac Boro, Jugendliche, Heranwachsende und junge Männer von mehr als 50 Ijaw-Clans. Sie repräsentierten über 500 Gemeinwesen, um ein Manifest zum Delta zu verabschieden, das als *Kaiama Declaration* in die Annalen einging. Um die vielfältigen Interessen der geografisch weit auseinander liegenden Gemeinschaften zu koordinieren, gründeten sie den Ijaw Youths Council (IYC), der zumindest nach außen hin den Anspruch formulierte, Interessen und Forderungen der Ijaw friedlich vertreten zu wollen. Dokubo-Asari gehörte zu den Gründungsmitgliedern und wurde zum Vizepräsidenten gewählt. Das Manifest orientiert sich inhaltlich und sprachlich an der 1990 niedergelegten *Ogoni Bill of Rights*. Allerdings distanzierten sich die Ijaw vom friedlichen Kampf der Ogoni, eine späte Reaktion auf Saro-Wiwas Desinteresse, das größte Volk im Niger-Delta in seinen gewaltfreien Feldzug einzubinden. Die Radikalität der *Kaiama-Erklärung* ging denn auch weit über das *Ogoni-Manifest* hinaus, war es doch im Kern eine offene Kampfansage an den Staat und rief auch die anderen Völker im Delta auf, sich dem Kampf anzuschließen.

Dieser Aufruf war keine Selbstverständlichkeit, denn fragwürdige Gebietsreformen, tödliche Streitereien um Landbesitz und erdölfinanzierte Sozialprojekte provozierten seit geraumer Zeit schwere Auseinandersetzungen zwischen Ijaw, Itsekiri, Urhobo, den Ilaje-Clans der Yoruba und anderen kleineren Völkern des Niger-Deltas, denen Hunderte von Menschen zum Opfer fielen. In dieser gewalttätigen Atmosphäre hatten die Ijaw bereits im Oktober 1998 die bewaffnete Einheit Niger Delta Volunteer Force (NDVF), eine Reinkarnation der Truppen Isaac Boros, als Schutztruppe gegründet. Die Lunte der Gewalt war somit bereits gelegt, und die Forderungen nach Selbstbestimmung innerhalb der Föderation, Ressourcenkontrolle und Inbesitznahme von Grund und Boden und den natürlichen Reichtümern des Ijaw-Gebietes hatten zwar auch eine politische Konnotation, entsprachen aber angesichts der Realitäten mehr einer Kriegserklärung, die der Staat auch als solche interpretierte und entsprechend reagierte. So erschossen Ende des Jahres 1998 Sicherheitskräfte mehr als 20 Demonstranten in Bayelsa, woraufhin die Übergangsjunta unter General Abdulsalami Abubakar über den Bundesstaat den Ausnahmezustand und über die Landeshauptstand Yenegoa[38] eine nächtliche Ausgangssperre verhängte.

Der Rückzug der Militärs in die Kasernen und die Machtübergabe an den gewählten Staatspräsidenten Obasanjo im Mai 1999 konnten die erheblichen Spannungen nicht abbauen. Selbst direkte Gespräche der alten und neuen Regierungsspitze mit NDVF-Vertretern brachten die Ijaw nicht von ihren Maximalforderungen ab, denn die Ijaw bestanden weiterhin auf die Umsetzung der *Kaiama Declaration.* Die Zentralregierung rang sich zu kleinen Zugeständnissen und Gesetzesinitiativen durch, um Zeit zu gewinnen in der Hoffnung, die Situation würde sich beruhigen. Doch die Hoffnung trog. Zugleich waren im Kontext der Wahlen erneut schwere inter-ethnische Auseinandersetzungen zwischen Ijaw und benachbarten Minoritätenvölkern ausgebrochen, die das angespannte politische Klima weiter verschlechterten. Denn die Möglichkeit, im Demokratisierungsprozess einen Platz an der Sonne zu ergattern, d. h. den direkten Zugang zu den Ölpfründen zu gewinnen, war so aussichtsreich, dass die unterschiedlichen Akteure Gewaltanwendung als durchaus probates Mittel ansahen, um den politischen Gegner kalt zu stellen.

Unzulängliche Stabilisierungsversuche und lokale Machtpolitik

Nicht einmal fünf Monate im Amt, befahl der gewählte Staatspräsident Obasanjo eine militärische Strafaktion gegen den mehrheitlich von Ijaw bewohnten Ort Odi in Bayelsa, die eine neue Eskalationsstufe zwischen Staat und lokale Milizen einläutete. Militante Mitglieder des IYC hatten Anfang November ein Dutzend Polizisten entführt und ermordet, unter ihnen zwei hohe Polizeioffiziere. Die meisten Opfer gehörten dem Volk der Yoruba an, und die Täter rechtfertigten ihre Bluttat als Racheakt für die ermordeten Ijaw, die bei Auseinandersetzungen mit militanten Mitgliedern der Yoruba-Miliz OPC und der Polizei in Lagos umgekommen waren. Als dann noch Ijaw-Milizen einige Soldaten entführten, beorderte die Armee eine ihrer Einheiten, den Ort Odi zu schleifen. Zahlreiche Menschen wurden erschossen, und mehrere tausend Bewohner aus Odi und der Umgebung flüchteten in die nahegelegenen schwer zugänglichen Wälder.

Zwei Jahre später, 2001, stieg Mujahid Dokubo-Asari zum Präsidenten des IYC auf, und mit ihm veränderten sich innerhalb des Komitees Zungenschlag und Sprachregelung. Seine Parole, Ressourcenkontrolle und Selbstbestimmung mit allen möglichen Mitteln zu erzwingen, klang wie ein Frontalangriff auf den nigerianischen Staat. Staatspräsident Obasanjo hatte nach 16 Jahren Militärherrschaft andere Prioritäten und lehnte es zunächst ab, sich mit dem Niger-Delta zu befassen. Dass dort eine Zeitbombe ticken könnte, hatte die politische Elite zu keiner Zeit wahrhaben wollen, und auch Obasanjo ignorierte anfangs arrogant und selbstherrlich die brisante Situation. Da der gerade begonnene Demokratisierungsprozess keineswegs gesichert und ein frühzeitiges Scheitern jederzeit möglich war, bestand sein oberstes Ziel darin, den Vielvölkerstaat Nigeria mit seinen zahllosen Gegensätzen und Widersprüchen irgendwie zu stabilisieren. Dabei war er auf die Loyalität der verbliebenen Generäle, die Unterstützung eines Großteils der alten Politiker- und Militärkaste und den Zuspruch der neuen machtvollen Gouverneurselite in den Bundesstaaten angewiesen, die sich dafür alle fürstlich belohnen ließen.

So blieb in diesen neuen alten Netzwerken kein Platz für kreative Überlegungen oder Strategien, um die vielfältigen und vielschichtigen Probleme im Delta anzugehen. Ein unverzeihlicher Fehler, der viele Menschenleben kosten sollte, denn nun explodierte die Gewalt tatsächlich, und das wenig schmeichelhafte Image Nigerias als chaotisches und gewalttätiges Land verschlechterte sich weiter. Nun tauchten Milizen verschiedenster ethnischer Schattierungen scheinbar aus dem Nichts auf, lieferten sich blutige Gefechte mit den staatlichen Sicherheitskräften, verschwanden wieder über Nacht oder blieben und überzogen große Teile des Deltas mit Gewaltexzessen, die in den Folgejahren immer wieder in inter-ethnische wie auch kriegs- und bürgerkriegsähnliche Kampfhandlungen ausarteten. Der Kampf um die Ratsposten der *Local Governments*, die den direkten Zugang zu den knappen lokalen Finanzressourcen der Bezirksregierungen sichern, gepaart mit der Perspektivenlosigkeit einer anfälligen Jugendgeneration, die sich leicht einkaufen und einspannen lässt, politische Parolen, die die meisten Semiliteraten und Analphabeten nicht verstehen, die Glitzerwelt der lokalen Eliten und der Konzerne und die Ignoranz der Machthaber in der Hauptstadt Abuja verwandelten so 30 Jahre nach dem Biafrakrieg die Quelle des Reichtums Nigerias erneut in ein Schlachtfeld. Die vielen kleineren und größeren Scharmützel auf den *Creeks* und in den Sümpfen und die ständigen Besetzungen von Ölplattformen und Pumpstationen schränkten die Öl- und Gasproduktion zeitweise erheblich ein, schürten

Ängste in der Bevölkerung und bei den Konzernmitarbeitern. Zugleich relativierten die hohen Weltmarktpreise die Mindereinnahmen, so dass die Regierung im fernen Abuja noch keinen echten Handlungsbedarf sah, das Niger-Delta endlich ins Zentrum der Innenpolitik zu stellen. Erst als die Milizen das lukrative Geschäftsmodell »Entführungen und Lösegeldforderungen« für sich entdeckten und auch vor Mord nicht mehr zurückschreckten, veränderte sich langsam die Wahrnehmung in Abuja. Aber nun hatte es die politische Klasse mit konfliktfähigen Organisationen zu tun, die sich ihrer lokalen Machtbasis und Verhandlungsposition bewusst waren.

Die Wahlen 2003 läuteten die nächste Eskalationsstufe im Niger-Delta ein. Denn jeder Präsidentschaftskandidat war und ist auf die volle Unterstützung der Gouverneure angewiesen, denn nur sie und ihre lokale Maschinerie können die notwendigen Wähler und Stimmen mobilisieren und bei Bedarf auch manipulieren. Das komplizierte kriminelle und politische Netzwerk der Gouverneure im Niger-Delta, die allesamt der dominanten Regierungspartei People's Democratic Party (PDP) angehörten, war eng verflochten mit den unterschiedlichsten lokalen Milizen, die gegen Bezahlung den politischen Gegner attackierten und durchaus auch mit Hilfe von Polizei und Militär Rohöl und Waffen auf dem Schwarz- und Gewaltmarkt verschoben. In diesem Umfeld tummelten sich auch Dokubo-Asari, Gründer der Niger Delta People's Volunteer Force[39] (NDPVF), und Ateke Tom, Anführer der Niger Delta Vigilante[40] (NDV), deren steile Milizenkarrieren im Vorfeld dieser Wahlen von 2003 begannen. Vor den Wahlen arbeiteten sie noch zusammen, nach den Wahlen aber wurden sie zu erbitterten Gegnern. Die massiv gefälschten Wahlergebnisse bestätigten schließlich Staatspräsident Obasanjo und damit auch die Gouverneure des Niger-Deltas im Amt. Doch war das Ausmaß des Wahlbetruges selbst nach nigerianischen Maßstäben enorm und angesichts der lokalen Machtverhältnisse obendrein völlig überflüssig.

Das in Nigeria tief verwurzelte Patensystem gehört zum labilen Parteiensystem wie das Freitagsgebet in der Moschee oder der sonntägliche Kirchgang zum soziokulturellen Leben. Geben und Nehmen im Namen Gottes, Allahs oder des Paten, Bargeld, Macheten, Kalaschnikows oder gar Panzerfäuste unterstützen die jeweiligen Anliegen. Die Auseinandersetzungen zwischen Dokubo-Asari und Ateke Tom Anfang 2004 waren symptomatisch für den gnadenlosen Kampf um die Kontrolle der Lokalpolitik oder den Handel mit gestohlenem Rohöl. Auch die Kompensationszahlungen für Ölunfälle im jeweiligen Einflussbereich waren lukrative Nebeneinkünfte. Verschiedene Fraktionen der Regierungspartei PDP im Bundesstaat Rivers hatten sich die Unterstützung der beiden Milizenführer gesichert. Doch brach nach den Gouverneurswahlen Streit über die Verteilung der Pfründe aus, und Dokubo-Asari distanzierte sich von der PDP und vom wiedergewählten Obasanjo, den er nun verbal scharf attackierte. Im Februar 2004 kam es dann in Dokubo-Asaris Heimatort Bugama zum Showdown zwischen Ateke Toms NDV und Dokubo-Asaris gerade gegründeter NDPVF. Mehrere Dutzend Milizen starben. In einem weiteren Feuergefecht wenige Monate später unterstützen Ateke Toms Milizen Militäreinheiten und erschossen mehrere Mitglieder der NDPVF, die bereits zuvor bei einem Feuerüberfall der Armee etwa 20 Kämpfer verloren hatte.

Wenige Tage vor dem Jahrestag der Unabhängigkeit am 1. Oktober 2003 drohte Mujahid Dokubo-Asari mit Krieg gegen die Ölfirmen und setzte den Anspruch der Ijaw auf Selbstbestimmung erneut auf die Tagesordnung. Die Zentralregierung nahm die Drohung so ernst, dass Obasanjo persönlich Friedensgespräche mit den beiden Warlords führte und ihnen ein Amnestieangebot und Finanzzusagen unterbreitete. Als Gegenleistung sollten die Milizen ihre Waffen niederlegen. Doch bereits nach wenigen Wochen war dieser erste zaghafte Versuch der Regierung, das Niger-Delta gewaltlos zu befrieden, gescheitert. Denn während Dokubo-Asari zumindest halbherzig begann, seine Truppen teilweise zu entwaffnen, tauchte sein Gegenspieler Ateke Tom schnell wieder unter und nahm seinen Privatkrieg gegen rivalisierende Milizengruppen und den Staat schon bald wieder auf. Innerhalb der NDPVF entstanden dagegen erste Friktionen, die Dokubo-Asaris alleinigen Führungsanspruch bedrohten. Strukturelle Schwächen dieser Gruppierung wurden deutlich, sein Lavieren zwischen Radikalität und Opportunismus blieb nicht mehr unwidersprochen, und einige seinen engsten Getreuen setzten sich ab.

Die Regierung nutzte diese Schwäche und verhaftete Dokubo-Asari im September 2005. Doch folgte darauf nicht die erhoffte Befriedung des Deltas. Stattdessen gründete sich im Februar 2006 in den unwegsamen *Creeks* und Wäldern des Niger-Deltas eine neue Miliz, die dezentral organisierte MEND, die nicht mehr lokal eng begrenzt agierte, sondern die Ölfirmen flächendeckend im ganzen Delta attackierte. Schlimmer noch, MEND griff jetzt vermehrt die Öl- und Gasinstallationen vor der Küste und selbst Ölanlagen außerhalb des Deltas an. Flache Hierarchien, kleine, unabhängig operierende, aber gut vernetzte Einheiten, systematische PR-Arbeit im In- und Ausland, Beschwörung der Ijaw-Identität und Appelle an alle Ijaw-Sympathisanten in den Dörfern und Städten des Niger-Deltas, wo man die Milizenführer als Helden feierte, garantierten eine Schlagkraft, die die staatlichen Sicherheitskräfte vor Probleme stellte, für die sie nicht ausgebildet waren. Besonders der Anschlag im Juni 2008 auf die Off-Shore-Station *Bonga*, ein Vorzeige-Projekt von Shell, bewies, dass MEND auch weit vor der Küste zuschlagen konnte. Diese Demonstration der Stärke schockierte und deprimierte Ölmultis, Regierung und staatliche Sicherheitsorgane, rüttelte sie doch an den Grundfesten der Rentenökonomie, die den Eliten ein sorgenfreies Leben garantierte. Die in die Defensive geratene Regierung beantwortete die MEND-Offensive mit einer Doppelstrategie: einem großangelegten militärischen Befreiungsschlag und einem großzügigen Amnestieangebot, in der Hoffnung, MEND damit entscheidend zu schwächen.

Amnestie und halbherzige Befriedung

Die massiven Militärschläge im Mai und Juni 2009 zeigten zweifellos Wirkung. In die Enge getrieben, weitete MEND seine Kampfzone jedoch aus und zerstörte im Juli das große Treibstofflager Altlas Cove Jetty Depot in Lagos. Dieser Schlag gegen die Wirtschaftsmetropole saß, und unter Politikern, Sicherheitskräften, Bankern, Akademikern, Gewerkschaftern, Managern und Ölgesellschaften machten sich Fassungslosigkeit, Ratlosigkeit und auch Angst breit. Plötzlich standen Wohlstand und Lebensstil, Luxus und Weltläufigkeit der Eliten auf dem Spiel, alles, was das ständig sprudelnde Öl und die Gasvorkommen bisher garantiert hatten. So rückten nach diesem schweren Zwischenfall und den Gemetzeln der zurückliegenden Wochen die Fragen nach einem politischen Dialog und einer umfassenden Amnestie wieder ins Zentrum des politischen Diskurses. Beides hatte eine Kommission[41] unter Ledum Mitee, Präsident der Ogoni-Organisation MOSOP, bereits mehrere Monate zuvor empfohlen, um wenigstens die Spirale der Gewalt zu unterbrechen und dann Konsolidierungsgespräche zu beginnen.

Der neue Staatspräsident Umaru Musa Yar'Adua setzte das Amnestieangebot schließlich durch, wohingegen kritische Beobachter den Vorstoß als nicht umsetzbar zurückwiesen. Sie blieben skeptisch angesichts der gewalttätigen Geschichte des Niger-Deltas, der Korruption, der extremen Armut im höchstindustrialisierten Teil des Landes, der fehlenden Arbeitsplätze und des weitverbreiteten tiefen Misstrauens in die Problemlösungsfähigkeit der Zentralregierung. Die Demobilisierung von einigen Tausend Milizionären begann dennoch überraschend zügig. Die Regierung belohnte die Entwaffnungskampagne anfangs noch mit direkten finanziellen Zuwendungen und versprach, binnen weniger Wochen Schulungscamps einzurichten, wo die einstigen Outlaws in mehrmonatigen Kursen resozialisiert und dann wieder in die Gesellschaft integriert werden sollten. Wenig überraschend ließen sich diese hohen Ansprüche in solch einem sensiblen Terrain nicht durchhalten. Und Staatspräsident Yar'Adua, der Niger-Delta und Amnestierung der Milizen zur Chefsache erklärt hatte, war tatsächlich schwerer erkrankt als ursprünglich angenommen und faktisch handlungsunfähig. Die politische Führungselite in Abuja ihrerseits war mehr damit beschäftigt, die Frage zu diskutieren, ob Vizepräsident

Goodluck Jonathan in dieser misslichen Lage das Recht hätte, die Amtsgeschäfte des Staatspräsidenten zu übernehmen, als sich um die Milizen zu kümmern. Zusätzlich blockierten die üblichen strukturellen Probleme Nigerias und des Niger-Deltas wie endemische Korruption und Inkompetenz in den Bundesstaaten und Bezirken jede systematische Herangehensweise, die zumindest ein Mindestmaß an Vertrauen in die Projekte hätte schaffen können.

Was blieb, waren Frustration, Zorn und neue Gewalt, die sich schon bald in Demonstrationen und ersten Anschlägen entluden. Sie führten der Öffentlichkeit brutal vor Augen, dass auf dem Weg der Befriedung des Niger-Deltas noch viele kleine und große Stolpersteine liegen, die sich nicht einfach mit ein paar Hundert Dollar Kopfpauschale und einigen Schulungskursen beiseite schaffen lassen. Als Vizepräsident Jonathan nach einem mehrwöchigen Machtkampf innerhalb der Regierungspartei PDP schließlich im Februar 2010 die Regierungsgeschäfte geschäftsführend übernahm, keimte leise wieder Hoffnung auf eine Fortschreibung des Amnestieprogramms auf. Denn als Ijaw und einstigem Gouverneur des Bundesstaates Bayelsa besaß er zumindest einen gewissen Vertrauensvorschuss und nahm in seiner neuen Funktion als geschäftsführender Staatspräsident den Dialog mit den Milizen wieder auf, um erneut Zeit zu gewinnen. Und auch Wole Soyinka blieb sich seiner Linie treu, den Dialog mit den Mächtigen im Land nicht abreißen zu lassen. Ende März 2010 traf er sich zu Gesprächen mit Goodluck Jonathan, und er äußerte sich recht wohlwollend, nachdem er in den Wochen zuvor die handlungsunfähige Regierung auf das schärfste kritisiert und die Gefahr eines staatlichen Kollaps an die Wand gemalt hatte. Doch das Zeitfenster für nachhaltige Maßnahmen der Regierung war gering, blickten doch die Machthaber und politischen Eliten auf die bevorstehenden Wahlen, die das Ende der dritten Legislaturperiode der IV. Republik im Mai/Juni 2011 markierten. Diese Wahlen hatten höchste Priorität, um den Machterhalt der PDP auf der Ebene des Bundes und der Bundesstaaten zu sichern, so dass die politische Klasse allenfalls halbherzig nach überzeugenden und machbaren Konfliktlösungen im Niger-Delta suchte und das eigentliche Problem auf die Zeit danach verschob.

In einem spektakulären Akt übernahm Vizepräsident **Goodluck Ebele Jonathan** am 09. Februar 2010 geschäftsführend das Amt des Staatspräsidenten, nachdem ersichtlich wurde, dass der schwerkranke Amtsinhaber Umaru Musa Yar'Adua seine Aufgaben nicht mehr erfüllen konnte. Die Machtübernahme entsprach zwar nicht den Vorgaben der Verfassung, doch fanden die 36 Gouverneure und die Mehrheit der beiden Kammern des Parlamentes einen Weg, die mehrmonatige Führungskrise zu lösen und einen möglichen Militärputsch zu verhindern. Nach dem Tod Yar'Aduas

Goodluck Ebele Jonathan

am 5. Mai 2010 wurde er jedoch Staatspräsident mit voller exekutiver Gewalt.
Der studierte Zoologe und Hydrobiologie wurde 1957 in Otueke im Bezirk Ogbia des heutigen Bundesstaates Bayelsa geboren und gehört zur Ethnie der Ijaw. Politisch trat er erstmals 1999 als Stellvertreter des PDP-Gouverneurs von Bayelsa, Diepriye Alamieyeseigha, in Erscheinung, eine Position, die er bei der Wiederwahl Alamieyeseighas 2003 erneut bekleidete. Aber erst die Amtsenthebung des Gouverneurs wegen schwerer Korruptionsvorwürfe, brachte Goodluck Jonathan Ende 2005 an die Spitze des Bundesstaates Bayelsa. Staatspräsident Olusegun Obasanjo, der nach zwei Amtszeiten nicht wieder kandidieren durfte, kürte 2007 nicht nur Yar'Adua zu seinem Nachfolger, sondern stellte ihm zugleich Jonathan als Vizepräsident zur Seite, eine Position, die laut Verfassung keinerlei Machtbefugnisse beinhaltet, solange der gewählte Staatspräsident die Amtsgeschäfte führt. In seiner bisherigen politischen Karriere musste sich Jonathan noch keiner Wahl stellen, und er wird zeigen müssen, ob er sich innerhalb der PDP durchsetzen kann, um bei der Präsidentenwahl 2011 anzutreten und gegebenenfalls zu gewinnen.

II Der Biafrakrieg (1967-70)

Nigeria am Vorabend des Bürgerkrieges um Biafra

Wie viele Angehörige anderer Minoritätenvölker im Delta war auch Ken Saro-Wiwa im Jahr der zwei Militärputsche 1966 überzeugt gewesen, dass der sich abzeichnende Bürgerkrieg einzig und allein um die Erdölquellen im Niger-Delta geführt werden würde. Der Zugang zu den Ölfeldern war sicherlich ein wichtiger Grund für den Bürgerkrieg, aber nicht der einzige und vielleicht auch nicht der entscheidende. Als am Vorabend der Krise die Ölkonzerne einen Teilbetrag der fälligen Konzessionsgebühren für das erste Halbjahr 1967 an Biafra überwiesen[42], an die Bundesregierung in Lagos dagegen nichts, war dies der letzte Anstoß, die Truppen in Richtung Biafra marschieren und die Waffen sprechen zu lassen. Das Sterben auf den Schlachtfeldern Biafras im Südosten des Landes konnte beginnen.

Der Traum von Biafra

Der Militärgouverneur der Igbo dominierten Ostregion, Chukwuemeka Odumegwu-Ojukwu hatte die Sezession stetig vorbereitet. Er setzte den Hebel bei der Finanzverfassung an und dekretierte Ende März 1967, dass alle der Bundesregierung zustehenden Steuereinnahmen von nun an an die Ostregion zu zahlen seien. Kurz darauf beschlagnahmte Ojukwu die Vermögensanteile zentraler bundesstaatlicher Unternehmen wie Eisenbahn, Postwesen, Elektrizitätswerke, Kohlegesellschaften, Fluglinie und die staatliche Marketinggesellschaft. Dann ermächtigte er die Marketinggesellschaft seiner Ostregion, eigenständig Geschäftsbeziehungen mit dem In- und Ausland aufneh-

Chukwuemeka Odumegwu-Ojukwu

men. Für den intelligenten, arroganten, aber politisch naiven und unerfahrenen Militärgouverneur und seine engsten Berater bestanden nicht die geringsten Zweifel am Erfolg ihrer Mission. Denn in ihren politisch-strategischen Vorstellungen und ihrem wiedererwachten und radikalisierten Nationalismus war kein Platz mehr für eine realistische Weltsicht. Zu diesem Zeitpunkt war die Igbo-Führung der politischen Wirklichkeit schon weit entrückt, hatte die eigenen Kräfte über- und die Kraft, den Willen und die Kompetenz der Bundesregierung völlig unterschätzt. Für Ojukwu erschien es undenkbar, dass die Bundesregierung Biafra Paroli bieten oder gar eine Allianz zwischen West-, und Nordregion schmieden könnte, eine fatale Fehleinschätzung der Lage. Auch von den Minoritätenvölkern des Niger-Deltas schlug sich nur eine Minderheit auf die Seite Biafras.

So war die Sezession die logische Folge des einmal eingeschlagenen Weges, den ein Großteil des Igbo-Volkes konsequent mitging. Die *Consultative Assembly* hatte Ojukwu bereits im August 1966 ein umfassendes Mandat, erneuert im September 1968, zum Handeln verliehen. In den frühen Morgenstunden des 30. Mai 1967 rief Ojukwu feierlich das gelobte Land, die unabhängige Republik Biafra, aus, symbolisiert durch die rot-schwarz-grüne Flagge mit der aufgehenden Sonne in der Mitte, deren elf Strahlen die Anzahl der Provinzen verkörperte. Der Traum der Igbo-Elite vom eigenen Territorium schien diesmal in Erfüllung zu gehen, nachdem sie ihr langgehegtes Ziel auf nationaler Ebene mehrmals kläglich verfehlt hatte. Die politische Antwort der Bundesregierung auf die Sezession war zunächst noch relativ zurückhaltend und bestand nur in einer totalen Wirtschaftsblockade, die den gesamten Handels- und Warenverkehr zum Erliegen brachte, so dass die abtrünnige Region vom Ausland nur noch auf dem See- und Luftweg zu erreichen war.

Yakubu Gowon

Die politische Wirklichkeit außerhalb Biafras sah indessen völlig anders aus. Juntachef General Yakubu Gowon hatte kurz vor der Unabhängigkeitserklärung von Biafra die viergliedrige Föderation auf zwölf Bundesstaaten erweitert, was weder zu Chaos noch zu nennenswerten Protesten in den betroffenen Gebieten führte. Die Aufteilung der riesigen Nordregion in sechs Gliedstaaten war ein geschickter Schachzug, um die enorme Machtfülle des islamischen Establishments Nordnigerias einzuschränken, und bot den Minoritäten des Middle Belt die lang ersehnte Möglichkeit, ihre Interessen offensiv zu vertreten und den politischen Prozess um Macht und Einfluss mit zu steuern. Die Haussa-Fulani-Aristokratie ihrerseits ließ sich schließlich durch erhebliche Transferzahlungen überzeugen, diese für sie psychologisch schmerzhafte Entscheidung letztlich mitzutragen, und sie erkannte auch die langfristigen Vorteile, die der Verbleib in einem großen Staatsverband mit sich brachte. Die geniale Idee der staatlichen Neugliederung zielte jedoch auf die Ostregion. Denn zwei der drei neuen Bundesstaaten, Rivers und South-East, waren Minoritätengebiete, und in Rivers, der Heimat Ken Saro-Wiwas, befanden sich zugleich die lukrativen Erdölquellen. Das Igbo-Kernland im Bundesstaat East Central war somit mittels eines einfachen, aber durchdachten Verwaltungsaktes administrativ vom künftigen Ressourcenreichtum abgeschnitten.

Das Ringen um die territoriale Einheit des Landes

In einem weiteren politisch äußerst geschickten Schachzug Anfang Juni 1967 hatte General Gowon einflussreiche Politiker aus allen Landesteilen in seine Regierung eingebunden, auch jene, die den politischen Wirren der I. Republik (1960-66)[43] zum Opfer gefallen und nach Hochverratsprozessen im Gefängnis gelandet waren. Die politische Führungsfigur der Yoruba, Chief Obafemi Awolowo, und sein Mitstreiter Anthony Enahoro aus dem Minoritätengebiet der Midwest-Region wurden rehabilitiert und kümmerten sich nun während des Krieges um die wichtigen Portfolios Finanzen und Information. Das Angebot, in die Zentralregierung einzutreten, nahm Awolowo an in der Überzeugung, aus dieser Position heraus der Yoruba-Nation am Besten dienen zu können, seinem eigentlichen Anliegen. Denn nach seinem Treffen mit dem Sezessionisten Ojukwu wenige Tage vor Kriegsbeginn erkannte er, dass der Bürgerkrieg unausweichlich war und er alles daran setzen müsste, die Interessen der Yoruba zu bündeln und umzusetzen. Als Finanzminister war Awolowo zuständig für die Kriegswirtschaft und bekleidete im Kriegskabinett de facto den Posten des Vizepräsidenten. Joseph Sarwuan Tarka, ein Tiv, Mitbegründer des *Middle Belt Congress* und streitbarer Gegner der Haussa-Fulani-Aristokratie und des islamischen Establishment, übernahm das Verkehrsministerium. Und als der Militärgouverneur der Westregion, Oberst Robert Adeyinka Adebayo, seine anfangs reservierte und zögerliche Haltung zugunsten einer Allianz zwischen der Nord- und der Westregion aufgegeben und sich mit dem Militärgouverneur der Nordregion, Oberstleutnant Hassan Katsina, auf eine gemeinsame Linie verständigt hatte, war die politisch-militärische Allianz geschmiedet und stark genug, die Sezession Biafras gewaltsam zu beenden. Dazu bedurfte es auch nicht mehr der expliziten Zustimmung der kleinen Midwest-Region, deren Militärgouverneur Oberstleutnant David Ejoor sich unter dem Deckmantel »Neutralität« zurückhielt und es vorzog, die weitere Entwicklung abzuwarten. Auch die in Igbo- und einigen Yoruba-Kreisen zumindest angedachte Option einer gegen die Nordregion gerichteten Allianz der drei südlichen Regionen Ost, Midwest und West war damit endgültig vom Tisch; nun galt es, die Einheit des Landes zu bewahren.

Krisengewinnler in jener Zeit, in der sich das Land auf den Abgrund zubewegte, waren die Minoritäten des Niger-Deltas und Middle Belt. Zu ihnen zählten auch Yakubu Gowon, der damals jüngste Staatschef Afrikas[44], und Ken Saro-Wiwa, der sich in den ersten Kriegstagen unter widrigsten Umständen nach Lagos durchschlagen konnte, wo er schon bald seine steile politische Karriere beginnen sollte. Seine konkreten historischen Erfahrungen mit den Briten und den Igbo hatten ihn gelehrt, dass Freiheit, Emanzipation und kulturelle Selbstbestimmung realistische Ziele sind. Er kannte die Geschichte des 28-jährigen Ijaw Isaac Boro[45], der an der Universität von Nsukka studiert, als Studentenführer agitiert und im Februar 1966 die Niger Delta Peoples' Republic ausgerufen hatte. Diese Aktion war aber mehr als nur ein gewalttätiger Befreiungsakt gegen die sich abzeichnende Igbo-Hegemonie. Es war vielmehr der Versuch einer Generation, die sich, neugierig, bildungshungrig und politisiert, dem erdrückenden Korsett der bestehenden Herrschaftsstrukturen entziehen wollte. Freiheitsdrang und Identitätssuche, gespeist aus sozialistischen Ideen des geistigen Führers Afrikas, Kwame Nkrumah, und der kubanischen Revolution Fidel Castros, trieben Boro und seine Schar von Mitstreitern an. Doch beendeten Soldaten nach nicht einmal zwei Wochen diesen lokalen Aufstand. Isaac Boro wurde zum Tode verurteilt, entkam aber der Hinrichtung, als im Juli in Lagos eine neue Militärregierung und im neuen Bundesstaat Rivers Lt. Commander Diete Spiff, Ijaw wie Isaac Boro, das Ruder übernahmen.

Boro wurde begnadigt, trat der Bundesarmee bei und kam im Range eines Majors der Bundestruppen 1968 im Bürgerkrieg ums Leben. Doch der Mythos von Boros erster freier Republik überlebte im Niger-Delta, bis Ken Saro-Wiwa und seine Ogoni-Bewegung unter neuen Vorzeichen diesen Mythos mit ihren eigenen Gedanken wiederbelebten. Die Minoritätenvölker, die etwa 40 Prozent der Gesamtbevölkerung ausmachen, waren in jenem labilen Kräftespiel das Zünglein an der Waage, sie sicherten den Bestand des modernen nigerianischen Staates in seinen kolonialen Grenzen letztlich ab. Erstmals empfanden sie so etwas wie Genugtuung, im komplizierten Ränkespiel der Macht endlich eine gewichtige Rolle in diesem Vielvölkerstaat zu spielen, etwas, was ihnen zuvor die britische Kolonialmacht wie auch die drei Mehrheitsvölker in den jeweiligen Regionen verweigert hatten.

Der Krieg gegen die Separatisten eskaliert

Die Kampfhandlungen in Biafra begannen am 6. Juli, und die Bundestruppen eroberten binnen weniger Tage die nördlich gelegenen Städte Nsukka und Ogoja und mit ihrer bescheidenen Kriegsmarine den Ölverladehafen Bonny. Somit kontrollierten sie den Seeweg nach Port Harcourt und unterbanden schon frühzeitig jede Möglichkeit Biafras, den Erdölexport zur Devisenbeschaffung und zum Kauf von Waffensystemen zu nutzen. Und hier, im Schatten des eskalierenden Bürgerkrieges, begann die politische Karriere des jungen Ken Saro-Wiwa, denn General Gowon bestellte ihn in der Frühphase der Kampfhandlungen zum Verwalter von Bonny. Ende 1968 berief ihn der Militärgouverneur von Rivers zum *Commissioner*[46], eine Position, die er auch nach Kriegsende 1970 in verschiedenen Portfolios ausfüllte, bevor er nach internen Querelen 1973 sein Amt verlor. Dennoch führte die Regierung von Rivers die von Saro-Wiwa ins Leben gerufene Zeitung *Nigerian Tide* weiter, eine seiner nachhaltigsten Maßnahmen im Bundesstaat. Nah am Puls der Menschen im Niger-Delta, in unmittelbarer Nähe der Kampflinien und in Hörweite der Kanonen war der Bürgerkrieg auch eine wertvolle Erfahrung für den Intellektuellen Saro-Wiwa, der nun unter den extremen Bedingungen des Krieges die Staatsbürokratie von innen kennenlernte. Es war eine harte Lehrzeit, in der er sich die notwendigen Organisations- und Managementfähigkeiten aneignete, die für seine zukünftige politische Arbeit so wichtig werden sollten. Diese Jahre des rasanten Aufstiegs ohne formale Voraussetzungen, ein Phänomen, das man bis heute in Nigeria beobachten kann, prägten ihn und ließen ihn zu der Führungsfigur werden, die 20 Jahre später die Staatsmacht herausfordern sollte.

Wole Soyinka

Wole Soyinka war zu dieser Zeit schon bekannt als Schriftsteller, Dramatiker, Lyriker, Essayist und nicht zuletzt auch als politischer Aktivist.[47] Er verbrachte fast die gesamte Bürgerkriegsphase als politischer Häftling in Einzelhaft in Lagos und Kaduna. Die Bundesregierung hatte den intellektuellen Unruhestifter inzwischen als unberechenbares Sicherheitsrisiko eingestuft, der schon in den politischen Wirren der West-Region politisch aufgefallen war. Damals hatte er sich nach den manipulierten und von Gewalttätigkeiten überschatteten Regionalwahlen 1965 Zugang zur staatlichen Radiostation in der Hauptstadt Ibadan verschafft und über den Äther mit der Regionalregierung abgerechnet, eine zu jener Zeit ungeheuerliche Aktion. Seine Flucht in die Ostregion, Festnahme, Untersuchungshaft und schließlich sein Gerichtverfahren brachten ihn endgültig in Konflikt mit der Staatsmacht, die ihn anfangs noch mit legalistischen Mitteln kaltstellen wollte. Um in der angespannten Atmosphäre in der Westregion einen politischen Prozess zu vermeiden, konstruierte die Anklage den schweren Straftatbestand des Überfalls. Doch diesen Vorwurf konnte sie nicht hinreichend beweisen, und so endete das Gerichtsverfahren mit einem Freispruch zweiter Klasse aus Mangel an Beweisen. Diese chaotische und gewalttätige Phase seines Lebens ist aber auch zugleich der Zeitraum, wo sich Soyinkas schöpferische Kraft zum ersten Mal in seinen Theaterstücken entfaltet, die bis zum heutigen Tag nichts von ihrer Vitalität und Ausstrahlung verloren hat. Mit seinem ersten Stück gewann er den Wettbewerb für die offiziellen Unabhängigkeitsfeiern. In *The Dance of the Forest* geht es um die Macht und ihre Fallgruben, die Soyinka als Feinde der Demokratie identifiziert hatte. Mit diesem Stück karikiert er spöttisch und ironisch-distanziert die Jubelfeiern, die den Kampf der verschiedenen Ethnien, der alten und neuen Potentaten und der machthungrigen Aufsteiger hinter den Kulissen nur kurzzeitig überdecken. Die neuen Machthaber fanden das Stück dann konsequenter Weise doch nicht geeignet und unpassend für die Jubelfeier zum historischen Unabhängigkeitstag am 1. Oktober 1960. So fand stattdessen die Uraufführung im Universitätstheater von Ibadan statt, wo die Präsentation seiner kritischen Weltsicht sehr gut ankam, unterschied sie sich doch fundamental von dem kostspieligen und kritiklosen Prunk der Feiern in Lagos. Soyinka investierte sein Preisgeld und gründete die Theatergruppe *The 1960 Masks* und einige Jahre später die *Orisun Theater Company*.

In jener Zeit emanzipierte er sich auch endgültig von seinem Elternhaus und der erweiterten Großfamilie, und seine geistige Grundhaltung verfestigte sich: sein leidenschaftlicher Glaube an die Freiheit des einzelnen Menschen. Diese Überzeugung verlangte, sich aufzulehnen, wann immer diese Freiheit bedroht ist und Menschen andere Menschen zu unterjochen und zu versklaven drohen. Die Zeit vor dem Bürgerkrieg, die den misslungenen Dekolonisierungsprozess widerspiegelt, steht denn auch im Mittelpunkt der ersten Erzählprosa *The Interpreters*, erschienen 1965.[48] Es ist das Stimmungsbild einer Gesellschaft, die noch nicht begriffen hat, dass die Befreiung vom kolonialen Joch keineswegs gleichbedeutend ist mit politischer Freiheit, Demokratie und Fortschritt. So versucht eine kleine Gruppe junger Intellektueller, sich nach der Unabhängigkeit in der neuen nigerianischen Gesellschaft zu etablieren. Aber sie müssen schnell erkennen, dass es für kritische, gebildete Geister keinen Platz im neuen Nigeria gibt. Denn der politische, soziale und akademische Raum ist bereits besetzt mit käuflichen Aufsteigern und biegsamen Konformisten, was die jungen Intellektuellen zur Flucht in Spott oder Verzweiflung treibt.

Ironie und Spott waren am Vorabend des Bürgerkrieges fehl am Platze, zu ernst die Lage und zu ungewiss der Ausgang eines Konfliktes, der schließlich im Desaster endete und Soyinka mehr als zwei Jahre Einzelhaft einbrachte. Soyinka hatte durchaus die Gefahr erkannt, in der sich das Land befand. Entsprechend scharf klangen seine verbalen und publizistischen Attacken auf die Führungselite, mit denen er gegen die sich abzeichnende Katastrophe ankämpfte. Als dann die Waffen dennoch sprachen, waren seine Möglichkeiten äußerst gering, in Gesprächen Einfluss auf die kriegerische Entwicklung zu nehmen. In seinen Erinnerungen *You Must Set Forth at Dawn* beschreibt Soyinka, wie er den Rebellenführer Ojukwu Anfang August 1967 traf, um einen Friedensdialog in dieser verfahrenen, aufgeheizten und kriegerischen Stimmung zu vermitteln. Auch sein Geheimtreffen im VW-Käfer von Oberstleutnant Olusegun Obasanjo[49] in Ibadan wenige Tage später brachte nichts mehr. Damals hatte er Obasanjo zum ersten Mal getroffen, und es sollte dies der Beginn einer widersprüchlichen schicksalhaften Beziehung zweier grundverschiedener Charaktere sein, die bis heute besteht. Seine Vermittlungsbemühungen lastete ihm die Bundesregierung unter General Gowon, die er später im Gefängnis mit dem Obristenregime in Griechenland verglich, als Hochverrat an und verhaftete ihn, ohne ihn je formell anzuklagen. Erst im Oktober 1969, wenige Wochen vor Kriegsende, konnte Soyinka das Gefängnis in Kaduna verlassen und nahm einen Ruf an seiner einstigen Universität in Ibadan an, gab aber nach einem kurzen Gastspiel seine Professur auf und ging 1972 in die USA. Erst 1976 kehrte er an die Universität Ile-Ife zurück. Seine Gedanken und Reflexionen während der Haft, fragmentarisch auf Papierschnitzeln, Zigarettenschachteln und Toilettenpapier niedergeschrieben, drehten sich um die Erkenntnis, dass die Menschlichkeit stirbt, wenn der Mensch angesichts der Tyrannei stumm bleibt. Zuerst erschienen sie als *Poems from Prison* und 1972 als Teil einer umfassenderen Ausgabe unter dem Titel *The Man Died.*

In den ersten Juliwochen schien alles auf ein schnelles Ende des Konfliktes hinauszulaufen. Noch sprach die Bundesregierung lediglich von einer Polizeiaktion, die sich nur gegen die Machenschaften der politischen Führung Biafras richte, und versuchte, den schweren Konflikt rhetorisch herunterzuspielen. Ojukwu seinerseits war sich angesichts der neuen Lage bewusst, dass der einmal eingeschlagene Weg nur mittels einer integrierten Strategie weiter zu gehen war, basierend auf der enormen Kampfmoral seiner kleinen Armee von etwa 3.000 Soldaten, grenzenloser Opferbereitschaft der Zivilbevölkerung und einer aggressiven, effektiven Public-Relations-Kampagne im In- und Ausland.

Kriegspropaganda und Medienschlacht

Im *Biafra Directorate of Propaganda* liefen die Fäden des Propagandafeldzuges gegen den Rest des Landes zusammen. Der rhetorisch und organisatorisch begnadete Uche Chukwumerije[50] lieferte die notwendigen Blaupausen und eröffnete auf zahllosen lokalen und internationalen Kommunikationskanälen eine moderne und global ausgerichtete Medienkampagne, die den Krieg auf den Schlachtfeldern und im Äther erst richtig anheizte. Er organisierte die politische Indoktrinierung von Schülern und Studenten, die der Dorf- und Landbevölkerung Ziele und Maßnahmen der Regierung als gerechten Krieg vermitteln mussten, was die Führung angesichts der sich abzeichnenden Leidenszeit als zentrale strategische Aufgabe ansah. Dabei konnte er sich insbesondere auf die Igbo-stämmigen Studenten der Universität Nsukka verlassen, die sich am Tag der Sezession allesamt als überzeugte Biafraner outeten. Chukwumerije verfügte über einen Pressedienst, der das aufbereitete Informationsmaterial mit Hilfe der Schweizer PR-Agentur *Markpress* in die Welt hinaustrug. Schließlich baute er einen Besucherdienst auf, der ausländische Multiplikatoren nach Biafra einlud und gut organisierte Führungen veranstaltete, die ihre Wirkung nicht verfehlten. Denn der Weltöffentlichkeit waren die Pogrome an den Igbo in den Städten der Nordregion mit einigen tausend Toten zwischen Mai und September 1966 nicht entgangen.

Der erfolgreiche Medienfeldzug

Die Führung Biafras sprach hingegen von 50.000 Opfern, eine weit überhöhte Zahl, die aber den scharfen und unversöhnlichen Kampf um Zahlen illustrierte, ein zentrales Charakteristikum eines jeden gewaltsamen Konfliktes, in dem die Relevanz der Zahl politische Dimensionen erreicht. Entgangen war der Weltöffentlichkeit aber die Tatsache, dass die neue Militärjunta die Lage im Norden schließlich unter Kontrolle gebracht hatte und die Igbo weitgehend unbehelligt in die Ost- und wahlweise auch in die Westregion zurückkehren konnten. Auch hier gehen die Zahlen der Kriegsgegner weit auseinander. Während die Zentralregierung und unabhängige Beobachter die Migrantenwelle auf 300.000 bis 500.000 schätzten, beharrte die biafranische Seite auf mindestens einer Million, die der Nordregion den Rücken gekehrt hätte. Und sie unterschlug auch, dass viele Igbo auch während des Bürgerkrieges weitgehend unbehelligt innerhalb der alten Nordregion geblieben waren. Die meisten Igbo außerhalb Biafras hielten sich jedoch in der Westregion auf, wo das Miteinander der verschiedenen Volksgruppen keineswegs konfliktfrei verlief und der Vorwurf der Diskriminierung an die Adresse der Zentralregierung teilweise berechtigt war. Denn im Bundesterritorium Lagos mussten sich die etwa 20.000 dort lebenden Igbo registrieren lassen, es kam zu vereinzelten Übergriffen, aber nicht zu systematischer Verfolgung. So fiel es der biafranischen Propaganda leicht, zahlreiche ausländische Multiplikatoren für die Idee Biafra zu gewinnen, und die Bundesregierung unter General Gowon hatte dem nichts Gleichwertiges entgegenzusetzen. Denn das Kompetenzgerangel zwischen Außen- und Informationsministerium blockierte während der gesamten Kriegsphase eine erfolgversprechende PR-Gegenstrategie, so dass die Pogrome und die Waffenlieferungen der Sowjetunion weitgehend das negative Image der nigerianischen Regierung während des Bürgerkrieges bestimmten.

Die Igbo-Propaganda erklärte bald, dass der islamische Norden den christianisierten Südosten und das Igbo-Volk endgültig vernichten wolle und versprach konsequent, den gesamten Süden des Landes vom Joch des Nordens zu befreien. Der militärisch erfolgreiche Vorstoß biafranischer Truppen in die Midwest-Region und der weitere Vormarsch bis Ore Anfang August 1967 setzte dieses Versprechen um und überraschte die Militärführung der Zentralregierung, die sich kurzfristig in der Defensive sah und nun ernsthaft um Lagos und Ibadan fürchten musste. Die militärische Eskalation begann, und Ende des Monats beendete ein massiver Gegenschlag den Vormarsch. Von Polizeiaktion war nun keine Rede mehr, nun herrschte Krieg. Kurz vor dem Einmarsch der Bundestruppen rief der von Ojukwu eingesetzte Militärverwalter Albert Nwazu Okonkwo am 20. September in Anlehnung an das alte Königreich Benin die »virtuelle« *Republic of Benin*[51] und sich selbst zum Gouverneur aus, der letzte verzweifelte Versuch, das Minoritätengebiet der Midwest-Region und deren Soldaten auf die Seite Biafras zu ziehen. Nach etwas mehr als 24 Stunden war der Spuk vorbei. Ojukwu seinerseits sah sich wenige Tage später genötigt, zur Bibel zu greifen und den Erzengel Michael anzurufen, damit er die Biafraner in ihren Schlachten verteidigen und auf die Siegesstraße führen möge. Ein Scheitern, so Ojukwu, wäre dagegen gleichbedeutend mit der Ausmerzung und dem sicheren Untergang des Igbo-Volkes.

Nun aber kam die Militärmaschinerie der Bundesregierung langsam, aber stetig auf Touren. General Gowon erhöhte massiv die Truppenstärke, die bis zum Kriegsende die schwindelerregende Zahl von 270.000 Soldaten erreichte, und seine Kommandeure konnten bis zum Mai 1968 endlich erste bedeutende Erfolge vorweisen. Dazu zählten die Besetzung der Ölfelder von Bonny, die Eroberung der Wirtschafts- und Verwaltungsmetropole Port Harcourt und die Errichtung einer totalen Seeblockade. So kam der Erdölexport langsam wieder in Schwung und spülte trotz erheblicher Produktionseinbußen bis zum Jahresende mehr als 100 Millionen US-Dollar in die Kriegskasse. Und um der zunehmend erfolgreichen biafranischen Propaganda etwas entgegen zu setzen, bestellte die Zentralregierung den Akademiker Ukpabi Anthony Asika zum Verwalter des »befreiten« East Central State. Damit gehörte er kraft seines Amtes bis zum Ende der Militärjunta Gowon 1975 als einziger Zivilist dem obersten Militärrat an. Wie viele Intellektuelle der Igbo-Elite hatte auch er als Absolvent und Dozent der Universität Ibadan in den USA studiert, war aber nach dem Ende der I. Republik in der Westregion geblieben. Er gehörte zu jener kleinen Igbo-Intelligenzia, die an einen modernen Staat Nigeria in seinen kolonialen Grenzen glaubte, und hatte sich folgerichtig auf die Seite der Zentralregierung geschlagen.

Die Suche nach internationaler Unterstützung

Die militärische Lage Biafras, das inzwischen auf die Ausmaße eines Zwergstaates von maximal 20.000 Quadratkilometer geschrumpft war, schien aussichtslos, obwohl das unwegsame Gelände des Deltas den Vormarsch behinderte und Frankreich ziemlich offen die Sezession unterstützte, ohne jedoch Biafra diplomatisch anzuerkennen.[52] Im Juli 1968 befürwortete die Regierung in Paris das Recht auf Selbstbestimmung Biafras, und wenige Monate später stellte Staatspräsident De Gaulle die rhetorische Frage, warum die durchweg christlichen Igbo von einer anderen Ethnie abhängig sein sollten. Frankreichs Rolle in diesem Krieg ist nur vor dem Hintergrund der Investitionen des französischen Ölkonzerns ELF im Niger-Delta und seiner Führungsrolle in der weltumspannenden Frankophonie zu verstehen. Als ständiges Mitglied im UN-Sicherheitsrat und Atommacht benutzte Frankreich das ideologische Konzept und den Ausbau der Frankophonie, um sein außenpolitisches Selbstverständnis als Weltmacht zu untermauern. Der Biafrakrieg nun bot Frankreich die Gelegenheit, seinen außenpolitischen Einfluss im anglophonen Nigeria gegenüber den post-kolonialen Interessen der Briten und den wachsenden energiepolitischen Interessen der USA auszuweiten.

Frankreichs Engagement sowie verdeckte Waffenlieferungen aus Südafrika,

Israel und Portugal und eine im Frühjahr 1968 begonnene internationale Medienkampagne zeigten plötzlich nachhaltig Wirkung, heizten den Bürgerkrieg erst richtig an, zu einem Zeitpunkt, als das Ende schon unmittelbar bevorstand. Die Strategie der Propagandaabteilung Chukwumerijes schien aufzugehen. Biafra stand plötzlich auf der Tagesordnung von Kirchen und Hilfsorganisationen wie Caritas, Oxfam und des Französischen und Internationalen Roten Kreuzes, die nach dem Vorbild der Berliner Luftbrücke 1948/49 die Versorgung der Bevölkerung in Biafra sicherstellen wollten. So gehörte der spätere französische Außenminister Bernard Kouchner einer kleinen Ärztegruppe an, die sich im Rahmen der humanitären Hilfe freiwillig in Biafra engagierte. Er wurde schon bald in Frankreich zu einem öffentlichen Verfechter der biafranischen Sache. Und diese kleine Ärztegruppe gründete nach ihren bitteren Erfahrungen 1971 die Hilfsorganisation Médicins Sans Frontìeres, die inzwischen weltweites Ansehen genießt.

Oxfam schaltete derweil in Großbritannien für die unglaubliche Summe von fast zwei Millionen Deutsche Mark[53] großangelegte Anzeigenreihen, mit Aufrufen gegen die drohende Hungersnot in Biafra. Die großen Fernsehstationen in Europa und den USA zeigten zur besten Sendezeit erschütternde Bilder von hungernden Menschen, insbesondere Kindern, die ihre emotionale Wirkung nicht verfehlten. Viele Gemeinden sammelten und beteten für die Opfer des Krieges, die um ihre Freiheit und ihren christlichen Glauben kämpften. Dabei wurde geflissentlich übersehen, dass die Führung der Zentralregierung überwiegend mit Christen besetzt war, auch die meisten Soldaten beteten zu Gott und nur eine Minderheit der Kampftruppen verneigte sich in Richtung Mekka. Die Continental Bank in London, Eigentum der Ostregion und somit im Besitz Biafras, diente nun als Finanzdrehkreuz und leitete Geldspenden jeglicher Art zielgerecht weiter. Die Gegner als Kommunisten zu verteufeln, war ein besonders erfolgreicher Propagandacoup Biafras, ein weiterer logischer Schritt im Kampf um Köpfe und Meinungen der Menschen in den westlichen Demokratien. Denn die Zentralregierung hatte überraschend die Sowjetunion um Hilfe gebeten, nachdem sich die westlichen Staaten mit Waffenlieferungen in die Krisenregion zurückgehalten hatten. Schon bald trafen schwere sowjetische Waffen und MIGs ein, geflogen von ägyptischen Piloten. Die sowjetischen Techniker schulten Bodentruppen und Piloten, das Massensterben begann.

> Es kommt so schnell der Todesengel aus den bösen Wäldern sowjetischer Technologie. Ein Mann, der die Straße überquert um einen Freund zu grüßen, ist viel zu langsam. Sein Freund – mittendurchgerissen – hat andere Sorgen nun als den freundlichen Händedruck unter der Mittagssonne.

So wie in diesem kurzen Gedicht *Luftangriff*[54] von Chinua Achebe setzte ein

Großteil der intellektuellen Elite Biafras die Waffen des Wortes und der Kunst ein und griff aktiv und voller Leidenschaft in den verzweifelten Kampf Biafras um ausländische Unterstützung und Anerkennung ein. Achebe hatte viele Jahre in leitenden Positionen beim nationalen Radiosender gearbeitet und später den nigerianischen Auslandsrundfunk geleitet. Nun reiste er in der zweiten Hälfte des Jahres 1968 mit Schriftstellerkollegen als »Botschafter« durch Großbritannien und die USA und vermittelte besonders an den dortigen Hochschulen erfolgreich den Kampf Biafras um Freiheit und Selbstbestimmung, ein Kampf David gegen Goliath. Aus der Gruppe der bekanntesten Autoren des Igbo-Volkes hatte sich lediglich John Pepper Clark offen auf die Seite der Bundesregierung gestellt, ein gewichtiger Hinweis darauf, dass es zumindest im Laufe des Krieges innerhalb der Igbo-Bildungs- und Führungselite größere Friktionen gab als weithin wahrgenommen. So hatte der 1904 geborene erste Präsident Nnamdi Azikiwe in seiner Amtszeit lange Zeit auf eine Verständigung mit den Politikern des Nordens gesetzt. Doch stand er angesichts der internen politischen Dynamik der Sezession, ausgelöst und getragen von der jungen aufstrebenden Igbo-Elite im Militär, die die ethnischen Gegensätze und Widersprüche auf Bundesebene instrumentalisierte, anfangs noch indifferent gegenüber. Zum Zeitpunkt des Januar-Putsches hielt er sich in Großbritannien auf und zog das Beispiel der türkischen Offiziere unter Atatürk heran, als er die Putschisten als »Young Turks« bezeichnete, die leider entschieden hätten, gewaltsam eine Revolution vom Zaun zu brechen. Während des Krieges versuchte Azikiwe als einflussreicher Vertreter der älteren Generation aus dem europäischen Ausland heraus, mehrmals eine friedliche Lösung zu vermitteln. Dazu zählte auch ein persönlicher Brief an Ojukwu im September 1968, in dem er ihn aufforderte, mit der Zentralregierung zu verhandeln, nachdem er erkannt hatte, wie aussichtslos die Lage war und dass Biafra keinerlei Chance mehr besaß, sich als souveräner Staat zu behaupten. Und schließlich führten ihm interne Säuberungsaktionen im biafranischen Staatsapparat und im Militär[55] schmerzhaft vor Augen, dass Ojukwu das Projekt Biafra auch durchgesetzt und benutzt hatte, um zur unumstrittenen Führungsfigur der Igbo aufzusteigen. Dazu hatte auch die gezielte Demütigung Azikiwes gedient, ihn, das führende Gründungsmitglied der ersten nigerianischen Universität Nsukka und ehemaliger Ministerpräsident der Ostregion, noch vor dem Juli-Putsch 1966 als *Chancellor*[56] abzuberufen und durch den Emir von Kano, Alhaji Ado Bayero, zu ersetzen.

Die Organisation für Afrikanische Einheit (OAU) und der Commonwealth vermittelten erfolglos mehrere Friedensgespräche in Kampala, Addis Abeba, Niamey und Monrovia. Jede Seite beharrte siegesgewiss auf ihrer Position, legte die Hürden ganz bewusst hoch, in der vollen Überzeugung, aus diesem

Bürgerkrieg als Sieger hervorzugehen. Noch im April 1969 schloss Ojukwu einen Sieg der Bundestruppen völlig aus und dachte bestenfalls eine politische Lösung an. Nach seiner Überzeugung wäre dies der einzig gangbare Weg in diesem mörderischen Kampf, in dem beide Seiten anzuerkennen hätten, dass eine militärische Lösung unmöglich sei.

Wenige Wochen später sah sich das verbohrte und ständigen militärischen und politischen Fehleinschätzungen erlegene Ojukwu-Regime jedoch nochmals genötigt, die Opferbereitschaft des Igbo-Volkes und der wenigen Mitstreiter ethnischer Minoritäten zu erhöhen. Ein zentrales Beratungsgremium[57], dem auch Chinua Achebe angehörte, formulierte Leitlinien zur zukünftigen Ausgestaltung Biafras, die als *Ahiara Declaration: The Principles of the Biafran Revolution* in die Geschichtsbücher einging und die Ojukwu am 1. Juni 1969 im Dorf Ahiara verkündete. Das Manifest zielte nicht nur auf die korrupte menschenverachtende Zentralregierung und ihre Lakaien in Lagos und den übrigen Regionen des Landes, sondern auch auf die neo-imperialen Mächte und Regierungen in Ost und West. Wortwahl und Rhetorik waren sorgfältig gewählt, um die Opferrolle der Afrikaner im Allgemeinen und der Biafraner im Besonderen herauszustellen. Reizvokabeln wie Imperialismus, Rassismus, arabisch-islamische Expansion und Genozid emotionalisierten und mobilisierten die Menschen, vernebelten die Hirne in Biafra, in der Diaspora und in den Hilfsorganisationen und Unterstützungsvereinen in Übersee. Das Volk von Biafra musste sich mit Macht widersetzen, um in freier Selbstbestimmung die eigenen Angelegenheiten regeln zu können, ein Recht, so das Manifest, das bisher nur der »Weiße Mann« für sich in Anspruch genommen habe.

Die Zentralregierung ihrerseits verabschiedete im November 1969, im Wissen um das nahe Ende des Krieges, den *Petroleum Act*, der bis heute die Rechtsgrundlagen für die Öl- und Gasförderung liefert. Dieser Handstreich sicherte der Bundesregierung ihre wichtigste Einkommensquelle und beschleunigte den Zentralisierungsprozess der politischen Macht. Dies wiederum verlagerte den politischen Kampf um Macht und Einfluss von der Peripherie und den Regionen auf das Zentrum und schuf an den vernachlässigten Rändern, insbesondere im Niger-Delta und im Middle Belt, eine tiefgreifende sozial und politisch explosive Gemengelage, die diesem Staat Nigeria seinen besonderen Charakter verleiht.

Exkurs: Kunst im Bürgerkrieg

Im Geiste der gravierenden politischen und militärischen Fehleinschätzungen fand im Spätsommer 1969 eine Wanderausstellung biafranischer Künstler den Weg nach Europa. Uche Okeke, ein schon damals bekannter Maler, der nebenbei auch einige Gedichte, Dramen und ein Hörspiel für die *Deutsche Welle* schrieb, war schon 1962 für mehrere Monate nach München eingeladen worden, um sich mit Glastechniken und Mosaiklegerei zu befassen. Er hatte im letzten Kriegsjahr die umfangreiche Ausstellung der insgesamt 23 Künstler zusammengestellt und auf abenteuerliche Weise auf dem Luftweg schließlich nach Deutschland gebracht. Unter dem Titel *Kunst und Kunsthandwerk aus Biafra* stieß sie im Kölner Gürzenich, in der Bonner Beethovenhalle, der Stadthalle von Trier, im Katholischen Zentrum in Dortmund, im Essener Jugendzentrum, im Haus der Begegnung und der Galerie Die Dritte Welt in München auf starke Resonanz. Dem Verein Zentrale Aktionskomitees Biafra/Sudan e.V. und dessen Geschäftsführerin Ruth Bowert in Beuel bei Bonn war es gelungen, in enger Zusammenarbeit mit der Biafranischen Studenten-Union in München und dem Kreis der Freunde Biafras e.V. in Köln, namhafte Vertreter aus Politik, Kultur, Hochschulen und Kirchen für diese Ausstellung zu gewinnen und so einen wesentlichen Beitrag zur moralischen, politischen und materiellen Unterstützung Biafras zu leisten.[58] Viele der Aquarelle und Ölbilder waren ein direktes Produkt des Krieges und des Grauens, was sich auf die Qualität der Werke niederschlug. Die künstlerische Qualität der meisten Bilder ließ denn auch sehr zu wünschen übrig. Das schmälerte aber keineswegs den Mobilisierungserfolg, wie ein Textauszug von Ruth Bowert aus dem Ausstellungskatalog[59] belegt.

Die Gemälde, Zeichnungen und Drucke aus Biafra sind nicht durch formale Kriterien Unruhestifter. Sie sind für den Beschauer vielleicht enttäuschend, denn derjenige, der »dunkles, unbekanntes Afrika«, exotischen Primitivismus, erwartet, wird auf zu viele bekannte Formen und Motive treffen, wer, auf der Höhe der Zeit, gebildet ist am Pop und Op oder dem Gegenstandslosen und Surrealen, wird konstatieren, daß »die Afrikaner noch vieles nachzuholen haben«. Unruhestifter sind diese Arbeiten durch den Zeitpunkt ihres Erscheinens. Kein offizieller Kulturaustausch von Regierung zu Regierung findet hier statt, keine Empfehlung mit dem Etikett »staatsfreundlich« ebnet den Weg zu den Ausstellungsräumen. Mit den Resten von Farbe auf den Resten von Papier und Leinwand sind die letzten Arbeiten entstanden. Versuche junger Leute, Flucht, Hunger, Bedrohung, nationalen Widerstand festzuhalten. Sie durchbrechen nach zwei Jahren die geistige und materielle Blockade und sind bereits aus dieser Konstellation heraus ein Appell. Sie sind umso mehr ein Appell, weil der Erlös dieser Ausstellung und weiterer sowie eventueller Verkäufe für ein landwirtschaftliches Notprogramm in Biafra bestimmt ist. Durch Kunst soll Kunstdünger eingeflogen werden. Bilder sollen zu Buschmessern und Hacken, Gemüsesamen, Stoffen und Nähmaschinen werden. Wir wissen, eine maßlose Überschätzung von Kunst, denn wann hätte sie, auch die gefeiertste, so viel erbracht, daß dadurch für Millionen eine Lebengrundlage gegeben wäre. So bleibt es wohl der traurige Versuch, Kunst aus besonderem Anlaß als ökonomische Realität zu interpretieren. Wir danken allen, die diesen Versuch unterstützt haben.

Die Ausstellung kam nicht mehr weit in Europa. Die Werke gelangten schließlich nach Kriegsende auf verschlungenen Pfaden auf den Dachboden des Gustav Freiherr von Gemmingen-Hornberg in Baden Württemberg und fanden erst 1991 ihren Weg zurück nach Nigeria. Als FDP-Mitglied und stellvertretender Vorsitzender im Entwicklungshilfeausschuss des Bundestages hatte er sich massiv für die Belange Biafras eingesetzt und den »Sezessionsstaat« mindestens ein Mal besucht. Das Iwalewa Haus[60] in Bayreuth, das Goethe-Institut (Lagos) und die Friedrich-Naumann-Stiftung (Lagos) brachten die Bilder in einer konzertierten Aktion schließlich zurück nach Nigeria.

Trauma des Krieges und Versöhnungsprozesse

Am 12. Januar 1970 gab General Philip Effiong als neuer Staatschef Biafras in einer kurzen Radioansprache die Kapitulation seiner auf 34.000 Mann angewachsenen Truppe bekannt. Ojukwu floh nach Cote d'Ivoire, das Biafra völkerrechtlich anerkannt hatte und das ihm nun Asyl gewährte. In seiner letzten Radioansprache an sein Volk hatte er zuvor bekanntgegeben, sich zum Nutzen Biafras auf eine Auslandsmission zu begeben und dass Effiong die Führung Biafras übernähme. Am darauf folgenden Tag unterschrieb Effiong die Kapitulationsurkunde, die auch das formale Ende des Staates Biafra besiegelte, und Biafra verschwand von der Weltkarte. Die Militärjunta aber wiederholte am 15. Januar 1970, dem vierten Jahrestag des Putsches der Offiziere um den jungen Major Chukwuma Kaduna Nzeogwu, die Kapitulationszeremonie, diesmal jedoch in der Hauptstadt Lagos, was viele Igbo als eine weitere politische Demütigung in einer langen Kette von Erniedrigungen empfanden. Die siegreiche Zentralregierung wollte hingegen der Welt beweisen, dass das Kapital Biafra für immer beendet sei. Die kommandierenden Offiziere beider Seiten verhielten sich dagegen wie »Kameraden«, die sich lediglich militärischen Ritualen unterwarfen und anschließend bei einem gemeinsamen Drink in der Offiziersmesse lächelnd parlierten, als wäre nichts Besonderes geschehen.

Weit wichtiger und weitsichtiger aber waren der Verzicht auf Rache, Reparationen oder Kriegsgerichtsverfahren. Juntachef General Gowon und seine Kommandeure besaßen hinreichend Autorität, die Disziplin ihrer siegreichen Truppen aufrechtzuerhalten und vereinzelte Übergriffe auf Zivilisten und Soldaten des einstigen Gegners kompromisslos zu ahnden. Und als Gowon in seiner vielbeachteten Rede an die Nation betonte, es gäbe weder Sieger noch Besiegte, begannen die Menschen wieder zu hoffen. Denn die Vorhersage der Biafra-Führung, im Fall einer militärischen Niederlage einer erneuten Pogromwelle oder gar dem Genozid ausgesetzt zu sein, hatte sich bei Kriegsende als reine Propaganda entpuppt.[61] So ebneten die faktischen Sieger den Igbo den Weg zurück in den Staatsverband, wenngleich die traumatischen Erfahrungen und der menschliche und materielle Verlust lange nachwirkten und auch heute noch im Igbo-Land in Gesprächen spürbar und hörbar sind. Denn viele der Überlebenden standen nun im wahrsten Sinne des Wortes vor dem Nichts. 36.000 gefallene Soldaten auf beiden Seiten und etwa 600.000 zivile Opfer[62], die zumeist verhungerten oder an Mangelernährung starben, waren das traurige Ergebnis eines Konfliktes, der politisch nie aufgearbeitet wurde, aber bis in die Gegenwart hinein gern als letztes Argument genutzt wird, um mögliche Konflikte im Vorfeld zu schlichten. So dient der Sezessionskrieg um Biafra als ungeschriebene Staatsdoktrin, die besagt, dass alle Mittel einzusetzen sind, einen vergleichbaren Konflikt unter allen Umständen zu verhindern. Zusammen mit dem Elitenkonsens, die Rohstoffressourcen möglichst friktionsfrei untereinander aufzuteilen, liefern diese beiden Doktrinen das ideologische Gerüst dieses Staates Nigeria.

Während die Igbo-Intelligenzia innerhalb kürzester Zeit wieder am akademischen Leben teilnehmen konnte – Künstler wie Uche Okeke, Obiora Udechukwu und der Schriftsteller Chinua Achebe zum Beispiel lehrten an der Universität Nsukka –, zählten in den Süden geflüchtete Bauern zu den Hauptleidtragenden, denn in vielen Fällen konnten sie nicht mehr auf ihre Felder zurückkehren, da diese inzwischen den Besitzer gewechselt hatten. Das galt auch für Immobilienbesitz in den Städten, den die vormaligen Eigentümer aufgeben mussten oder gelegentlich auch zurückkaufen konnten. Zwar versuchte die Bundesregierung, das Leid der Betroffenen zumindest zu lindern, und zahlte pauschale Entschädigungen, kompensieren konnte und wollte sie den Verlust aber letztlich nicht. Im Norden dagegen erhielten viele Igbo ihr Eigentum an Grund und Boden ohne besondere Auflagen zurück, eine bemerkenswerte Tatsache angesichts der Vorgeschichte des Bürgerkrieges.

Die Reintegration der biafranischen Verbände in das nigerianische Militär war nicht vorgesehen. Vielmehr ging die stille und unspektakuläre Abwicklung der biafranischen Armee einher mit dem Ziel, auf längere Sicht den Igbo jegliche Militärkarriere zu verbauen. Darüber hinaus verzichtete die siegreiche Zentralregierung bewusst darauf, formelle Militärgerichtsverfahren gegen biafranische Befehlsträger einzuleiten. Denn sie befürchtete eine dann unausweichlich einsetzende rechtliche und politische Aufarbeitung des Bürgerkrieges und seiner Vorgeschichte mit unkalkulierbaren Folgen für die neuen Machthaber, die in den blutigen Juli-Putsch 1966 verstrickt und auch für Gräueltaten im Krieg verantwortlich waren. Da sich der Hauptakteur der Sezessionisten einem Gerichtsverfahren durch Flucht entzogen hatte und die Regierung kein Auslieferungsbegehren an Cote d'Ivoire stellte, bestand aus Sicht der Sieger für einen Prozess auch keine Notwendigkeit. Die engsten Mitarbeiter Ojukwus, die ihn ins Exil begleitet hatten, kehrten sogar nach kurzer Zeit nach Nigeria zurück, ohne Sanktionen befürchten zu müssen, unter ihnen der bekannte Wirtschaftsfachmann Pius Okigbo. So wurden lediglich die wichtigsten Offiziere einige Monate interniert, von einer militärischen Untersuchungskommission befragt, und Ende 1971 durften 65 von ihnen in die nigerianischen Streitkräfte zurückkehren. Alle anderen Dienstgrade vom Major an aufwärts mussten ihren Dienst quittieren, wurden pensioniert oder entlassen, so dass es längerfristig keine Igbo in den oberen Rängen geben konnte.[63] 30 weitere Offiziere blieben bis Mitte 1970 in »Schutzhaft«, darunter alle Überlebenden des Januar-Putsches und die Teilnehmer an der Invasion der Midwest-Region. Besser als den Soldaten erging es den biafranischen Polizeikräften, denn 7.000 wurden von der bundesstaatlich organisierten Polizei übernommen. Aber erst 2009 konnte ein Igbo, Ogbonna Onovo, oberster Polizeichef des Landes werden. Auch in anderen Bundeseinrichtungen konnten 3.000 Igbo unterkommen, wohingegen sie in den halbstaatlichen Unternehmen nur geringe Beschäftigungsmöglichkeiten erhielten und nur etwa elf Prozent der Belegschaften stellten. Die Frage der Pensionsansprüche an den nigerianischen Staat blieb ein ständiger Diskussions- und Streitpunkt zwischen den einstigen Staatsbediensteten auf der Seite Biafras und der Zentralregierung. Diese Ansprüche sollte erst der Bürgerkriegsveteran, General a. D. Olusegun Obasanjo, mehr als 30 Jahre später als gewählter Staatspräsident anerkennen.

Und so standen tausende von Männern perspektivenlos auf der Straße, eine verlorene Generation, die nichts weiter konnte, als die Waffe auf andere zu richten. Doch schon bald gesellten sich zehntausende Soldaten der Zentralregierung zu ihnen, die niemand mehr brauchte und die einer chaotischen Demobilisierungskampagne zum Opfer gefallen waren. So entstand als Folge des Bürgerkrieges ein neuer, dieses Mal aber zivil organisierter Gewaltmarkt, auf dem die erste Generation bewaffneter Krimineller heranwuchs, die sich nun gewaltsam einige Brosamen des überschwappenden Reichtums aus dem Ölgeschäft aneignete. Denn der Militärregierung war es, sei es aus Inkompetenz, Nachlässigkeit oder Ignoranz, nicht gelungen, ihr Gewalt- und Waffenmonopol durchzusetzen, so dass ein beträchtlicher Teil der langlebigen Bürgerkriegswaffen aus sowjetischer und europäischer Produktion in den Wirtschafts- und Handelskreislauf einsickerte, zirkulierte und so erheblich dazu beitrug, die Überreste des bereits angeschlagenen Wertesystems vollends zu zerstören.

Der Biafrakrieg in der Literatur

Noch in seiner Amtszeit als *Commissioner* in der Militärregierung des Bundesstaates Rivers schrieb Ken Saro-Wiwa kurz nach dem Ende des Bürgerkrieges sein autobiographisches Werk *On a Darkling Plain*. Das Buch ist eine Beschreibung und Abrechnung mit dem Krieg, den er nicht als Soldat, sondern als Verwalter und Politiker jenseits der Frontlinien erlebt und doch am Rande des Kriegsgebietes genügend gehört, gesehen und erfahren hatte, um Elend und Brutalität dieses Konfliktes aufzunehmen, zu bewerten und literarisch verarbeiten zu können. Doch erschien das Manuskript erst 1989, als er durch Zeitungskolumnen, Kurzgeschichten und TV-Serien schon als populärer nigerianischer Autor etabliert war. Besondere Aufmerksamkeit erregte er mit seinem 1985 erschienen Roman *Sozaboy*, eine fiktionale Geschichte aus der Sicht eines Heranwachsenden, der, nur rudimentär gebildet, sich bei Kriegsbeginn freiwillig zur Armee Biafras meldet. Saro-Wiwas zahllose Gespräche mit einfachen Soldaten aus den bildungsfernen Schichten, die in seinem Zuständigkeitsbereich Bonny stationiert waren, animierten ihn, in einer von ihm selbst entwickelten Kunstsprache[64] zu schreiben, die sich an die nigerianische Alltags- und Verkehrssprache Pidgin anlehnt und somit für jeden nigerianischen Leser gut, aber auch für eine interessierte nichtnigerianische Leserschaft, dank des ausführlichen Glossars, noch verständlich ist. Die Vermengung und Vermischung von korrektem Englisch, Pidgin und *Rotten English*, wie Saro-Wiwa im Untertitel seines Romans schreibt, zusammen mit einer oft eigenwilligen Syntax, die keine Regeln zu kennen scheint, sie aber dennoch hat, verleiht der Hauptperson, die durchaus Ähnlichkeit mit dem Simplicissimus im dreißigjährigen Krieg aufweist, eine ungewöhnliche Nähe und Authentizität zu den traumatischen Erfahrungen und gewalttätigen Ereignissen in und um Biafra, die keinen Leser unberührt lässt.

Der Held oder treffender der »Anti-Held« Mene, der sich selbst »Sozaboy« nennt, eine Zusammensetzung aus dem Pidginwort *Soja*[65] (Soldier) und *Boy*, jung, naiv and voller Ideale, erzählt seine Geschichte des Krieges in der Ich-Form. Den Krieg durchlebt er nach anfänglicher Begeisterung schließlich als

Alptraum, zuerst auf Seiten Biafras und dann als Fahrer der Bundestruppen, nachdem er dem Tod knapp entronnen, schwer verletzt und schließlich gefangen genommen war. Erst langsam, nach und nach, erkennt er die Sinnlosigkeit des Krieges, kehrt den Kämpfen desillusioniert den Rücken und macht sich auf den Weg zurück in sein Heimatdorf Dukana[66] auf der Suche nach seiner Mutter und seiner jungen schönen Frau Agnes, wandert von einem Camp zum anderen, erlebt die Traumata der hilflosen Zivilbevölkerung, um dann in seinem Dorf schließlich erfahren zu müssen, dass er geträumt hatte. Beide waren im Bombenhagel umgekommen. Und in ihm sahen die zurückgekehrten Bewohner von Dukana den Geist des vermeintlich getöteten Mene, der Unheil und Tod verbreitet, so dass er keine Zukunft in seinem so geliebten Dorf hat. Der ungewöhnliche stilistische und syntaktische Ansatz dieses Romans hat aber auch eine Botschaft an seine nigerianische Leserschaft, an all jene, die nicht direkt am Bürgerkrieg beteiligt waren. Auch sie sollten den täglichen Horror des Krieges in jenem kleinen Winkel ihres großen Landes erahnen können. Zum Schluss steht Mene in Tränen aufgelöst auf dem Platz, wo einst das Haus seiner Mutter stand, und er sagt:

> Und ich dachte daran, wie ich mich einst brüstete, zur Armee zu gehen und mich Sozaboy nannte. Aber sollte jetzt irgendjemand irgendetwas über Krieg oder Kampf von sich geben, werde ich einfach davon rennen und rennen und rennen und rennen und rennen. Glaub mir. Mit freundlichen Grüßen.

Mit diesem Gruß bringt er sich dem Leser ganz nahe, so, als hätte er seine Geschichte als Brief geschrieben und an einen Freund oder Verwandten geschickt, und er offenbart nochmals ein Maß an Naivität, das sicherlich auch auf viele andere Teilnehmer des Bürgerkrieges zutrifft. Erst diese Naivität macht sie zu willfährigen und zugleich hilflosen Opfern und Tätern, die Kriege, gleich wo, letztlich erst möglich machen, gestern wie heute. Sozialwissenschaftlich ist der Bürgerkrieg recht gut und zeitnah aufgearbeitet, politisch aber keinesfalls. Denn die politische und militärische Elite wagte es nicht, dieses heiße Eisen innenpolitisch zu diskutieren, und glaubte gut beraten zu sein, diese Katastrophe, die den Staat fast zerrissen hätte, aus dem öffentlichen Raum zu verbannen.

Der Naturwissenschaftler und Schriftsteller Elechi Amadi aus dem Niger-Delta war nicht nur Zeuge des Bürgerkrieges, sondern als Hauptmann aktiver Offizier, der seine Militärkarriere am Vorabend des Krieges vorzeitig beendet hatte. Doch kehrte Amadi, der gerade mit seiner Erzählung *The Concubine* 1966 ins internationale Rampenlicht getreten war, in der Frühphase des Krieges zur Armee zurück. Seine einzige nichtfiktionale Erzählung *Sunset in Biafra* ist weit mehr als ein autobiografischer Bericht über den Bürgerkrieg. Darin gibt er dem Krieg ein Gesicht, wenn er seine Begegnungen, Diskussionen und Konflikte mit der ersten Offiziersgeneration und den noch jungen, aber im Dienstrang und in der Hierarchie über ihm stehenden Offizierskameraden beschreibt, die das Kriegsgeschehen an der Front bestimmen. Er erlebt Murtala Ramat Mohammed und Olusegun Obasanjo, beide noch als junge Kommandeure, die Jahre später Juntachefs werden sollen. Er malt das Bild einer im britischen Geist erzogenen militärischen Kaste, die sich nun im Kriegshandwerk bewähren muss und noch nicht einmal erahnt, welchen sozialen, politischen und materiellen Aufstieg sie noch erleben wird.

Amadi ist diesen Weg nur am Rande mitgegangen und hat sich bis Ende der achtziger Jahre in seinem Bundesstaat Rivers der Lokalpolitik, Verwaltung, Lehre und Schriftstellerei hingegeben. In der Militärregierung von Rivers saß er mit Ken Saro-Wiwa am Kabinettstisch, zwei Intellektuelle und Schriftsteller, nur sieben Lebensjahre auseinander, die aus völlig unterschiedlichen Perspektiven die nationale Katastrophe erlebten und verarbeiteten. Nach wenigen Jahren nahm der jüngere Saro-Wiwa genervt frühzeitig seinen Hut und begann, zielgerichtet an seiner eigenen Karriere zu arbeiten, um sich politisch und finanziell auf eigene Füße zu stellen, während Amadi seiner einmal eingeschlagenen Linie treu blieb. Saro-Wiwa wurde in den »goldenen« siebziger und achtziger Jahren tatsächlich wohlhabend. Dennoch blieb der Staat, dem er seinen Aufstieg verdankte, auch weiterhin sein zentraler Bezugspunkt, um seine sich langsam abzeichnende politische Vision in Aktion und Wirklichkeit umsetzen zu können.

Ken Saro-Wiwa und Elechi Amadi waren Zeugen und Akteure im Bürgerkrieg, die junge Autorin Chimamanda Ngozi Adichie war es nicht. Sie ist nach dem Krieg geboren und verarbeitet als Angehörige des Igbo-Volkes und deren Bildungselite[67] den Biafrakrieg aus einer distanzierten, fast schon entrückten Warte heraus literarisch. Aber auch in ihrer Familie gibt es persönliche Bezüge zu jener Katastrophe, denn ihre beiden Großväter haben den Krieg nicht überlebt. *Die Hälfte der Sonne*, so der deutsche Titel[68], symbolisiert die Geburt des Staates Biafra, verewigt als halbe Sonne auf der rot-schwarz-grünen Flagge. Ngozi Adichie zeichnet in ihrem umfangreichen Werk ein facettenreiches, manchmal auch verstörendes Bild der Igbo-Gesellschaft vor und während des Krieges. Nicht die Gräueltaten stehen im Mittelpunkt ihrer Erzählungen, sondern Liebe, Sex, Eifersucht und die politischen Denkmuster der Elite, die einen wenig schmeichelhaften Blick freigeben auf deren Wertekanon und eine große Idee, die frühzeitig zum Scheitern verurteilt war und schließlich im Desaster endete.

Ihre Protagonisten sind Odenigbo, hochintelligenter Dozent an der Universität Nsukka und abgehobener »Salonsozialist«, seine Geliebte Olanna, kultiviert, gebildet und aus wohlhabendem Hause, ihre Zwillingsschwester Kainene, die als einzige den Krieg nicht überlebt, eine knallharte Geschäftsfrau und Gespielin des britischen Akademikers Richard, der sich verzehrt bei der Suche und Verwirklichung seines akademischen Projektes und dabei völlig die Orientierung verliert. Ihm fehlt in diesem komplexen Geflecht von Liebe, Tradition, Moderne und Politik ein Kompass, der ihm die Richtung weisen könnte, seinen Platz in dieser Gesellschaft zu finden. Schließlich der Hausboy Ugwu, der, bildungsfern aber wissbegierig und lernfähig, im Windschatten des Intellektuellen Odenigbo wie ein Schwamm alles in sich aufsaugt, verarbeitet und im Bürgerkrieg eine individuelle Metamorphose zur Moderne durchläuft, nicht unähnlich der des Sozaboy. Sie alle durchleben und durchleiden einen Konflikt, der für längere Zeit die Welt bewegte.

Ngozi Adichie versteht es, zwischen den Zeilen die selbstzerstörerische Mischung aus politisch-militärischer Naivität, mangelndem strategischen Denken und Arroganz der jungen Igbo-Elite ruhig, manchmal fast schon bescheiden zu beschreiben, ohne über sie endgültig den Stab zu brechen. Selbst die wenigen Gewaltszenen erzeugen beim Leser keine wirklichen Emotionen, denn sie sind in einem Tonfall verfasst, der das Grauen des Bürgerkrieges lediglich erahnen lässt. Zugleich verzichtet sie darauf, den Finger zu heben, einseitig Schuldzuweisungen abzugeben und die Täter zu verdammen. So gerät selbst die Vergewaltigungsszene, in die Ugwu eher ungewollt hineinschlittert, zur mechanischen Abarbeitung eines Gewaltaktes, der die inhaltliche Leere des Biafra-Projektes herausstreicht und stattdessen, nach der Stunde Null, eine Normalität zeigt, die wirklich erschüttert. Denn schon bald funktionierte das Leben wieder wie früher, kam wieder fließendes Wasser aus den Hähnen, und im Hinterhof flatterten wieder Schmetterlinge. Nigerianische Akademiker aus Übersee schickten Odenigbo Bücher, und in einem befand sich die Widmung »Für einen vom Krieg beraubten Kollegen«, und er, während er die Bücher studierte, hob den Kopf, schaute Olanna an und sagte, dass er davon eine Erstausgabe gehabt habe, er, der in seiner Hosentasche die zusammengefaltete Flagge Biafras trug als Erinnerung an etwas Imaginäres, etwas, was in seiner Vorstellung vier Jahre lang real existiert hatte. Olanna ihrerseits verbrannte das wertlose biafranische Geld, das sie versteckt hatte, wollte ihre Erinnerungen nicht mit realen Dingen verknüpfen, die man ihr wegnehmen könnte, und erwiderte auf seinen Vorwurf, dass sich ihre Erinnerung in ihrem Innersten befände.

III Der Vielvölkerstaat

Nationalismen, ethnischer Chauvinismus und Militärputsche

Der Igbo-inspirierte Putsch junger Offiziere[69] am 15. Januar 1966 brach nach wenigen Stunden in sich zusammen, und der kommandierende General der Streitkräfte und ranghöchste Offizier Johnson Aguiyi-Ironsi, Igbo wie die meisten Putschisten, übernahm ohne Widerstand der politischen Klasse die Regierungsgewalt. Beide Aktionen beendeten nicht nur das kurzlebige zivile Projekt einer am britischen Westminster Modell orientierten Demokratie, sondern verkörpern den ersten blutbefleckten Kulminationspunkt regionaler Nationalismen und ethnischer Chauvinismen. Die prominentesten Todesopfer waren der Premierminister Abubakar Tafawa Balewa (Haussa-Fulani), die mächtigen Regierungschefs der Nord- und Westregion, Ahmadu Bello (Haussa-Fulani) und Samuel Akintola (Yoruba), und der Bundesfinanzminister Festus Okotie-Eboh. Die noch zahlenmäßig kleine Gruppe hochrangiger Stabsoffiziere zählte sieben Opfer, durchweg Yoruba, Haussa-Fulani und Minoritäten aus dem Middle Belt.[70]

Das Ende der I. Republik 1966

Der neue Machthaber Aguiyi-Ironsi, der das Kommando über die Streitkräfte erst wenige Monate zuvor vom britischen General Christopher Welby-Everad übernommen hatte, setzte die Verfassung außer Kraft, verhaftete zwar die Putschisten, umgab sich aber ausschließlich mit Beratern aus seinem Igbo-Umfeld, beförderte eine größere Anzahl von Igbo in die oberen Offiziersränge, löste schließlich die asymmetrische Föderation auf und erklärte Nigeria zum Einheitsstaat. Ein Gerichtsverfahren gegen die Putschisten lehnte der neue Staatschef jedoch ab, verfügte aber ihre weitere Inhaftierung und entließ die beiden verhafteten Igbo-stämmigen Regierungschefs der Ostregion und der Region Midwest aus dem Gefängnis. In der Wahrnehmung vieler Nigerianer, insbesondere aber innerhalb des Haussa-Fulani-Establishments, drohte nun nach all diesen Entscheidungen eine Igbo-Hegemonie, die es unter allen Umständen zu verhindern galt. Kurz darauf kam es in Kano und anderen größeren Städten zu ersten Pogromen gegen ansässige Igbo, was auch mit dem einflussreichen, in ganz Nordnigeria gehörten Haussa-Dienst der *BBC* zusammenhing, dessen Kurzwellenprogramme den Putsch ethnisch interpretierten. Bereits ein halbes Jahr später, am 29. Juli, folgte die Reaktion, als Offiziere und Unteroffiziere der Haussa-Fulani und der Minoritätenvölker des Middle Belt das Regime stürzten, Aguiyi-Ironsi, den Militärgouverneur der Westregion Francis Fajuyi (Yoruba) und Dutzende von Igbo-Offizieren töteten. Nach diesen beiden blutigen Staatsstreichen waren große Lücken in den oberen Befehlsrängen entstanden, die Opfer überwiegend Angehörige der drei Mehrheitsvölker Haussa-Fulani, Igbo und Yoruba. Angesichts dieser hierarchisch unübersichtlichen Lage setzten die Offiziere der ethnischen Minoritäten, die stärker in den mittleren Offizierskadern vertreten waren, einen der Ihren, Oberstleutnant Yakubu Gowon, einen Christen aus dem Middle Belt, als neuen Juntachef durch. Nur durch Zufall hatte er den gescheiterten Putschversuch im Januar überlebt. Denn er war erst wenige Tage zuvor von einem Fortbildungskurs im Ausland zurückgekehrt, so dass sein Name auf der Todesliste fehlte.

Für Oberstleutnant Chukwuemeka Odumegwu-Ojukwu, seit Aguiyi-Ironsis Machtübernahme Militärgouverneur der Ostregion, und für zahlreiche Igbo-Eliten war diese Entscheidung unannehmbar. Denn er, der wie viele Igbo im Norden geboren, dort aufgewachsen war und später als Offizier dort seinen Dienst versehen hatte, betrachtete die Nordregion als politische und kulturelle Einheit und seinen jungen Offizierskollegen Gowon als Handlanger des Haussa-Fulani-Establishments. Angesichts dieser Argumentationslinie nahm die Option einer Sezession der Ostregion schnell realistische Züge an, um einen eigenen Igbo-Staat zu propagieren, und Ojukwu unternahm in den folgenden zehn Monaten alles, diese Option Wirklichkeit werden zu lassen.

Nationalismen im Süden – Einheitsmythos im Norden

Schon in den zwanziger Jahren entwickelten sich in der Kronkolonie Lagos nationalistische Ideen, Strömungen und Bewegungen, angeführt von Aktivisten wie Herbert Macaulay[71] und seiner Nigerian National Democratic Party (NNDP), die sich latent gegen die Kolonialherren richteten und in Lagos erheblichen politischen Einfluss gewannen. Eine Anzahl gebildeter Nigerianer wie Macaulay hatte noch die vorkoloniale Zeit erlebt, die unabhängigen Königreiche, Fürstentümer oder Gemeinden. Die Erinnerung daran und die bitteren Erfahrungen, nun als Menschen zweiter oder dritter Klasse zu gelten, schufen innerhalb dieser Gruppierungen eine neue Identität, die sich in Abgrenzung zu den weißen Kolonialherren ethnisch und über die Hautfarbe definierte, um auch nach außen sichtbar erste Forderungen nach politischer Partizipation und Selbstbestimmung zu untermauern.

Der entscheidende Impuls zur Verbreitung nationalistischer Ideen entsprang jedoch einer deutlichen Ausweitung des Bildungssektors in den dreißiger Jahren und einer wachsenden Zahl gut Gebildeter, vornehmlich im Südwesten und Süden. Die Anzahl der Grundschulen und Schüler war bis 1937 innerhalb von nur 25 Jahren auf mehr als 4.000 Grundschulen und 230.000 Schüler angestiegen. Am Vorabend des I. Weltkrieges gab es lediglich 184 Grundschulen und 36.000 Schüler. Diese Dynamik setzte sich auch in den weiterführenden Schulen fort, wo fast 5.000 Schüler an inzwischen 27 Schulen qualifizierten Unterricht erhielten. Diese bemerkenswerte Entwicklung korrespondierte mit dem Aufbau einer breiten Gewerkschaftsbewegung, in der schon 1931 die Lehrergewerkschaft quantitativ und qualitativ die Führungsrolle übernommen hatte. Zusätzlich gründeten sich in den Städten zahllose ethnisch definierte Unterstützungsvereine, die Schulen bauten und zielgerichtet die Ausbildung ihrer Mitglieder im Inland und im überseeischen Ausland förderten.

Diese neue, westlich gebildete Generation, sozialisiert im Kolonialismus, bildungshungrig und leistungswillig, bildete nun den Nukleus jener Nigerianer, die den Nationalismus als antikoloniale Waffe entdeckt hatte, und sie lieferte zugleich die politische Plattform, um diese Waffe auch gezielt einzusetzen. Die Kronkolonie Lagos bildete das politische und geistige Zentrum, wo sich Anfang der dreißier Jahre die aufkommende nigerianische Avantgarde im Lagos Youth Movement sammelte, um Verbesserungen im höheren Bildungsbereich durchzusetzen. Nur wenige Jahre später ging daraus das Nigerian Youth Movement (NYM) hervor, in dem Obafemi Awolowo als Vertreter der Yoruba und Nnamdi Azikiwe als Sprecher der Igbo kurzzeitig gemeinsam agierten, zwei radikale Persönlichkeiten, die das Schicksal Nigerias entscheidend mitgestalten sollten. Als die Briten 1939 den Süden in die beiden Regionen Ost und West aufteilten, repräsentierte das noch in den Kinderschuhen steckende NYM erstmals in der Geschichte des Landes einen ethnisch übergreifenden nationalen Ansatz. Zugleich verknüpfte es diese pan-nigerianische Idee mit nationalistischen Vorstellungen, die letztlich die zentrale Botschaft enthielt, Nigeria den Nigerianern zu überlassen, was ihre Wirkung auch in anderen Städten des Kolonialgebietes nicht verfehlte. Gab es am Vorabend des II. Weltkrieges nur zwei Dutzend Nigerianer in höheren verantwortungsvollen Verwaltungspositionen, sollte sich die Zahl bis zur Unabhängigkeit auf 2.600 erhöhen. Und die große Mehrzahl hatte den anti-kolonialen und nationalistischen Geist der zurückliegenden drei Jahrzehnte tief verinnerlicht.

Traditionelle Yoruba-Szene von Michael Ayodele

Trotz dieser Ziele waren die ethnischen Gegensätze und unterschiedlichen politischen Vorstellungen der Führungspersönlichkeiten nicht zu überbrücken. Azikiwe verließ nach internen Querelen das NYM, und der Riss besiegelte schon bald das Ende dieser einst hoffnungsvoll gestarteten Bewegung und einer großen Idee. Azikiwe gründete dann 1944 seinen National Council of Nigeria and the Cameroons, der sich später in National Council of Nigerian Citizens (NCNC) umbenannte und sich binnen kurzer Zeit zum wichtigsten antikolonialen Sprachrohr entwickelte, wo sich auch ethnische Gruppen jenseits der Igbo politisch wiederfanden. Die Bezeichnung »Great Zik« und die Gründung des militanten Parteiflügels der »Zikists« 1946 zeugte von einer wachsenden Radikalität seiner Bewegung, die schließlich auch sozialistische und kommunistische Elemente integrierte und den anti-imperialistischen Zeitgeist spiegelte und damit den nationalistischen Charakter und die nationale Dimension des politischen Kampfes gegen die Kolonialherrschaft unterstrich. Zwar löste sich dieser Flügel 1950 nach dem Verbot durch die Briten wieder auf, die anti-imperialistischen Gedanken aber blieben. Zudem lieferten die *Atlantik Charta*, die Charta der UNO und Ghandis Freiheitsbewegung in Indien weitere wichtige theoretische und praktische Grundlagen für Azikiwe wie auch für Awolowo.

Nach der Trennung von Azikiwe verwandelte Awolowo das NYM in eine nationalistisch ausgerichtete Pan-Yoruba-Organisation, die seine Ambitionen auf eine Führungsrolle in der fragmentierten Yoruba-Gesellschaft Südwestnigerias unterstützen sollte. Er verstand es, die ethnische Identität der zahlreichen Yoruba-Königtümer und Yoruba-Clans zu akzentuieren und stellte mit der Gründung der Egba Omo Oduduwa (Gemeinschaft der Nachkommen Oduduwas) in London dabei direkte Bezüge zum mythischen Schöpfergott der Yoruba, Oduduwa, her. In der Mythologie war Oduduwa Stammvater aller Yoruba, in der Moderne, so suggerierte diese Gründung, war Awolowo dieser Vater.

Nach Abschluss seines Jurastudiums kehrte Awolowo nach Nigeria zurück und legte eine Radikalität an den Tag, die nicht überall im Yoruba-Land ungeteilten Beifall fand. Das baldige Ende der britischen Kolonialherrschaft vor Augen, gründete er 1951 eine völlig auf ihn zugeschnittene Partei, die Action Group (AG), um den nach wie vor bestehenden Einfluss Azikiwes und seines NCNC in der Westregion einzudämmen. Sein Hauptziel aber war, zum alleinigen ideologischen und politischen Führer der Yoruba aufzusteigen und schließlich ein unabhängiges Nigeria zu regieren. Um auch die Analphabeten und die des Englischen nicht mächtigen Yoruba in den ländlichen Gebieten zu erreichen, gab Awolowo seiner Partei zusätzlich den Yoruba-Namen »Egbe Afenifere«, was soviel heißt wie »Die Gruppierung (Partei), die Dich liebt,

Dir Gutes tut und Dir alles Gute wünscht«. Der Name war Programm, denn er meinte nichts weniger als eine staatlich getragene kostenlose Grundschulausbildung und Gesundheitsversorgung bis zum 18. Lebensjahr. Diese progressive Vorstellung entsprang nicht nur dem sozialistisch angehauchten Zeitgeist innerhalb der jüngeren Yoruba-Eliten, sondern auch der Furcht vor den Igbo, deren Bildungsfortschritte inzwischen auch im politischen System Wirkung zeigten. Zudem diente dieser Ansatz dazu, die vielfältigen widerstreitenden Strömungen einer dem Fortschritt prinzipiell wohlwollend gegenüberstehenden Gesellschaft zu einen.

Awolowo und Azikiwe hatten sich schon Ende der vierziger Jahre in ihren jeweiligen Presseorganen *Daily Sketch* und *West African Pilot* eine mehrjährige Medienschlacht geliefert, die an Propagandaschlachten im II. Weltkrieg und im Kalten Krieg erinnerte und massiv zur radikalen Politisierung ihrer Organisationen beitrug. Nun versuchten sie, ihre Ideen auch in den Norden zu tragen. Die Emire, Chiefs und die wenigen westlich gebildeten Beamten schreckten förmlich aus der Lethargie ihres erstarrten, feudal geprägten politischen Systems auf. Sie erkannten die Bedrohung, die da aus dem Süden anrollte und gründeten 1949 folgerichtig ihre eigene Partei, den Northern Peoples' Congress (NPC). Analog zur Gründung des NYM bzw. der AG und dem NCNC diente auch dem NPC eine Kulturorganisation, die Bauchi General Improvement Union, als geistiges und organisatorisches Gerüst. Die wenigen westlich gebildeten Nordnigerianer wie der spätere Premierminister Tafawa Balewa, der nicht dem aristokratischen islamischen Establishment entstammte, der progressiv eingestellte Aminu Kano und der Journalist und Schriftsteller Sa'ad Zungur hatten diese Organisation bereits 1943 in der ethnisch-kulturellen Grenzregion zwischen dem islamischen Kerngebiet der Haussa-Fulani im hohen Norden und dem christianisierten Middle Belt gegründet.

Haussa-Fulani-Frau

Politisch geschickt verpackt, kreierte diese Allianz aufgeklärter und feudal-konservativer Muslime den Einheitsmythos des Nordens als ideologischen Gegenentwurf zu den Nationalismen des Südens. Das eigentliche Ziel aber war, die politische Führungsrolle des Haussa-Fulani-Establishments und der Emire in der ethnisch vielfältigen Nordregion abzusichern und das geistige Erbe des 1903 untergegangenen Kalifats von Sokoto zu bewahren. Denn das Kalifat verkörperte in den Vorstellungen der politischen Elite Nordnigerias noch immer einen aus dem Jihad des Kalifatsgründers Usman dan Fodio Anfang des 19. Jahrhunderts abgeleiteten besonderen Machtanspruch, den der spätere Regierungschef der riesigen Nordregion und direkter Nachfahre des Kalifatsgründers, Ahmadu Bello, auch umsetzte.

Emanzipationsprozess versus britische Vorherrschaft

1954 zementierten die Briten endgültig die bestehende extrem ungleichgewichtige Dreiteilung des Landes, indem sie die Kronkolonie Lagos aus der Westregion herauslösten und sie zum künftigen Bundesterritorium bestimmten. Jede Region erhielt nun eine eigenständige Regierung mit Verwaltung und Justizsystem und die Möglichkeit, eigene Einnahmequellen zu erschließen und Steuern zu erheben. Auf Bundesebene übernahm 1957 Tafawa Balewa als Premierminister die Regierungsgeschäfte, er unterstand jedoch dem britischen Generalgouverneur. Auch in den jeweiligen Regionen bestellte die Kolonialmacht eigene britische Gouverneure, unter denen die jeweiligen Regierungschefs (*Premiers*) ihre Ämter ausübten – Obafemi Awolowo im Westen, Nnamdi Azikiwe im Osten und schließlich Ahmadu Bello im Norden. Doch lastete bis zum Zusammenbruch der I. Republik 1966 die Haussa-Fulani dominierte Nordregion mit etwa 78 Prozent des Territoriums auf den beiden Yoruba und Igbo dominierten südlichen Regionen. Dieses geografische Übergewicht der Nordregion spiegelte sich auch in der Einteilung der Wahlkreise für das Repräsentantenhaus (*House of Representatives*) wider, dem Herzstück des am Westminister Modell orientierten Regierungssystems.[72] Denn die Briten hatten 52 Prozent der gesamten Wahlkreise der Nordregion zugewiesen. Schon in dieser Konsolidierungsphase der Föderation zeigten sich erste gezielte diskriminierende Strukturen, die darauf hinausliefen, Migranten von Anstellungen im öffentlichen Dienst der eigenen Region auszuschließen. Nach der Unabhängigkeit nahm diese Diskriminierung mit der Einrichtung von Konsulaten in allen Regionen absurde und surrealistisch anmutende Formen an.

Die allgemeinen Wahlen 1959 waren der letzte Schritt zur Unabhängigkeit. Die strukturellen Vorteile des Wahlsystems sicherten dem NPC den Sieg. Doch benötigte die »Nordpartei« zur Regierungsbildung einen Koalitionspartner und entschied sich für die Partei Azikiwes, den NCNC. Damit blieb Tafawa Balewa Premierminister, und Azikiwe stieg auf zum Generalgouverneur[73] ohne große Machtbefugnisse. Awolowo hatte vor den Bundeswahlen auf sein Amt als Regierungschef der Westregion zugunsten von Samuel Akintola im festen Glauben auf den Wahlsieg verzichtet. Nun aber blieb ihm und der AG nur die einflusslose Oppositionsrolle ohne eigene Machtbasis auf Bundesebene. Denn in dieser neuen, ungewohnten Position waren die Action Group wie auch die Eliten der Westregion von allen Privilegien und Leistungen des Bundes und der Zentralregierung ausgeschlossen. Dies wiederum wirkte sich erheblich auf die Regierungsfähigkeit der Regionalregierung in der von Yoruba dominierten Westregion aus. In dieser Konstellation erhielt Nigeria am 1. Oktober 1960 als parlamentarische Monarchie unter britischer Krone schließlich seine volle Unabhängigkeit und wurde Mitglied im Commonwealth.

Innerhalb der nächsten fünf Jahre und sechs Monate, bis zum Putsch der jungen Offiziere, bestimmte im wesentlichen eine Abfolge permanenter Krisen in der Yoruba dominierten Westregion das politische Schicksal des jungen Staates. Ausgelöst durch die enorm geschwächte Stellung der Action Group nach den Wahlen 1959 und einem innerparteilichen Machtkampf zwischen dem charismatischen radikalen Awolowo und dem konservativen Akintola um die künftige strategische und inhaltliche Linie der Partei sahen die Bundesregierung und die sie tragenden dominanten Parteien NPC und NCNC den Zeitpunkt gekommen, Awolowo auszuschalten und seine AG zu zerschlagen. Als 1962 Awolowos Versuch scheiterte, Regierungschef Akintola durch ein ihm loyales Parteimitglied zu ersetzen, rief die Bundesregierung in der Westregion den Notstand aus, suspendierte die AG für mehrere Monate und setzte eine Interimsregierung ein. Awolowo und seine engsten Mitstreiter wurden kurz darauf verhaftet und nach einem äußerst dubiosen Prozess wegen Korruption und Hochverrats zu langjährigen Gefängnisstrafen verurteilt, während Akintola mit Zustimmung des NPC nach wenigen Monaten ins Amt zurückkehren durfte. Seine neue Partei Nigerian National Democratic Party (NNDP) bildete nun mit dem NCNC eine Koalitionsregierung in der Westregion. 1963 löste die Bundesregierung den östlichen Landesteil aus der Westregion heraus, erklärte sie zur NCNC kontrollierten Midwest-Region und Nigeria zur Republik, und Generalgouverneur Azikiwe übernahm das Präsidentenamt. Die Föderation bestand nun aus vier Regionen, und die AG geriet als Oppositionspartei in ihrer einstigen Hochburg weiter ins politische Abseits.

Die Volkszählung 1963 und die Wahlen zum Repräsentantenhaus Ende 1964 und zum Parlament der Westregion ein Jahr später läuteten das Ende der I. Republik ein. Der NCNC musste erkennen, dass der Zensus 1963 das Ende aller Hoffnungen bedeutete, mittels der Wahlurne die Macht auf Bundesebene erlangen zu können. Denn mehr als die Hälfte der Bevölkerung lebte demnach in der Nordregion, wo der dort dominierende NPC hinsichtlich der Wahlkreiseinteilung und des Finanzausgleichs seinen Vorteil weiter ausbaute. Darüber hinaus hatte sich der Regierungschef der Westregion, Akintola, endgültig auf die Seite der Nordpartei NPC gestellt, und alle Führungskräfte des NCNC in der Westregion waren zum Akintola-Lager übergelaufen in der Gewissheit, zu den Wahlsiegern zu gehören und dann an den üppigen Ressourcen des Bundes partizipieren zu können. Dieser Allianz[74] stand ein Zusammenschluss[75] der verbliebenen Reste des NCNC, der AG und einiger kleiner progressiven Parteien aus dem hohen Norden und dem Middle Belt gegenüber. Ahmadu Bello, Regierungschef der Nordregion, beschwor jedoch erfolgreich den Einheitsmythos des Nordens, der den NPC schließlich in eine regionale Hegemonialpartei verwandelte. Den Sieg bei den Bundeswahlen vor Augen, zog der NPC wie ein Magnet immer mehr Politiker aus den anderen Regionen auf seine Seite. Zugleich geriet der Wahlkampf zu einem landesweiten Kulturkampf, in dem die Yoruba unter Akintola mit dem NPC die angebliche Igbo-Dominanz im Handel anprangerte und die Gegenseite unter Führung des NCNC und der AG die Hegemonie der Haussa-Fulani auf der Bundesebene zum Wahlkampfthema machten.

In einer von Gewalt, Chaos und massiven Manipulationen überschatteten Wahl gewann die Allianz von Samuel Akintola und Tafawa Balewa mit großer Mehrheit. Denn das NCNC/AG-Bündnis hatte versucht, die Wahl zu boykottieren, was aber nur teilweise gelang. In dieser unübersichtlichen Situation weigerte sich Präsident Azikiwe, den amtierenden Premierminister Balewa mit der Regierungsbildung zu beauftragen, was einen ernsten Verfassungskonflikt heraufbeschwor. Schließlich einigten sich beide Verfassungsorgane auf einen Kompromiss, der als *Zik-Balewa-Pact* in die Geschichtsbücher einging, in dem sich der Premierminister verpflichtete, auch Oppositionspolitiker in die Regierung einzubinden. In dieser spannungsgeladenen Atmosphäre versuchten verschiedene Gruppierungen erstmals, auf Bundesebene die Armee in das politische Ränkespiel hineinzuziehen. Der Chef der Streitkräfte, der britische General Christopher Welby-Everad, lehnte dieses Ansinnen ab, was jedoch kurz darauf die Nigerianisierung der Armeeführung beschleunigte. Junge Offiziere hatten aber zuvor bereits begonnen, Interventionsmöglichkeiten zu diskutierten, sollten sich die Politiker als unfähig erweisen, ein stabiles politisches System zu garantieren.

Die Wahlen in der Westregion im Oktober 1965 signalisierten schließlich das Ende der I. Republik. Gewalt und Wahlbetrug kennzeichneten den Wahlkampf wie auch den Wahlgang. Beide Seiten reklamierten den Sieg für sich, doch setzte sich Regierungschef Akintola mit Hilfe von Sicherheitskräften durch und ließ den Oppositionsführer Dauda Adegbenro sowie weitere enge Mitstreiter verhaften. In den darauffolgenden Wochen verwandelte sich die

Westregion in ein Schlachtfeld. Sympathisanten beider Lager starben, Häuser gingen in Flammen auf, wobei die Bundesregierung unter Tafawa Balewa dem Chaos weitgehend tatenlos zu sah. Zum Jahresende 1965 geriet die Lage dann völlig außer Kontrolle, und junge Offiziere, vornehmlich Igbo, sahen sich in ihrer Auffassung bestätigt, dass nur das Militär dem Chaos ein Ende setzen konnte. Zwei Wochen später beendeten sie gewaltsam die erste Phase ziviler Regierungen.

Wiedererwachen und erneutes Scheitern des Igbo-Nationalismus

Der Igbo-Nationalismus war mit dem Ende des Biafrakrieges sichtlich am Ende, und kaum etwas deutete auf seine Wiederbelebung hin. Ngozie Adichies dezenter Hinweis auf die Flagge Biafras in der Hosentasche des Intellektuellen erhielt jedoch einen Funken der Biafra-Idee jenseits des imaginären oder virtuellen Raumes am Leben. Ojukwus Rehabilitierung durch Shehu Shagari, den gewählten Staatspräsidenten der kurzlebigen II. Republik (1979-83), und seine Rückkehr aus dem Exil 1982 bot den Ewiggestrigen der Igbo-Gemeinschaft jedoch plötzlich eine schmale Plattform, die todgeglaubte Idee wieder auferstehen zu lassen und sich im selben Atemzug eine neue Opferrolle zuzulegen. Und so stilisierten sie sich erneut zur diskriminierten Volksgruppe hoch, die wie einst vor dem Bürgerkrieg nun auch im nigerianischen »Eldorado« am Katzentisch sitzen und leiden müsse. Ojukwu, der trotz der totalen Niederlage Biafras noch immer zahlreiche Anhänger und Sympathisanten hatte, gelang es, in großen Teilen der Igbo-Gesellschaft seine Sprachregelung zum Bürgerkrieg zu verankern. Darin definiert er den Krieg als eine conditio sine qua non, die den Genozid und damit den Untergang des Igbo-Volkes verhindert habe. Und ohne ihn, Ojukwu, wäre die Rettung des Igbo-Volkes unmöglich gewesen.

Diese Interpretation ist seit dem Ende der langen Militärherrschaft 1999 in einigen Intellektuellen- und Universitätszirkeln im Herzen der Igbo-Bundesstaaten wieder en vogue. Mit der Gründung von MASSOB[76] und der Verabschiedung der *Biafra Bill of Rights* 1999 gelang es Ralph Uwazuruike, einem Anwalt und Menschenrechtsaktivisten, mit dieser Organisation eine generationsübergreifende Allianz zu schmieden und im Kontext des unsteten nigerianischen Demokratisierungsprozesses Biafra wieder auf die politische Tagesordnung zu setzen. In den USA konnte Uwazuruike[77], der den Bürgerkrieg nur als Kind erlebt hatte, wenige Tage nach den Terroranschlägen in New York und Washington im September 2001 gemeinsam mit Ojukwu das Biafra House in der Hauptstadt am Potomac eröffnen. Hinter dieser eher symbolischen Institution stehen Igbo-Netzwerke wie die Biafra Foundation und das Biafra Actualization Forum, die moderne Plattformen und Foren bieten, um von Übersee aus ihren politischen Kampf um ein souveränes Biafra mit friedlichen Mitteln zu unterstützen. Dazu zählt auch der Radiosender *Voice of Biafra International* (VBOI), der aus Washington jeden Freitag auf der Kurzwelle ein einstündiges Programm sendet, das auch im Internet nachgehört werden kann (Stand Dezember 2009).

Ojukwus detailliert geplante Vortragsreisen zum Thema Igbo und Biafra waren fester Bestandteil seiner Agenda im neuen Nigeria, um endlich aus dem politischen Schattendasein heraustreten und bei den Präsidentschaftswahlen 2003 und 2007 entsprechend seiner selbstdefinierten Relevanz respektable Ergebnisse einfahren zu können. Die unterstellte große Anhängerschaft erwies sich aber spätestens bei Wahlen als Mythos. Denn Ojukwu gelang es nie, mittels Wählerstimmen ein politisches Mandat zu gewinnen, weder bei den Senatswahlen 1983 noch bei den Präsidentschaftswahlen 2003 und 2007. Vielmehr offenbarten die äußerst mageren Wahlergebnisse, dass sich Ojukwu lediglich Kraft seiner Intelligenz und riesigen Finanzmittel jederzeit einen eigenen öffentlichen Raum erkaufen und seine private Agenda als Spielverderber und selbsternannte Führungsfigur verfolgen kann. So entspricht er mehr dem Typus eines klassischen nigerianischen »Paten« auf der immerwährenden, aber letztlich erfolglosen Suche nach politischer Relevanz.

Die Kärrnerarbeit überließ er derweil Uwazuruike und MASSOB und vermied nach außen jeden Schritt, der ihn in die Nähe zur MASSOB-Maschinerie brächte. Ständig kam es im Igbo-Kernland, aber auch in der Hauptstadt Abuja und in Jos zu Scharmützeln zwischen MASSOB und der Staatsmacht, viele Mitglieder erlitten Verletzungen, Dutzende starben, und Uwazuruike und zahlreiche Mitstreiter fanden sich immer wieder für kurze Zeit hinter Gittern wieder. Schließlich brandmarkte die Regierung die Organisation als »kriminelle Vereinigung«, verbot sie und betrachtete alle Aktivitäten zugunsten Biafras als direkten Angriff auf den nigerianischen Staat, verhaftete 2005 den MASSOB-Führer und stellte ihn und zahlreiche Weggefährten wegen Hochverrats vor Gericht. Die Machtprobe zwischen Uwazuruike und der Staatsmacht endete 2008 ohne Urteil, aber auch ohne Verfahrenseinstellung. Denn in der Logik des nigerianischen Rechtspluralismus sind schwebende Gerichtsverfahren ein probates Mittel, komplizierte oder politisch hochbrisante Fälle nicht abzuschließen und beklagte Personen unter Kautionsauflagen auf freien Fuß zu setzen.

Uwazuruikes Freilassung basierte denn auch auf Praktiken, die die Politik oder die Rechtsprechung aus Opportunitätsgründen gern heranzieht, um ein Problem auszusitzen. In diesem Fall entließ ihn das Gericht 2007 für drei Monate auf Kaution, um seine verstorbene Mutter in Übereinstimmung mit traditionellen lokalen Rechts- und Glaubensvorstellungen beerdigen zu dürfen. Der klagende Staat legte dagegen im Wissen um die Brisanz einer solchen Handlung keine Rechtsmittel ein, so dass ein vermeintlicher Staatsfeind das Gefängnis mit der Auflage verließ, sich nach Ablauf der Frist wieder in Polizeigewahrsam zu begeben. Schließlich meldete er sich 2008 tatsächlich zurück, aber die Polizei erklärte sich kurzerhand für nicht zuständig. Nicht unzufrieden konnte Uwazuruike wenig später ohne weitere Sanktionen in die USA reisen, obwohl seine Gerichtsakte nicht geschlossen worden war.

Uwazuruike ist kein Einzelfall, sondern gelebte Praxis im politischen Ränkespiel um Macht und Einfluss. Nutznießer eines noch intakten Bildungssystems, fand er als unbekannter junger Mann den Weg nach Indien, in die Heimat Mahatma Ghandis, wo er studierte. In den späten achtziger Jahren kehrte er nach Nigeria zurück, absolvierte das Karrieresprungbrett *Law School* in Lagos und schloss sich als junger Anwalt der sich gerade entfaltenden Menschen- und Bürgerrechtsbewegung an, die bereit war, sich der nicht enden wollenden Militärherrschaft zu widersetzen. Doch bestanden in den neunziger Jahren für das zarte Pflänzchen Zivilgesellschaft nur sehr eingeschränkte Möglichkeiten, sich dem zunehmenden Staatsterror offen entgegenzustellen, wie etwa Saro-Wiwa erfahren musste. Die meisten Aktivisten arbeiteten unspektakulär, einige gingen größere Risiken ein und verbrachten viele Tage und Wochen in den Kerkern, andere wiederum gingen außer Landes. Und als die Militärherrschaft 1998 implodierte, kam die Stunde militanter Gruppierungen wie der seit 1994 bestehenden Yoruba-Organisation OPC[78], der Milizen im Niger-Delta und für Bürgerrechtler wie Ralph Uwazuruike, der den politischen Neuanfang in Nigeria als Affront gegen die Igbo interpretierte. Denn im Machtgefüge des gewählten Staatspräsidenten Obasanjo gab es zunächst keinen exponierten Platz für Vertreter der Igbo. Deshalb gründete Uwazuruike 1999 schließlich MASSOB in der Hoffnung, damit das Feuer eines neuen Igbo-Bewusstseins und Igbo-Nationalismus zu entfachen. Der Segen der alten Igbo-Elite, einschließlich Ojukwu, war ihm sicher, und so baute er im Geiste einer untergegangenen Idee eine mobilisierungsfähige Organisation auf, die sich nun in einem formal demokratischen System wie ein Fisch im Wasser bewegte und sich mit dem sensiblen Thema Biafra legitimierte, was ihr zumindest partiell gelang und Uwazuruike den politischen Aufstieg sicherte.

Die Quintessenz dieses Aufstiegs ist symptomatisch für ein politisches System, das jenseits militärdiktatorischer Vorzeichen keine institutionalisierten Durchlässigkeitsmechanismen aufweist, um gesellschaftlich voranzukommen. Politisch geadelt durch ein spektakuläres, öffentlichkeitswirksames Gerichtverfahren und gestützt auf Schweiß und Blut seiner Anhängerschaft, vermochte Uwazuruike kurzzeitig eine Machtbasis und ein Drohpotential aufzubauen, was ihm soviel politisches Gewicht verlieh, dass ihn die Regierung nicht mehr ignorieren konnte. Die inneren Widersprüche der autoritär geführten Bewegung, die inmitten politischer, manchmal auch gewalttätiger Machtkämpfe in den politisch fragmentierten Igbo-Bundesstaaten Anambra, Imo, Enugu, Abia, Ebonyi agierte, waren spätestens seit Beginn des Gerichtsverfahrens 2006 nicht mehr zu übersehen. Zerrieben zwischen inneren Widersprüchen, Staatsmacht, lokaler Machtpolitik und zunehmenden Legitimationsproblemen geriet MASSOB in eine politische Sackgasse ohne Wendehammer. Für Ralph Uwazuruike persönlich aber hatte sie ihre Mission erfüllt. Er zählt nun zur politischen Elite und kann darauf bauen, als 50-Jähriger früher oder später eine exponierte Funktion im Staatsapparat zu besetzen. Doch der Weg ist nach wie vor steinig, denn Anfang 2010 befand er sich wieder in Polizeigewahrsam, diesmal aber auf Grund einer angeblichen Entführung eines US-Amerikaners nigerianischer Abstammung, der sich zu Besuch in Nigeria aufhielt. Nach fünfmonatiger Haft kam er aber gegen Kautionsauflagen wieder auf frei.

Wiedererwachen und Ende des Pan-Yoruba-Nationalismus

Geschichte wiederholt sich nicht, es sei denn als Farce. Genau dies geschah während der kurzlebigen Geschichte der II. Republik (1979-83), als die beiden großen alten Männer Awolowo und Azikiwe bei den Wahlen 1979 und 1983 erneut ihr Wahlziel verfehlten, die Macht auf Bundesebene zu übernehmen. Obafemi Awolowo war mit seiner United Party of Nigeria (UPN), ideologisch eine Reinkarnation der Action Group, angetreten. Nnamdi Azikiwe versuchte indessen, mit Hilfe seiner Partei Nigerian People's Party (NPP), einer Neugründung des NCNC, ins Machtzentrum zu gelangen. Eine Zusammenarbeit beider Führungspersönlichkeiten war auf Grund ihrer politischen Biografien, unüberbrückbarer Gegensätze und Eitelkeiten undenkbar. Azikiwes NPP willigte schließlich ein, ohne ihren Mentor den Juniorpart in einer Koalitionsregierung mit der National Party of Nigeria (NPN) zu spielen, die sich im Wesentlichen als Neuauflage der NPC entpuppte. Wie schon in der I. Republik hatte sich wieder eine lose Nord-Ost-Allianz gebildet, die Shehu Shagari, einen Haussa-Fulani, zum Staats- und Regierungschef kürte und den Igbo Alex Ekwueme mit der Vizepräsidentschaft betraute. Zutiefst frustriert zog sich Azikiwe nach dem Militärputsch Ende 1983 aus der Politik zurück und verstarb 1996, während der bereits 1987 verstorbene Awolowo im Yoruba-Land den Geist eines Pan-Yorubaismus hinterließ.

Für die große Mehrheit der Yoruba stand Awolowo für sozialen und technischen Fortschritt. Die Führungsfigur war aber ständig politisch betrogen und daran gehindert worden, diesen Fortschritt landesweit zu verbreiten und die politische Mission der Yoruba als führendes Staatsvolk zu erfüllen. Diese Grundauffassung bewahrte die Pan-Yoruba-Bewegung Afenifere, die versuchte, das geistige und politische Erbe Awolowos am Leben zu halten. Der große Moment, die Verwirklichung von Awolowos Traum, schien nach fast einem Jahrzehnt Militärherrschaft am 12. Juni 1993 zum Greifen nah, als der muslimische Yoruba und Multimillionär Moshood Abiola die Präsidentschaftswahl klar für sich entschied. Noch vor Bekanntgabe des Ergebnisses, das inoffiziell bereits vorlag, annullierte das Militärregime Babangida jedoch die Wahl und entriss dem Hoffnungsträger Abiola die sicher geglaubte Präsidentschaft. Die Yoruba und ihre Eliten betrachteten diesen schändlichen Akt als das bislang größte politische Betrugsmanöver am Volk der Yoruba und am nigerianischen Volk in der noch jungen Geschichte des unabhängigen Landes. Verbitterung und die Ohnmacht der eigenen politischen Eliten im Südwesten, in Lagos, Ibadan, Ijebu, Ile-Ife und Abeokuta, wo die Wurzeln der politischen Emanzipation und des anti-kolonialen Kampfes lagen, führten schließlich zur Radikalisierung des politischen Raumes und zur Gründung des Oduduwa People's Congress (OPC) 1994 unter der Führung des Arztes Frederick Fasehun und Ganiyu Adams. Schon bald verfügte der OPC über ein weit verzweigtes soziales und politisches Netzwerk, getragen und finanziell unterstützt von Tausenden von Sympathisanten in den Städten und auf dem Lande, denen selbst die Vorstellung von Sezession nicht ganz abwegig erschien. So lebte der Geist Awolowos im militanten OPC und in der Yoruba-dominierten politischen Vereinigung NADECO fort, die nun als Sammelbecken der alten politischen Yoruba-Eliten diente.

General Sani Abachas Machtübernahme im November 1993 setzte die Endlosschleife militärischer Herrschaft fort, und die Verhaftung Abiolas im Juni 1994 markierte den Beginn einer neuen Repressionswelle gegen Bürgerrechtler, Intellektuelle und Politiker. Doch zugleich mehrten sich innerhalb der verschiedensten Schichten und Gruppierungen der Yoruba-Gesellschaft erste Anzeichen, diesem Regime mit allen verfügbaren Mitteln entgegenzutreten, politisch, propagandistisch und, wenn nötig, auch gewaltsam. Die Morde an Alfred Rewane 1995, einem engen Mitarbeiter Awolowos, und an Kudirat Abiola 1996, der bekanntesten Ehefrau des polygamen Abiola, die sich seit der Verhaftung ihres Gatten politisch engagierte, ließ die Lage in den Großstädten Südwestnigerias eskalieren. Bombenattentate forderten mehrere Opfer unter den Sicherheitskräften, und die Gefängnisse füllten sich vornehmlich mit Yoruba-Aktivisten wie den Bürgerrechtlern Femi Falana, Gani Fawehinmi oder Beko Ransome-Kuti, die mehrfach und ohne Verfahren im Gefängnis landeten. Wenngleich keiner der Anschläge dem OPC direkt zugeordnet werden konnte, fühlten sich in diesem Klima Einzeltäter oder selbstständig operierende kleine Grüppchen zum Handeln aufgefordert.

Wole Soyinka und die von ihm mitgetragene NALICON[79] versuchten unterdessen, aus dem entfernten Ausland Politiker und zivilgesellschaftliche Gruppen im Westen über die Verhältnisse in ihrem Land und ihrer Heimatregion aufzuklären und sie dazu zu bewegen, den Kampf ihrer Landsleute gegen die Abacha-Diktatur zu unterstützen. *Radio Kudirat*, benannt nach der Ermordeten, war denn auch die wirksamste externe Waffe, das Abacha-Regime an den

Pranger zu stellen. Skandinavische Regierungen finanzierten zu großen Teilen den Sender, dessen Programmmix aus politischer Information und Propaganda darauf abzielte, das Regime zu verunsichern und zugleich den Menschen im Yoruba-Land Mut zuzusprechen und sie zum Durchhalten anzuspornen. Wenige Monate nach dem Tod des Diktators 1998 verstummte die Stimme von *Radio Kudirat*, denn sie hatte ihren Zweck erfüllt.

Dennoch herrschte im Yoruba-Land tiefes Unbehagen. Die Militärjunta unter General Abdulsalami Abubakar, die den Übergang zu einer gewählten Regierung organisierte, hatte nur widerwillig zugestimmt, den Yoruba in Gestalt der Partei Alliance for Democracy (AD) eine politische Plattform auf ethnischer Basis zuzugestehen und sie in irgendeiner Form in die künftige Machtverteilung einzubinden. Dies war gedacht als politische Minimalkompensation für den gestohlenen Wahlsieg Abiolas, der kurz vor seiner Entlassung aus dem Gefängnis einem Herzversagen erlegen war.[80] Die AD gewann denn auch bei den Bezirkswahlen klare Mehrheiten in den sechs Yoruba-Bundesstaaten, setzte ihren Siegeszug bei den Gouverneurswahlen in diesen Bundesstaaten fort und stellte erdrückende Mehrheiten in den sechs Länderparlamenten. In den übrigen Landesteilen aber spielte die Partei keine Rolle und musste mit ansehen, wie der in seiner Heimatregion ungeliebte Yoruba und einstige Juntachef General a. D. Olusegun Obasanjo auf dem Parteiticket der ethnien- und regionalübergreifenden Partei People's Democratic Party (PDP) im Mai 1999 ins Präsidentenamt gelangte und die PDP landesweit zur beherrschenden Partei avancierte.

Der OPC spaltete sich Ende 1999 in eine gemäßigt radikale Fraktion unter Fasehun und eine militante und gewalttätige Fraktion unter Adams, der aber nach dem Ende der Militärdiktatur Ende Mai 1999 die ursprüngliche Legitimationsgrundlage abhanden gekommen war. Dennoch waren Führung und Anhänger weiterhin davon überzeugt, für die ihrer Meinung nach wie vor extrem benachteiligte Yoruba-Nation kämpfen zu müssen. Zudem beschuldigten sie Obasanjo, keine Rücksicht auf Yoruba-Befindlichkeiten zu nehmen. So verwandelten sich der OPC und seine verschieden Fraktionen binnen weniger Monate in eine kriminelle Vereinigung, die die Staatsmacht in Abuja herausforderte. Zugleich agierten sie als fünfte Kolonne lokaler Paten, die Teile des militanten Flügels für ihre persönlichen politischen Interessen nutzten. Das ursprüngliche Führungsduo hatte längst die Kontrolle über die verschiedenen Fraktionen verloren, die sich nun Feuergefechte mit staatlichen Sicherheitskräften lieferten, Universitäten terrorisierten, gewöhnliche Verbrecherbanden jagten, Lynchjustiz begingen und sich gegenseitig bekriegten. Die Gewaltexzesse zwischen Ilorin im nördlichen Yoruba-Land und Lagos im Süden im ersten Amtsjahr Obasanjos gaben denn auch einen Vorgeschmack dessen, was sich in den Folgejahren im Niger-Delta abspielen sollte.

Das Verbot des OPC durch die Bundesregierung im Jahr 2000 und die Verhaftung der beiden Protagonisten Fasehun und Adams konnten das Ausmaß der Gewalt nur unwesentlich eindämmen, die in der Folgezeit mehrere hundert Menschenleben kostete. Zudem sah sich die Staatsmacht außerstande, angesichts des maroden Rechtssystems ein rechtsstaatliches Verfahren zu gewährleisten. So blieb es beim Katz- und Mausspiel, in dem sich die Beklagten zwischen Untersuchungshaft, Haftverschonung gegen Auflagen, neuen Anklagen und Haft bewegten und schließlich 2006 gegen Kaution freikamen. Die Verfahren blieben derweil rechtshängig, wie im Falle des Igbo-Aktivisten Uwazuruike.

Das Ende des Yoruba-Nationalismus und des OPC aber läutete der Wahlmarathon 2003 ein, aus dem der amtierende Staatspräsident Obasanjo erneut als Sieger hervorging und die Regierungspartei PDP der AD fünf der sechs Gouverneursmandate abnahm und auch die Parlamentsmehrheiten in diesen fünf Bundesstaaten gewann. Lediglich die Megacity Lagos und der gleichnamige Bundesstaat blieben in der Hand der AD, die aber nun im PDP-beherrschten Nigeria nur noch ein kümmerliches Dasein fristete. Die homogene ethnische Basis konnte den Mangel an politischen und ideologischen Gemeinsamkeiten innerhalb der Yoruba-Eliten auf Dauer nicht ausgleichen. Die PDP bot dagegen überzeugende Machtoptionen, was letztlich den Erfolg dieser Partei auch im Yoruba-Land sicherte. Bei den Wahlen 2007 trat die Rumpf-AD dann unter dem Parteinamen Action Congress[81] (AC) an, hatte ideologischen Ballast abgeworfen und somit auch jenseits Lagos kleinere Erfolge verbuchen können.

Die Wahlen 2003 endeten für die AD zwar politisch im Desaster. Der eigentliche Schock aber folgte, als im Lichte des Niedergangs der AD bezahlte Täter in Ibadan die mehr als drei Meter große Statue Awolowos entwendeten, die die Pan-Yoruba-Organisation Afenifere erst kurz vor den Wahlen vor dem Regierungsgebäude in der Hauptstadt des Bundesstaates Oyo aufgestellt hatte. Erst 2010 stellte die Polizei die Statue wieder sicher, und niemand weiß, ob und wo sie wieder einen Platz finden wird. Dieser symbolische Akt war aber mehr als ein Frevel, denn er besiegelte das Ende des Mythos von der Einheit der Yoruba-Nation. Afenifere lebt zwar in kleineren rudimentären Einheiten fort, die als Yoruba Council of Elders, Oduduwa Assembly, Yoruba Parapo, Afenifere Renewal Group oder als Yoruba Legacy Forum firmieren, jedoch ohne Aussicht, den Awoismus, verkörpert im Pan-Yoruba-Nationalismus, als relevante politische Kraft wiederzubeleben.

IV Neue und alte Allianzen

Die goldenen und die bleiernen Jahre (1970-98)

Als »Giant of Africa«, als afrikanischer Riese, als machtvoller Akteur auf dem afrikanischen Kontinent, so sehen sich nigerianischen Eliten gerne selbst. Es war auch nur ein kurzer Weg zu dieser Selbstwahrnehmung, und anfangs standen ihnen nur Ghana und dessen charismatischer und radikaler Führer Kwame Nkrumah im Weg, die selbsternannte wichtigste Stimme Afrikas. Bis zu seinem Sturz 1966 hatte er für sich und Ghana die Meinungshoheit auf dem Kontinent reklamiert. In dieser Phase spielte Nigeria zwar nur die zweite Geige, konnte aber immerhin verhindern, dass die radikalen panafrikanischen Vertreter ihre Visionen eines Panafrikanismus als Maßstab aller Dinge organisatorisch und institutionell verankerten. Der politische und wirtschaftliche Niedergang Ghanas, die Ölkrise, der Preisschock und der weitere Preisanstieg des schwarzen Goldes Anfang der siebziger Jahre sowie die Gründung der Westafrikanischen Wirtschaftsgemeinschaft ECOWAS[82] 1975, die Nigeria gegen heftigsten Widerstand Frankreichs und seiner Frankophonie durchsetzte, katapultierte dann das Land binnen weniger Jahre in die vorderste Reihe der afrikanischen Staaten. In dieser Phase begann sich in den Köpfen der Eliten die Grundüberzeugung festzusetzen, dass in Nigeria alles möglich sei, was deren Denkstruktur dauerhaft und bis zum heutigen Tag prägen sollte.

Der Bürgerkrieg war Anfang 1970 vorüber, und die politische Eliten und große Teile der Bevölkerung erwarteten den baldigen Rückzug der Militärs in die Kasernen. Doch weit gefehlt, denn der junge General Yakubu Gowon und seine Militärjunta sahen nach dem siegreichen Ende des Krieges keinen Anlass, die Macht an die politische Klasse zurückzugeben, die sich aus ihrer Sicht als unfähig erwiesen hatte, das Land verantwortungsvoll zu regieren. Ihr gewachsenes Selbstbewusstsein verleitete die jungen Generäle und Obristen, die Machtübergabe an eine gewählte Regierung auf das Jahr 1976 zu verschieben, und so mussten bis auf weiteres auch jene Politiker frustriert in den Startlöchern zur II. Republik ausharren, die den Militärs in den dunkelsten Stunden des Landes beigestanden und die nationale Einheit und den Sieg der

Bundestruppen gesichert hatten. Doch als Gowon den Termin auf den Nimmerleinstag hinausschob, um seine Klientel mit den üppig sprudelnden Ölgeldern bevorzugt zu bedienen, setzten ihn seine Kameraden während seiner Teilnahme am OAU-Gipfel in Uganda in einer unblutigen Palastrevolte 1975 ab. Gowon hatte ein seit dem ersten Putsch 1966 gültiges ungeschriebenes Gesetz verletzt, wonach jede Militärregierung zum Scheitern verurteilt ist, die keine überzeugende Machtoption für eine gewählte Zivilregierung vorlegt. Er verbrachte die nächsten Jahre in Großbritannien im Exil, nahm dort ein Universitätsstudium auf und kehrte erst gegen Ende der II. Republik 1983 nach Nigeria zurück, nachdem er – wie sein einstiger Gegenspieler Ojukwu – von Staatspräsident Shehu Shagari begnadigt worden war.

Sein Nachfolger Murtala Ramat Muhammed, ein Haussa-Fulani aus Kano, stieg zum neuen Juntachef auf und leitete den längst fälligen Übergang zu einer demokratisch gewählten Regierung ein. Doch schon sieben Monate später fiel er einem letztendlich gescheiterten Putschversuch junger Offiziere zum Opfer, die angesichts einer erheblichen Verringerung der Sollstärke der Armee um ihre Arbeitsplätze und Pfründe fürchteten. Auffallend viele dieser Putschisten entstammten den Völkern im Middle Belt, doch Verschwörungstheorien, wonach Gowon selbst hinter dem Putschversuch gestanden haben soll, verblieben in der Gerüchteküche. Die Nummer Zwei der Junta, Olusegun Obasanjo, der die Kapitulation Biafras entgegengenommen hatte, übernahm das Kommando. Damit stand erstmals ein Yoruba an der Spitze des Staates. Er forcierte das Übergangsprogramm seines Vorgängers, dekretierte für die II. Republik ein am US-amerikanischen Vorbild orientiertes präsidentielles System und übergab am Unabhängigkeitstag 1979 die Macht an den gewählten Staatspräsidenten Shehu Shagari, Haussa-Fulani und ehemaliger Mittelschullehrer aus Sokoto. Obasanjo selbst und viele seiner einflussreichen Kameraden ließen sich pensionieren und richteten sich neu ein. Die Soldaten kehrten in die Kasernen zurück.

Die Petrodollars beginnen zu sprudeln

In der 13-jährigen ersten Herrschaftsphase der Generäle (1966-79) hatte sich im Windschatten der Militärs innerhalb der staatlichen Bürokratie eine neue politische Kraft herausbildet. Als nun die Petrodollars zu sprudeln begannen, veränderte dieser Geldsegen von Grund auf die politischen, wirtschaftlichen und sozialen Rahmenbedingungen Nigerias. Während Generäle und Obristen noch eifrig dabei waren, das politische Handwerk zu erlernen und sich zugleich zu bereichern, regierten die *Federal Permanent Secretaries*, die nominell höchsten Staatsbeamten, als Superminister den nigerianischen Staat, unterstützt von Politikern der I. Republik und aufstrebenden Akademikern auf der Suche nach lukrativen Nischen im neuen politischen Koordinatensystem Nigerias. Innerhalb weniger Jahre entwickelte sich so zumindest auf Bundesebene ein militärisch-ziviler-administrativer Herrschaftskomplex, der sich mittels Militärdekreten und gestiegener Handlungskompetenz den direkten Zugriff auf die Ressourcen des Landes sicherte. Die gegenseitige Durchdringung und Abhängigkeit dieser militärischen, zivilen und administrativen Akteure schuf jenseits der großen Mehrheitsgesellschaft eine eigenständige sozioökonomische, soziokulturelle und politische Welt, in der der Staat zum wichtigsten Unternehmer und zur Hauptquelle des Wohlstand all jener avancierte, die sich Zutritt zu diesem Staat verschaffen konnten.

Ein Großprojekt nach dem anderen wurde aus dem Boden gestampft. Die Bürokratie blähte sich auf, Fernstraßen, Flughäfen, Fernsehstationen veränderten die Landschaft, Hunderte von Staatsunternehmen zogen Menschen aller Schattierungen an. Landwirtschaftliche Großprojekte nahmen Züge einer grünen Revolution an, die Verstaatlichung des Erziehungswesens spiegelte teils sozialistisches, teils anti-klerikales Gedankengut wider, das sich auch in den Universitäten breitmachte. Der Aufbau einer eigenen Schwerindustrie und zahlreicher Produktionsstätten zur Montage langlebiger Konsumgüter und Kraftfahrzeuge und der Auf- und Ausbau der staatseigenen Ölgesellschaft NNPC[83] bewiesen Aufbruchsstimmung, Kraft und Stärke und boten plötzlich mehreren Hunderttausend Menschen den Zugang zum Staat und damit völlig neue Lebens- und Reproduktionsperspektiven. Die Petrodollars, die sich nun über das Land ergossen, wirkten dabei wie Zauberei, die das Unmögliche möglich erscheinen ließ, um binnen weniger Jahre ein Agrarland in eine moderne Industrie- und Dienstleistungsgesellschaft zu verwandeln. Und auf der grünen Wiese, im geografischen Zentrum des Landes, begann nach dem Vorbild Brasilias der Bau der am Reißbrett entworfenen neuen Hauptstadt Abuja[84], in die wider Erwarten die Militärregierung Babangida schon Ende 1991 umzog, wodurch Lagos auch rechtlich den Status als Bundeshauptstadt verlor.

Im internationalen Großstadt-Ranking nimmt Lagos seit Jahr und Tag einen der hintersten Plätze ein, obwohl auf dem Kfz-Kennzeichen der Schriftzug »Centre of Excellence« prangt und die Megastadt zu den teuersten Plätzen Afrikas zählt. Dieser eklatante Widerspruch besteht schon seit dem Ende des Bürgerkrieges, als Lagos bereits aus allen Nähten zu platzen drohte, denn hier schlug das Herz des künftigen Riesen Afrikas am lautesten. Lagos war einst ein beschaulicher Ort, umschlossen von einer riesigen Lagune und dem offenen Meer, mit Parkanlagen, schicken Wohnhäusern und Regierungsgebäuden auf Lagos Island, Onikan, Ikoyi und Victoria Island, wo die Kolonialherren großzügige Anwesen errichtet hatten. Es gab eine idyllische Marina, wo die Lagosianer am Wochenende und an den Feiertagen flanierten und flirteten. Zwei Brücken, die Carter und die Eko Bridge,[85] führten zum Festland, wo kleinstädtisches Leben die Vororte prägten, und die in Yaba angesiedelte Universität lag mitten in einer von Wasser umspülten Oase. Dieses Lagos war spätestens nach der ersten Erdölkrise 1973 infolge des Jom-Kippur-Krieges nun auf dem Sprung zur Megastadt. Soyinka beschreibt nach seiner Haftentlassung seinen Besuch in Lagos als Abstieg in die Hölle und macht aus seiner tief sitzenden Aversion gegen diesen Ort kein Hehl. Ein Jahr lang hatte er einen großen Bogen um diese Stadt gemacht, wo die Bausünden schon zur Unabhängigkeit begannen, als der *Supreme Court*, ein Meisterwerk tropischer Baukunst, abgerissen wurde.

Autokennzeichen des Bundesstaates Lagos

Verglichen mit der Gier nach Grund und Boden seit den beginnenden achtziger Jahren, die jegliche rationale Stadtplanung und Stadtentwicklung im Keim erstickte, erscheinen Soyinkas Beschreibungen und berechtigte Klagen jener Zeit übertrieben, wenngleich etliche Teile der pittoresken Stadtviertel von Onikan, Victoria Island und Ikoyi der Bauwut und Immobilienspekulation der neureichen Elite in Zivil und Khaki bereits zum Opfer gefallen waren. Denn die Zerstörungs- und Bauwut im Großraum Lagos hatte gerade erst begonnen, sprengte schon bald jegliche Vorstellungskraft und schuf ein Konglomerat, das für die einen zu einem unwirklichen Ort mutierte, unbewohnbar wie der Mond, und für die anderen das himmlische Tor zur Welt und zur Moderne bedeutet, unabhängig von Regierungsformen und Wirtschaftskrisen. Hier zählt in Anspielung auf New York nur eines: Wenn Du Lagos überlebst, überlebst Du überall auf der Welt. Es war und ist wie eine Einladung dieser Stadt, die nun schon seit Jahrzehnten einen ständigen Strom von Menschen aller Regionen und Schichten lockt, in der Hoffnung, hier, im einzig wahren multikulturellen Ort Nigerias, ihr Glück zu finden.

Ein trügerischer Eindruck, der aber nicht aus den Köpfen der Lagosianer verschwinden will, die sehen, wie die Stadt wächst, sich zubetoniert, wie sie sich ausdehnt entlang der Lagune und der Küste in Richtung Epe im Osten und Badagri im Westen, wie sie sich hineinfrisst ins Landesinnere und Ortschaften wie Ota im benachbarten Bundesstaat Ogun zu verschlingen droht und wie zugleich die Infrastruktur für Strom, Wasser, Sanitär, Straßen und Sicherheit nicht mithalten kann. Die 1990 fertig gestellte, mehr als zehn Kilometer lange Third Mainland Bridge, die sich elegant und schwungvoll über weite Teile der Lagune erstreckt und die nördlichen Stadtteile mit dem Bankenviertel auf Lagos und Victoria Island und den gesichtslosen Betonklötzen der Neureichen und Wohlhabenden in Ikoyi verbindet, ist das bislang letzte Großbauwerk in Lagos. Doch stehen neue Großprojekte an, Lagos soll nach dem Willen der neuen Regierung des Bundesstaates und internationaler Finanzinstitutionen neu erfunden werden, um weitere Millionen Menschen innerhalb der nächsten 15 bis 20 Jahre aufzunehmen. Und während finanzstarke Unternehmen neue Projekte aus dem Boden stampfen, im festen Glauben an Machbarkeit und Gewinn, wachsen die unzähligen Müllberge weiter an und die empfindliche und weitverzweigte Lagunenlandschaft im Bundesstaat Lagos ist schon lange zur Kloake verkommen.

Wilde Müllkippe

Wenngleich das explosive Lagos schon in den siebziger Jahren in Nigeria seinesgleichen suchte, gerieten auch andere urbane Zentren wie Port Harcourt, Aba, Jos, Kaduna und Kano in den Expansions- und Modernisierungssog. Auf den grünen Wiesen, weitab vom Zentrum, entstanden Industrieanlagen, Wohnsiedlungen, Schulen, weiterführende Bildungseinrichtungen und Universitäten. Kaduna avancierte zum Zentrum der Textilherstellung, und Peugeot errichtete dort ein Montagewerk, um den boomenden nigerianischen Markt direkt mit seinen Autos beliefern zu können. Kano, größte Stadt im islamisch geprägten Nordnigeria, die der deutsche Afrikaforscher Heinrich Barth auf seiner Afrikaexpedition im Auftrag der Royal Geographic Society Mitte des 19. Jahrhunderts aufsuchte und den Wert der dort umgeschlagenen Waren abschätzte, war einst ein mächtiger wirtschaftlicher Knotenpunkt im Transsaharahandel. Hier siedelten sich in Vierteln wie Sabon Gari, Bompai, Faggae und Sharada weit außerhalb des historischen Zentrums um die Altstadt vermehrt Industriebetriebe an. Dort leben die zumeist nichtmuslimischen Zugewanderten aus dem Süden und dem Middle Belt. Und selbst der Bau einer Bierbrauerei in Bompai stieß angesichts der wirtschaftlichen, sozialen und demografischen Dynamik auf keinerlei Widerspruch innerhalb des islamischen Establishments.

Der Kasuwar Kurmi Markt in Kano

Die Modernisierungswelle, angeschoben durch die Ölmilliarden, brach über Kano herein wie ein Sandsturm und erzeugte einen radikalen Wandel, dem die meisten Menschen in der Altstadt und insbesondere der niedere islamische Klerus verständnis- und hilflos gegenüberstanden. Neue Straßen, Autos aller Preisklassen, Supermärkte, in denen Alkoholika und Konsumgüter aller Art

Regale und Ausstellungsräume füllten, veränderten den Charakter dieser im Grunde konservativen Stadt. Jenseits der Altstadt schossen nun Kneipen, Bars, Clubs, Tanzlokale und einschlägige Hotels aus dem Boden, und die aufstrebende junge einheimische Elite, Gastarbeiter aus dem Süden, dem afrikanischen Ausland und aus Übersee feierten am Wochenende rauschende Feste. Warum ins chaotische Lagos in die Ferne schweifen, mag sich so mancher Aufsteiger und Neureiche gesagt haben, wenn die Vergnügungsstätten so dicht vor der Haustür liegen und der internationale Flughafen Verbindung zur übrigen Welt hält. Und wer genügend Phantasie besaß, wie ein junger Arzt aus einem benachbarten westafrikanischen Staat, der schuf sich seine eigene private Goldmine. So wuchs auch in Kano das älteste Gewerbe der Welt im Windschatten des Booms rapide an. Denn der clevere Arzt vermittelte nicht nur Prostituierte an solvente Kunden, sondern ließ sich im Fall einer ungewollten Schwangerschaft den fachgerechten Abbruch auch noch gut bezahlen.

Und der Strom der Kunden schien nicht abreißen zu wollen, die zum großen Teil auch das Produkt der Indigenisierungs- und Nationalisierungsstrategie waren, die die Militärregierungen nach dem Bürgerkrieg ausgerufen hatte. Denn als sie aus dem Stand heraus per Dekret eine nationale Unternehmerschicht kreierte, kam vollends Goldgräberstimmung auf, nicht nur in Lagos, sondern auch in all den anderen großen und mittelgroßen Städten zwischen der Savanne im Norden und der Küste am Golf von Guinea. Das arbeitsintensive Kleingewerbe zahlreicher Sektoren blieb allein Nigerianern vorbehalten – eine zielgerichtete Attacke auf indische und libanesische Kleinunternehmer –, während in zahlreichen strategischen Bereichen wie der Bauindustrie, Bierbrauereien, Großhandel oder Zementproduktion die ausländische Beteiligung maximal 40 Prozent betragen durfte. Wer gute Beziehungen zu den jeweiligen Machthabern besaß und pflegte, konnte praktisch über Nacht vom Angestellten einer Bank oder eines Staatsunternehmens zum Unternehmensbesitzer oder Mitbesitzer aufsteigen. Denn die ausländischen Firmen mussten schnell nigerianische Partner finden, so dass sich in vielen Fällen leitende Angestellte binnen weniger Tage in mehreren Unternehmen als Vorstandsmitglieder wiederfanden.

Die Erdölkrise 1973 und schnell steigende Ölpreise waren die Geburtshelfer des Rentierstaates. Die Saat klientelistischer Netzwerke ging auf und breitete sich aus, und für weite Teile der Elite brachen nun paradiesische Zeiten an. Staatliche Kredite für den Kauf eines Autos, die komfortable, aber billige staatseigene Wohnung für Mitarbeiter im öffentlichen Dienst, die Vermittlungsprovisionen bei Bauaufträgen und Dienstleistungen aller Art, lukrative Importlizenzen, Reisekostenzuschüsse für Besuche in Übersee, für die Pilgerfahrten nach Mekka, Jerusalem und Rom und dergleichen mehr verstellten den Blick für Realitäten. Maßstäbe gingen völlig verloren und ließen die Menschen glauben, alles sei möglich. So importierte Nigeria allein im Jahre 1978 Kraftfahrzeuge im Wert von 1.5 Milliarden US-Dollar und gab im selben Zeitraum etwa die gleiche Summe für kostspielige Nahrungsmittel aus den Industriestaaten aus. Denn das schnelle Geld, das sich aus den Ölquellen des Niger-Deltas speiste, ohne dass die alte und neue Elite und die Aufsteiger auch nur einen Tropfen Schweiß vergießen mussten, veränderte langfristig Denkstrukturen, Normen und Verhaltensweisen einer ganzen Gesellschaft. Die etablierten Eliten und die Neureichen lebten es vor, zeigten, wie Korruption und Klientelpolitik eingesetzt werden konnten, um das große Rad zu drehen und die ersten Millionen zu machen. Die weitere Föderalisierung Nigerias und ein Gesetz zur Landnutzung 1978 trugen dazu bei, die Schar der Profiteure und Kriegsgewinnler nochmals zu vergrößern. Dieser *Land Use Act* führte den gesamten Grund und Boden über in Staatsbesitz, Land konnte nur noch als Erbpacht erworben werden, einmal mehr ausgezeichnete Möglichkeiten, sich im Zusammenspiel mit den zuständigen Stellen offen zu bereichern. Die Aufstockung der Bundesstaaten von 12 auf 19 im Vorfeld der II. Republik und die Verankerung der Bezirke als eigenständige kommunale Verwaltungsebene schufen viele zusätzliche Patronageplätze und neue Loyalitäten, die auch den Akteuren auf den unteren Verwaltungsebenen ein sorgenfreies Leben versprachen. In dieser Gemengelage von Demokratisierung, Gigantomanie, Großmannssucht und selbsternannter Führungsrolle in Afrika ging im nigerianischen Eldorado der Tanz auf dem Vulkan in die nächste Runde.

Glanz und Elend der kurzlebigen II. Republik (1979-83)

Die Übergangsphase zur II. Republik war von ernsthaften Friktionen noch verschont geblieben, und die alte politische Elite, angeführt von Politikern der ersten Stunden wie Azikiwe, Awolowo und Shagari, hatte versucht, im nun veränderten Machtgefüge ihre neue Rolle zu finden. Nigeria war aufgestiegen zur Regionalmacht. Der seitens der OAU unterstützte *Lagos Plan of Action* 1980 und die Gründung des *Technical Aid Corps* (TAC) 1987, angelehnt an das *Peace Corps* der USA, stärkten Nigerias Führungsanspruch in Afrika, und die Einnahmen aus dem Erdölexport erreichten im ersten Regierungsjahr von Staatspräsident Shagari mit etwa 25 Milliarden US-Dollar ein historisches Hoch. Ein Ende der paradiesischen Zustände schien undenkbar, die Konsumspirale drehte sich weiter, und Regierende und Herrschende behandelten den Staat und seine Ressourcen wie ihr Privateigentum. Alles erschien möglich, was das Denken der Eliten veränderte und nun auch ihr Verhalten gegenüber der internationalen Gemeinschaft bestimmte. Wer den Auftritt der nigerianischen Delegation unter der Leitung des jungen Bolaji Akinyemi, General-Direktor des nigerianischen *Think Tank NIIA*[86] und späterer Außenminister, Anfang der achtziger Jahre in Deutschland erlebt hat, stand teils sprachlos, teils zornig, aber auch hilflos einer Gruppe junger Intellektueller und Politiker gegenüber, die in ihrer Radikalität bei Protokollführern in Bonn und in Hamburg Schweißausbrüche hervorriefen und manchen die Zornesröte ins Gesicht trieben. Unbändige Kraft schienen sie auszuströmen, beseelt von dem Willen, Geschichte zu schreiben und Nigerias Aufstieg zu den mächtigen Staaten der Welt zu forcieren. Diese neue Kraft war auch in den nördlichen Ländern des Sahel und den westlichen Nachbarstaaten zu spüren, von wo sich Hunderttausende von Menschen aufmachten ins Erdölland Nigeria, wo Milch und Honig im Überfluss zu fließen schienen. Nur wenige Jahre später zerstob der Traum, und die Regierung von Shehu Shagari ergriff im Sommer 1983 das zutiefst populistische Instrumentarium der Massenausweisung, um die eigenen Defizite zu kaschieren, die der Rückgang der Ölpreise offenbarte. Besonders betroffen waren die mehr als eine Million Ghanaer, die ihrer in Agonie liegenden Heimat den Rücken gekehrt hatten, um in Nigeria ihr Glück zu suchen. Die allermeisten[87] mussten nun den Heimweg antreten. Zwei Jahre später folgte eine zweite Ausweisungswelle, der weitere Hundertausende Ghanaer zum Opfer fielen.

Als die Erdölpreise 1983 vollends abstürzten und die Regierung noch immer nicht angemessen auf die Finanzkrise zu reagieren vermochte, traten die grundlegenden Widersprüche eines Rentierstaates offen zu Tage. Der Kampf der Parteien um die schwindenden Pfründen nahm merklich zu, und auch die politischen Auseinandersetzungen im Vorfeld des Wahlmarathons im August 1983 verschärften sich. Staatspräsident Shehu Shagari, inzwischen nur noch Spielball seiner regierenden National Party of Nigeria (NPN), wiederholte mit Manipulationen und massiven Wahlfälschungen seinen Wahlsieg von 1979, und die NPN sicherte sich überwältigende Mehrheiten auf Bundesebene und in den meisten Bundesstaaten. Der Sieg war jedoch auf Sand gebaut, und schon bald machte sich am Golf von Guinea Katerstimmung breit.

Das Militär-Establishment um General Muhammadu Buhari, ein Haussa-Fulani aus der historischen Stadt Daura, intervenierte am Silvesterabend 1983 und beendete nach nur vier Jahren und drei Monaten ohne ernsthafte Gegenwehr der politischen Klasse das Demokratisierungsprojekt, um einem befürchteten Putsch junger Offiziere nach dem Vorbild des Ghanaers Jerry Rawlings zuvorzukommen. Das Militär übernahm aber nicht nur ein korruptes und durch und durch marodes politisches und sozioökonomisches System, sondern erbte auch 18 Milliarden US-Dollar Auslandsschulden. So wurde schon bald publik, dass Nigeria 1980/81 Dieselgeneratoren für Industriebetriebe und Privathaushalte im Wert von mehr als zwei Milliarden Dollar eingeführt hatte, statt das nationale Elektrizitätsnetz auszubauen, und dass sich eine Handvoll Nigerianer während der kurzlebigen II. Republik Privatflugzeuge in Milliardenhöhe leisten konnten. Was vom ersten gewählten Staatspräsidenten Nigerias und einstigen Lehrer blieb, war das 500 Verse umfassende Gedicht *Wakar Nijeriya*[88], in dem Shagari noch während der Kolonialzeit seinen Schülern in spielerischer Form das komplexe Gebilde Nigeria näherbringen wollte. Doch leider ist dieses in der Haussa-Sprache verfasste Werk in Nigeria weitgehend in Vergessenheit geraten.

Die Stunde von Kunst und Kreativität

In diesen Jahren der extremen Armut und des extremen Reichtums, zwischen Goldgräberstimmung und Erdölkrise, erblühten trotz widrigster Umstände Kreativität, Kunst und Literatur. General Gowons Ankündigung, auf unbestimmte Zeit an der Macht zu bleiben, seine unblutige Absetzung 1975, ein fehlgeschlagener Putsch 1976, dem der neue Juntachef Muhammed zum Opfer fiel, der endgültig festgelegte Termin zur Machtübergabe an eine gewählte Regierung auf den 1. Oktober 1979 durch General Obasanjo, das jähe Ende der II. Republik am Jahresende 1983 und die Rückkehr der Generäle um Buhari an die Macht boten ungeahnte Möglichkeiten, sich zu bereichern. Die gleiche Dynamik und Aufbruchsstimmung hatte aber auch die Kunstszene erfasst. So stieg das Enfant Terrible Fela Ransome-Kuti, Spross der berühmten Kuti-Familie, zum internationalen Star des Afrobeat auf, gründete in Ikeja[89] seine »Republik Kalakuta« mit Bühne und Studio und verwandelte diesen Platz in eine Pilgerstätte, wo allwöchentlich seine Fans seinem besonderen Sound lauschten. Sie kamen nicht nur wegen seiner Musik, sie liebten ihn auch wegen seiner beißenden Texte gegen die Militärs. Bewunderten ihn Fans aller Schichten im Yoruba-Land als Heroen, so wünschen ihn zugleich viele zum Teufel, denn er stand in ständigem Konflikt mit der Staatsmacht und den Sicherheitsbehörden und führte ein Leben weit jenseits aller bürgerlichen Vorstellungen. 1997 an Aids gestorben, haben ihn US-Amerikaner ein Jahrzehnt später wiederentdeckt und um seine Person herum ein Musical *Fela!* geschrieben, das am Broadway in New York Riesenerfolge feierte.

In der Kunstszene entwickelten sich besonders in Osogbo[90] im nördlichen Yoruba-Land und in Nsukka im Igbo-Land eigene, in den sechziger Jahren entstandene Kunstrichtungen weiter, die auch den internationalen Kunstmarkt beeindruckten. Namen wie Bruce Onebrakpeya, Twins Seven-Seven, Obiora Udechukwu oder Uche Okeke lassen auch heute noch die Herzen von Kunstliebhabern höher schlagen. Sie schufen abstrakte und moderne Kunstwerke, die mit spielerischer Leichtigkeit kulturelle Grenzen übersprangen. Dennoch bleibt moderne nigerianische Kunst zumindest in Europa untrennbar mit dem Namen Susanne Wenger verbunden. Anfang 2009 im biblischen Alter von fast 94 Jahren in Nigeria verstorben, hat die österreichische Künstlerin weit mehr als die Hälfte ihres langen Lebens in Nigeria verbracht und ihre Kunst in den Dienst der Religion gestellt. Als Yoruba-Priesterin begann sie, die alte Religion der Yoruba neu zu interpretieren und am Stadtrand von Osogbo die zerfallenen Tempel im *Heiligen Hain* der Flussgöttin Oshun wieder aufzubauen. Sie verstand es, inspiriert durch die magische Ausstrahlung des Ortes, die ursprünglich sakrale Kunst den religiösen Anforderungen der Moderne anzupassen. In einem Zeitraum von mehr als 20 Jahren wuchsen immer neue Schreine wie gewaltige Wesen aus dem geheiligten Boden. Hünenhafte Plastiken winden sich wie leblose Baumstämme in die Höhe, und die Torbögen wirken wie aufgerissene Drachenmäuler. Die Figuren scheinen dem Boden entrückt zu schweben und bilden so einen faszinierenden Kontrast zu den traditionellen Formen der Schreine, die schwer und erdnah mit dem Boden verwachsen zu sein scheinen. Eine kongeniale Nähe zu den herausragenden Künstlern Antoni Gaudi und Salvador Dalí drängt sich auf, betrachtet man die Säulenstrukturen in der Sagrada Familia in Barcelona, die ins Unendliche zu weisen scheinen, und die Gartenanlage eines kleinen Kastells in Púbol, wo extrem langbeinige, abstrahierte Elefanten und Kamele die Anlage schmücken.

Seit 2005 gehört der *Heilige Hain* zum Weltkulturerbe der UNESCO, was ihn gegen fundamentalistische Christen wie Muslime schützen soll, die immer wieder versuchen, die letzten Reste traditioneller religiöser Vorstellungen und Praktiken der Yoruba endgültig zu vernichten.

Der spätere Literaturnobelpreisträger Wole Soyinka verbrachte diese ersten chaotischen Boomjahre freiwillig im Land der ehemaligen Kolonialmacht, wo er den Grundstein für seinen späteren Weltruhm legte. Dort hatte er in den fünfziger Jahren studiert, am Theater gearbeitet und als vermeintlicher Angehöriger der britischen Kronkolonie Lagos eine paramilitärische Ausbildung erhalten, die ihn fast und gegen seinen Willen als Soldat in die Suezkrise hineinkatapultiert hätte. Die Rückkehr an den Ort seiner ersten Erfolge schien ihn besonders anzuspornen, denn neben der Lehrtätigkeit an prestigeträchtigen Universitäten schrieb er in dieser hochkreativen Phase zahlreiche Dramen, Gedichte und den Roman *Season of Anomy*[91] und brachte mehrere Theaterstücke auf die Bühne. Doch als offensichtlich wurde, dass die Militärs nach der Absetzung General Gowons sich tatsächlich aus dem politischen Geschäft zurückziehen wollten, kehrte auch Soyinka nach Nigeria zurück und nahm eine Professur in der heiligen Stadt der Yoruba, in Ile-Ife, an.

Heiliger Hain in Osogbo

1977 fand das zweite Weltkulturfestival afrikanischer Kunst und Kultur *FESTAC*[92] (*Festival of Black and African Arts and Culture*) statt, das die Militärregierung mit vielen Millionen Dollar finanzierte und keine Kosten und Mühen scheute, afrikanische Künstler und Künstler mit afrikanischen Wurzeln aus aller Welt einzuladen. Dabei stand bei den verantwortlichen Militärs sicherlich weniger der kulturelle Aspekt im Vordergrund als die Möglichkeit, mit dieser gigantischen Veranstaltung Nigerias Führungsanspruch auch auf künstlerischem Gebiet zu unterstreichen. Hinzu kam die Chance, sich vor dem endgültigen Rückzug in die Kasernen ganz nebenbei offen zu bereichern. Allein die aus dem Boden gestampfte Satellitenstadt Festac Town am westlichen Stadtrand von Lagos und der Bau des futuristisch anmutenden Nationaltheaters sicherten den Auftraggebern und Baufirmen Superprofite, wobei das Festival selbst fast als Desaster endete. Denn weder korrespondierte die lange Liste der geladenen Gäste mit künstlerischen Mindeststandards, noch waren die Veranstalter in der Lage, die schwerwiegenden organisatorischen und logistischen Probleme auch nur ansatzweise zu meistern.

Schon vor Beginn des Festivals stieg Soyinka aus dem Vorbereitungskomitee aus, nachdem der in Kulturangelegenheiten wenig beflissene Festivalleiter Admiral Ochegome Fingesi in militärischer Manier alles an sich gerissen und alle vorherigen Planungen der Kulturwissenschaftler und Künstler über Bord geworfen hatte. Dennoch ließ sich Soyinka überreden, wenigstens an der Abschlussveranstaltung teilzunehmen, um ein völliges Debakel zu verhindern. Schon im Vorfeld des Festivals hatte er sein ganzes persönliches Prestige in die Waagschale geworfen, um Senegal und die übrigen frankophonen Staaten von ihrem geplanten Boykott abzubringen, der zur blamablen Absage geführt hätte. So gab es zumindest einen halbwegs versöhnlichen Abschluss, dem auch Juntachef Obasanjo beiwohnte und der den bitteren Beigeschmack etwas linderte, der monatelang wie ein Mühlstein auf dem gigantomanischen Festival lastete.

Militärherrschaft und Repression – Plünderung des Staates hält an

Auch nach dem Militärputsch vom Silvesterabend 1983 ging die Plünderung der Staatskassen weiter, und niemand äußerte ernsthafte Kritik an dem Staatsstreich Buharis. Vielmehr gab es hinter vorgehaltener Hand weithin Beifall, was bewies, wie selbstverständlich die Militärführung in politische Prozesse und Strukturen eingreifen konnte und wie schwach die politische Elite noch immer war. In dieser Zeit begann auch die systematische Schwächung und

Zersetzung der Polizei, der einzig verbliebenen Kraft, die den Militärs nach eigener Einschätzung hätte gefährlich werden können. Diesen Zersetzungsprozess führten auch die nachfolgenden Militärregime weiter, mit fatalen Konsequenzen für die innere Sicherheit bis heute. Gangstertum und organisierte Schwerkriminalität besetzten den öffentlichen Raum, den die weitgehend amputierte Institution Polizei verlassen musste. Erst langsam und nach vielen Opfern steht das Thema innere Sicherheit seit dem Ende der Militärdiktaturen wieder auf der politischen Agenda, und die gewählten Regierungen versuchen zumindest, die schwer angeschlagene Polizeiinstitution wieder aufzubauen. Aber es wird sicherlich noch viele Jahre dauern, bis sich die Sicherheitslage merklich verbessern wird. Denn die intern weit verbreitete Korruption und die chronische Unterbezahlung der einfachen Polizisten verhinderten bislang zählbare Erfolge.

Das Buhari-Regime herrschte mit harschen Dekreten, griff hart gegen einige Drogendealer durch, versuchte, Journalisten und kritische Stimmen aus dem akademischen Sektor mundtot zumachen, aber die lauthals verkündete Antikorruptionskampagne und die dringend notwendigen wirtschaftlichen Sparmaßnahmen verpufften weitgehend. Dagegen stiegen die Verteidigungsausgaben, und die Klientel der Generäle und Obristen fand immer wieder Zugang zu lukrativen Aufträgen. Besonders die Vergabe von Importlizenzen garantierte den Nutznießern hohe Profite, und Buhari bediente bevorzugt seine Haussa-Fulani-Klientel. Als dann auch noch der Eindruck entstand, auf unbestimmte Zeit an der Macht bleiben zu wollen, waren der Vertrauensvorschuss schnell verbraucht und die Tage Buharis gezählt. In einer unblutigen Palastrevolte stieß General Ibrahim Badamasi Babangida, der sich selbst als »Erlöser« stilisierte und sich innerhalb kurzer Zeit zum »Nigerianischen Maradonna«[93] der Politik aufschwang, im August 1985 Buhari und seinen Stellvertreter Tunde Idiagbon vom Thron.

Zu dieser Zeit befand sich Wole Soyinka wieder im westlichen Ausland, denn unter der zunehmenden Repression des Buhari-Regimes konnte und wollte er seiner Lehrtätigkeit im Lande nicht länger nachgehen. Der Literaturnobelpreis 1986 führte ihn allerdings kurz nach Nigeria zurück, um als Nigerianer die herausragende Ehrung mit seinen Landsleuten zu teilen und zu feiern. Seine beeindruckende Rede anlässlich der Preisverleihung im Dezember 1986 in Stockholm, die er Nelson Mandela und der Anti-Apartheidbewegung widmete, hielt Soyinka allerdings nicht so sehr als Nigerianer, sondern als Afrikaner und Kosmopolit, um der Welt zu zeigen, dass auch im geknechteten Afrika gelesen und geschrieben wird. Natürlich traf er auch den neuen Juntachef, denn Berührungsängste mit Militärregimen waren ihm fremd. Doch schon am Tage nach Soyinkas Rückkehr zeigte das Regime zum ersten

Mal sein wahres Gesicht. Der Journalist Dele Giwa vom Magazin *Newswatch*, der noch des Nachts im kleinen Kreis mit dem Preisträger gefeiert hatte, fiel wenige Stunden später einem Bombenattentat zum Opfer, und alle Indizien und der Bericht der Oputa-Kommission[94] 2001 wiesen auf staatliche Sicherheitsdienste hin, die Giwas Recherchen über Drogengeschäfte von Babangidas Ehefrau Maryam[95] verhindern wollten. Auch wenn der Mord an Giwa den frisch gebackenen Nobelpreisträger persönlich traf und er hinsichtlich seiner Kontakte zu den Militärs ins Grübeln geriet, blieb er seiner Generallinie treu, wenn irgend möglich, den kritischen Dialog mit den Mächtigen seines Landes nicht abreißen zu lassen.

General Babangida und das virtuelle Projekt III. Republik (1985-93)

Ein endloser politischer Übergang, so ließe sich der Zeitraum 1985 bis 1999 trefflich beschreiben, in dem die Militärs einen gewaltigen gesellschaftlichen Aufstieg erlebten und gleichzeitig das politische und sozioökonomische System in endemischer Korruption, Werteverfall und Hoffnungslosigkeit versank. Anfangs noch getragen von einer Sympathiewelle quer durch alle Schichten, nahmen Intellektuelle, Politiker und Menschenrechtsaktivisten bereitwillig jedes Angebot Babangidas an, das angekündigte Reform- und Demokratisierungsprogramm zu unterstützen, um bis 1990 die Zielvorgaben Wahlen und Übergabe der Macht an eine gewählte Regierung umzusetzen. Doch schon bald verschob Babangida den Zeitpunkt der geplanten Machtübergabe an eine gewählte Regierung auf das Jahr 1992, um dann die dafür notwendige Präsidentschaftswahl nochmals um ein Jahr zu verschieben, ohne dass ernsthaft Kritik laut wurde.

Die Freilassung politischer Gefangener, die Streichung einiger repressiver Dekrete und die Bereitschaft, sich einem landesweiten Diskussions- und Dialogprozess zu stellen sowie seine kritische Haltung zu Strukturanpassungsmaßnahmen des Internationalen Währungsfonds (IWF) schufen ein Maß an Zustimmung und Legitimation, die es ihm erlaubten, sich als aufgeklärter Despot zu präsentieren, mit der verantwortungsvollen, wenn auch undankbaren Aufgabe, ein schwieriges Land zu regieren und reformieren. Aus dieser exponierten Position heraus mischte er die Karten im nigerianischen Elitenspiel neu, schaffte alte Patronageinstrumente wie das Importlizenzsystem ab und schuf gleichzeitig ständig neue Institutionen, die lukrative Arbeitsplätze boten. Organisationen mit so wohlklingenden Namen wie das Political Bureau, das Constitution Review Committee, das Centre for Democratic Studies, die Wahlkommission, das Presidential Advisory Committee, die Federal Road Safety Commission, MAMSER[96] und die beiden per Dekret geschaffenen Parteien SDP (Social Democratic Party) und NRC (National Republican Convention) – die eine sozialdemokratisch, die andere liberal-konservativ ausgerichtet – absorbierten einen Großteil der Intelligenzia und der politischen Elite.

Der Masse der Bevölkerung mutete die neue Führung jedoch erhebliche Opfer zu, die der verhängte »Wirtschaftsnotstand« und die sukzessive Abwertung der einheimischen Währung Naira mit sich brachten. Zugleich versenkte die Militärregierung Milliarden US-Dollar in den beschleunigten Aufbau der neuen gigantomanisch angelegten Hauptstadt Abuja und in die unsinnigen Großprojekte Ajaokuta (Stahlwerk) und Ikot Abasi (Aluminiumschmelze), die nie fertiggestellt wurden, sich aber hervorragend als Bereichungsprojekte eigneten. Mit dem hausgemachten Strukturanpassungsprogramm SAP[97]umging Babangida jedoch innenpolitisch geschickt ein aus Washington aufoktroyiertes IWF-Strukturanpassungsprogramm, was anfangs potentielle Kritiker verstummen ließ. Aber auch SAP war nichts anderes als die klassische bittere IWF-Medizin, geschickt verpackt in ein hausgemachtes Anpassungsprogramm, das die Souveränität Nigerias herausstreichen sollte. Unter dieser Medizin litten die im Entstehen begriffene Mittelschicht und die Ärmsten der Armen. Die Militärs dagegen und ein Großteil der Eliten konnten sich mit weit überteuerten staatlicher Investitionen, Wechselkursspekulationen und Bankengründungen riesige Vermögen aneignen, die die Plünderungen während der II. Republik noch in den Schatten stellten. So verschwanden zum Beispiel innerhalb der letzten fünf Amtsjahre Babangidas mehr als zwölf Milliarden US-Dollar nichtbudgetierter Mehreinnahmen aus dem Erdölexport.

Ibrahim Babangida

Während die zivilen Akteure, den Blick fest auf Demokratie und Entwicklung gerichtet, eifrig die gestellten Aufgaben angingen, festigte General Babangida seine eigene Machtposition. Er ernannte sich zum Präsidenten – ein einmaliger Fall in der Geschichte der Militärregierungen –, militarisierte den öffentlichen Raum und personalisierte und zentralisierte politische Entscheidungen. Nie zuvor besaß ein Staatschef eine derartige Machtfülle, nach und nach erkauft, indem er innerhalb von sechseinhalb Jahren 80 mittleren und höheren Offizieren so viel Spielraum gab, dass sie sich als Gouverneure und Administratoren der zunächst 19, dann 21 und schließlich 30 Bundesstaaten offen bereichern konnten. Ähnliche Entwicklungen fanden in den Ministerien statt, wo Militärs rund die Hälfte der Ministerposten besetzten. Und nach Bedarf standen ihm die klügsten Köpfe zur Verfügung, gegen angemessene Bezahlung systemrelevante Umstrukturierungen zu planen. So verschaffte er sich zum Beispiel den direkten Zugriff auf die Zentralbank, verfügte die Degradierung der einflussreichen Verwaltungschefs des öffentlichen Dienstes zu leicht zu entsorgenden politischen Amtsträgern und baute die National Guard als künftige potentielle Privatarmee auf. Erste Proteste wurden laut, als die schmerzhaften Auswirkungen der Strukturanpassung Studentenverbände und Gewerkschaften auf die Straße trieben und die kritische private Presse und gerade entstandene Menschenrechtsorganisationen das Regime gezielt ins Visier nahmen, was Babangida je nach Lage mit Härte, kleinen Zugeständnissen oder besonders lukrativen Angeboten beantwortete.

Saro-Wiwas Sprachgewalt und Überzeugungskraft

Der Werteverfall und die grassierende Korruption in der II. Republik und während der Militärherrschaft waren der Stoff, der Ken Saro-Wiwa inspirierte. Bereits 1973 aus der Regierung seines Bundesstaates Rivers hinausgedrängt, versuchte Saro-Wiwa sich wie viele andere in den boomenden siebziger Jahren als Geschäftsmann, gründete ein Lebensmittelgeschäft, seinen eigenen Verlag *Saros International*, stieg in den Import-Exporthandel und ins Immobiliengeschäft ein und verschaffte sich so seine eigene unabhängige Reproduktionsbasis. Seine nach wie vor bestehenden politischen Ambitionen erhielten dagegen einen Dämpfer, als er sich nach einem kurzen Gastspiel auf Bezirksebene 1976 ein Jahr später erfolglos um ein Mandat in der verfassunggebenden Versammlung bemühte, die den Rahmen der bevorstehenden II. Republik diskutieren und abstecken sollte.

Trotz dieses politischen Rückschlages genoss er seine wirtschaftliche Unabhängigkeit und entdeckte seine Liebe zur Schriftstellerei wieder. In den frühen achtziger Jahren begann er, Erzählungen, Gedichte, Romane, Kinderbücher und Drehbücher für Hörspiele und Fernsehserien zu schreiben. Die Themen lagen förmlich auf der Straße, und als Saro-Wiwa die Figur des »Mr. B« erfunden und sie in der satirischen, tragikomischen Fernsehserie *Basi and Company*[98] zum Leben erweckt hatte, wurde er sich erstmals der Wirkung seiner künstlerischen Tätigkeit voll bewusst. Denn die Serie traf den Nerv der Zeit, begeisterte von 1985-90 Kinder wie Erwachsene, entwickelte sich so zum Straßenfeger und machte Saro-Wiwa einem breiten nigerianischen Publikum bekannt. Die Sprache spiegelte das Idiom der Straße, mischte Englisch, Pidgin und das *Rotten English* seines Romans *Sozaboy* gekonnt durcheinander. Fast jeder konnte sich mit den Protagonisten identifizieren oder kannte Personen, auf die die

Charaktere passten: die geldgierige Vermieterin Madam, der Barkeeper Dandy, Hänger wie Alali, Hehler wie Josco und die immer gut gekleidete junge Schönheit Segi, die die Universität besuchen möchte, es aber nicht sonderlich eilig damit hat und sich irgendwie durchschlägt. Sie alle sind Getriebene, zerrieben vom Alltag im Moloch von Lagos, dabei träumen sie vom Aufstieg und vom schnellen Geld, von dem einen großen Kontrakt, wenn sie es nur schlau genug anstellten. Das Leitmotiv, weithin sichtbar auf Brust und Rückenteil von Basis rotem Unterhemd gedruckt, gibt die Richtung der Handlung vor »Mr B says, To be a millionaire – Think like a millionaire«. Der tägliche Kampf um ein paar Naira, die nicht durch Arbeit, sondern kleine Gaunereien und Betrügereien verdient werden, entpuppt sich aber als Kampf gegen Windmühlen, wie der Professor der schönen Segi erklärt. Und das ist die Moral der Geschichten. Denn ihre ganze Energie verschwenden die Protagonisten darauf, sich gegenseitig über den Tisch zu ziehen und den möglichen Erfolg eines Anderen zu torpedieren, so dass letztlich alle Täter und Opfer sind und der Traum vom großen Geld in einer permanenten Abfolge von Seifenblasen zerplatzt.

Saro Wiwas wachsender Bekanntheitsgrad blieb auch der Militärregierung nicht verborgen, und General Babangida setzte seine Strategie der Einbindung potentiell kritischer Stimmen auch im Fall Ken Saro-Wiwas relativ erfolgreich ein. So nahm Saro-Wiwa im September 1987 eine leitende, gut dotierte Funktion in einer Regierungsorganisation (MAMSER) an, stieg aber bereits ein Jahr später wieder aus. Zum ersten Mal äußerte er Unbehagen und wachsendes Misstrauen gegenüber Babangidas Demokratisierungsprogramm. Später formulierte Saro-Wiwa die bittere Erkenntnis, dass die Militärs Nigeria zwar erobert hätten, aber nicht wüssten, was sie damit hätten anstellen sollen, außer es zu ruinieren. In diesem politisch-geistigen Umfeld nahm seine eigene Ogoni-Agenda hingegen zusehends Gestalt an. Saro-Wiwas Zwischenspiel im Staatsapparat des Präsidenten-Generals war jedoch kein Einzelfall, denn auch andere berühmte Namen wie Wole Soyinka oder bekannte Wissenschaftler wie Claude Aké und Adedotun Phillips pflegten zeitweilig engen Kontakt mit der Staatsführung. Dies galt keineswegs als verwerflich und setzte lediglich die politische Tradition einer unterschiedlich intensiven Beziehung zwischen Intellektuellen und der jeweiligen Staatsmacht fort. Soyinka diente aus humanitären Gründen der Road Safety Commission, Adedotun Phillips schrieb die Vorlage zur Entmachtung der Spitzenbürokraten, und Claude Aké[99] ließ sich sein Forschungsinstitut Centre for Advanced Social Studies in Port Harcourt von Babangida mit der Begründung finanzieren, seine gesellschaftskritischen Arbeiten dienten in erster Linie den unterdrückten Menschen.

Im Windschatten des Publikumserfolgs von *Basi and Company* schrieb Saro Wiwa als gefragter Kolumnist regelmäßig kleinere Kolumnen und Kommentare in den privaten Tageszeitungen *Vanguard*, *Punch* und *Guardian* (Lagos). In *Vanguard* erschienen seit Mitte der achtziger Jahre regelmäßig seine satirischen Betrachtungen tagespolitischer Ereignisse unter dem Titel *Prisoners of Jebs*, die 1988 auch als Buch erschienen. Jebs ist ein fiktionales Gefängnis für kriminelle Afrikaner und Nigerianer am Strand von Lagos. Jede Episode ist einem realen oder fiktiven Ereignis oder einer Person gewidmet, und alle landen verdientermaßen im Gefängnis, wo das korrupte System des Landes jedoch weiterlebt und dem Leser kurzweilige, amüsante Situationskomik bietet. Seine mehr oder weniger verklausuliert vorgetragene Kritik an den nigerianischen Zuständen machte ihm nicht nur Freunde, sondern seine Zeitung und er selbst erhielten offene Drohungen. Dennoch oder gerade deshalb genoss Saro-Wiwa diese Rolle, und der Vanguard hielt dem äußeren Druck stand.

Für die Sache der Ogoni aber waren die Kolumnen unter dem Titel *Similiar* in der Sonntagsausgabe der damals einflussreichen Regierungszeitung *Daily Times* Anfang der neunziger Jahre die Krönung seiner Medienkampagne für sein Ogoni-Volk. Denn sie dienten als wichtigste Plattform, um eine dezidierte Ogoni-Identität zu entwickeln. Noch während seines Studiums in Ibadan hatte er sich als »Khana« ausgegeben, die Teil eines Volkes seien, das die Kolonialherren als Ogoni bezeichneten. *Similiar* vergrößerte seine Leserschaft, und jeden Sonntag präsentierte er den Begriff Ogoni in einer Weise, die die Fantasie des Lesers anregte und den Namen Ogoni in ihren Köpfen speicherte. *Basi and Company*, schon längst aus dem Fernsehen verbannt, diente ihm als Vorbild für geschriebene Bilder, die im Gedächtnis haften blieben. Doch schon bald ereilte auch *Similiar* das gleiche Schicksal wie zuvor den Straßenfeger im nationalen Fernsehen, denn seine Kolumne über den bevorstehenden Krieg im Delta bedeutete das endgültige Aus.

Diese Maßnahmen irritierten Saro-Wiwa in keiner Weise, und wer ihm in jener Zeit begegnete, erlebte einen extrem selbstbewussten, beseelten, manchmal sogar missionarischen Vertreter seiner Sache, der sich seines Sieges sicher war. Die zahlreichen Workshops und Konferenzen zu Demokratie und Entwicklung, die Ende der achtziger und Anfang der neunziger Jahre in Lagos stattfanden, versammelten das gesamte Spektrum der Elite und boten dem streitbaren Saro-Wiwa eine erstklassige Bühne, mit Sympathisanten und Kritikern zu diskutieren und zu streiten. Seine verbale Auseinandersetzung mit dem einstigen Juntachef Gowon über Minderheitenrechte im Vielvölkerstaat während einer hochkarätig besetzten Veranstaltung Anfang der neunziger Jahre im prestigeträchtigen Institute for International Affairs in Lagos zeigte die politische und geistige Trennlinie zu diesem Thema auf: hier der staatstragende einstige Staatschef, der Saro-Wiwa im Bürgerkrieg hohe Verantwortung im

Niger-Delta übertragen hatte, und dort der Kämpfer für die Rechte der Minderheit seines Ogoni-Volkes.

Die Kolumnen erreichten nicht nur ein breites nigerianisches Publikum, sondern bewirkten auch ein Zusammenrücken der Ogoni-Elite in den sechs *Chiefdoms*. Die Wiederbelebung der Ogoni Central Union aus den vierziger Jahren und Saro-Wiwas Ideen, Sprachgewalt und sein Organisationstalent hinterließen im *Kagote-Club* der Ogoni-Elite und dem Ogoni-Club für junge Akademiker nachhaltig Eindruck. Seine emanzipatorischen und partizipatorischen Ideen, die er Ende der achtziger Jahre auch mit Wole Soyinka diskutierte, überzeugten die lokalen Meinungsführer in fünf der sechs *Chiefdoms* und die Nachwuchselite, das 1990 entstandene Dokument der *Ogoni Bill of Rights* mitzutragen. Ein Jahr später wurde das Dokument erweitert, um auch die internationale Gemeinschaft und Zivilgesellschaft zu gewinnen. Die hatten für sich den Umweltschutz entdeckt und suchten nun Betätigungsfelder für ihr Engagement. Saro-Wiwa wusste dies für seine Ogoni trefflich zu nutzen und malte ein sehr düsteres Bild der Verschmutzung und der Probleme der Dorfgemeinschaften mit den Ölgesellschaften, um sich im westlichen Ausland Gehör zu verschaffen. Europäische, kanadische nordamerikanische Menschenrechts- und Umweltschutzgruppen, die großen Kirchen sowie UN-Unterorganisationen fingen an, sich für den Ogoni/Shell-Komplex zu interessieren, und binnen Jahresfrist liefen in Großbritannien auch die ersten Bilder über die Bildschirme. Anfang 1993 schließlich wählte ihn die Versammlung der Unrepresented Nations and Peoples' Organisation (UNPO) zu ihrem stellvertretenden Vorsitzenden.

Die durch die Ölförderung im Niger-Delta entstandenen Umweltschäden waren und sind auch heute noch gravierend. Dennoch war Ogoni-Land keine ökologische Wüste. Vielmehr verschärften die rücksichtslosen Förderungsbedingungen der Ölmultis die schon lange bestehende prekäre ökologische Situation, die durch Abholzung des Regenwaldes und immensen Bevölkerungsdruck entstanden war. Der Schutz der Umwelt und der Lebensgrundlagen waren denn auch nur ein Teil der *Ogoni Bill of Rights*, denn im Kern handelte es sich bei dem Dokument um Forderungen nach politischer Autonomie innerhalb einer multi-ethnischen Föderation, Kontrolle eines gerechten Anteils der Öleinnahmen zur Entwicklung des ärmlichen Gebietes und schließlich um kulturelle Eigenständigkeit einschließlich des Gebrauchs und der Weiterentwicklung der eigenen Sprache.

Wenige Monate später konstituierte sich die Organisation Movement for the Survival of the Ogoni People (MOSOP). Die zahlenmäßig kleine lokale Elite verfügte über reichliche administrative und politische Erfahrung, um schnell eine schlagkräftige *Grass-Roots*-Bewegung aufzubauen. So hatte es beispielsweise der Vorsitzende G. B. Leton unter der Militärjunta Obasanjo sogar bis zum Minister und Leiter der staatseigenen einzigen Düngemittelfabrik gebracht. Die vertrauten Clan- und Dorfstrukturen wurden in die zahlreichen neuen Institutionen integriert, und schon bald existierte ein flächendeckendes Netzwerk im 1.000 Quadratkilometer großen Ogoni-Land. Frauen- und Jugendgruppen, Kirchengemeinden, Lehrer- und Studentenvereinigungen, Ogoni in Großbritannien und den USA standen in ständigem Kontakt miteinander, und innerhalb von zwei Jahren kannte jeder Weiler, jedes Dorf MOSOP und seine politischen Ziele. Besonders die Frauen- und Jugendgruppen vermochten dem einfachen, zumeist ungebildetem Volk die politischen Botschaften der Ogoni-Führung zu vermitteln. Und der sprachgewaltige Saro-Wiwa verstand es meisterhaft, in ständigem, direktem Kontakt mit der Basis die Menschen zu mobilisieren und auf einen gewaltfreien politischen Kampf gegen den nigerianischen Staat und Shell vorzubereiten.

Diese politische und logistische Meisterleistung vollzog sich weitgehend unbemerkt weit fernab der Hauptstadt. Babangida – und mit ihm die gesamte politische Elite – hatte, absorbiert vom Chaos der Übergangsphase zum Projekt III. Republik (1985-93) und dem plötzlichen Abbruch des Demokratisierungsprogramms im Juni 1993, lange die politische Brisanz im Ogoni-Land und im Niger-Delta und ihre innenpolitischen Implikationen unterschätzt. Diesen Spielraum nutzte MOSOP weidlich aus. Erst General Abacha, der nach dem Sturz Babangidas und einem dreimonatigen zivilen Intermezzo unter Ernest Shonekan die nächste Junta bildete, setzte wenige Wochen nach seiner Machtergreifung das Ogoni-Problem auf seiner Prioritätenliste weit nach vorne und löste es auf seine Weise mit Gewalt und Staatsterror.

Sani Abacha und Nigerias Aufstieg zum Paria-Staat (1993-98)

1994 stand auch der Literaturnobelpreisträger Wole Soyinka auf der schwarzen Liste der Militärs. Monatelang beschatteten Sicherheitsdienste seinen Wohnort in Abeokuta und registrierten jeden seiner Schritte. Freunde und Sympathisanten aus dem Staatsapparat rieten ihm immer wieder eindringlich, das Land zu verlassen, da angesichts der Brutalität des neuen Regimes früher oder später sein Leben ernsthaft bedroht wäre. Inzwischen 60 Jahre alt, weigerte sich Soyinka zwar lange, wieder ins Exil zu gehen, gab aber schließlich

Sani Abacha

nach und gelangte im November nach einer abenteuerlichen Flucht über die grüne Grenze nach Benin und von dort aus nach Europa. In der nigerianischen Diaspora in Europa und den USA bildeten sich Arbeitsgruppen engagierter Anti-Abacha-Aktivisten, und Soyinka nahm mit aller Kraft den politischen Kampf gegen das brutale Regime auf.

Soyinkas schärfste Waffe war seine intelligente, direkte und unprätentiöse Art, Menschen zum Zuhören zu bewegen, und seine Reisediplomatie zahlte sich schon bald aus. Denn die schwedischen und norwegischen Regierungen sowie die Westminister Foundation übernahmen die Finanzierung eines Kurzwellensenders, der den Machthabern in Abuja regelmäßig schlaflose Nächte bescherte. Soyinka war nicht der einzige, der sich den Häschern durch Flucht entzogen hatte. Hunderte von Intellektuellen, Politikern und selbst ehemalige hohe Militärs wie Generalleutnant a. D. Alani Akinrinade gingen ins Exil, und in ihrem Windschatten zogen Tausende von zumeist jüngeren Nigerianern als Asylanten gen Europa und Nordamerika, auf der Suche nach Arbeit, Freiheit und Glück. Wer von den Aktivisten blieb, musste jederzeit damit rechnen, verhaftet zu werden. Und die Gefängnisse füllten sich.

Mitte des Jahres 1995 fand unter Ausschluss der Öffentlichkeit gegen mehr als 50 aktive und pensionierte Militärs, Menschenrechtler und Journalisten ein Hochverratsprozess wegen eines angeblich geplanten Staatsstreiches statt. In der nigerianischen Öffentlichkeit und im interessierten Ausland wurde erbittert diskutiert, ob es tatsächlich einen Putschversuch gegeben hatte oder ob das Abacha-Regime selbst die Gerüchte lanciert hätte, um eine spektakuläre Säuberungsaktion im Militär durchzuführen und zugleich regimekritische Stimmen auszuschalten. Wenngleich die genauen Hintergründe im Dunkeln blieben, erregte der Prozess weltweites Aufsehen. Der prominenteste Angeklagte, Ex-Juntachef Olusegun Obasanjo, genoss im Ausland hohes Ansehen als »Elder Statesman« und verfügte über ein weit verzweigtes internationales Netzwerk einflussreicher Politiker und Persönlichkeiten. Da Obasanjo sich zum Zeitpunkt des angeblich für den 1. März geplanten Putsches im Ausland aufhielt, wurde er lediglich der Mitwisserschaft bezichtigt und zu 25 Jahren Haft verurteilt, während das Militärtribunal seinen einstigen Stellvertreter, Generalmajor a. D. Shehu Musa Yar'Adua, zusammen mit zehn weiteren Angeklagten aufs Schafott schickte. Ex-General Yar'Adua galt als der gefährlichste politische Gegner Abachas. Schon in den späten achtziger Jahren hatte er begonnen, systematisch eine nationale politische Plattform aufzubauen, um eines Tages ins Amt des gewählten Staatspräsidenten zu gelangen. Die meisten der übrigen Beschuldigten erhielten lange Haftstrafen. Doch Obasanjos Netzwerk funktionierte, und der internationale Druck bewog den Diktator, am Unabhängigkeitstag die Todesurteile in Haftstrafen umzuwandeln und die übrigen Strafen herabzusetzen. Angesichts der Aufmerksamkeit, die diesem Prozess seit Anfang Juni zuteil ward, geriet der Schauprozess gegen Ken Saro-Wiwa und seine Mitstreiter in der öffentlichen Wahrnehmung und Berichterstattung zur Marginalie.

Eine zweite Säuberungswelle folgte zum Jahresende 1997, als Abacha seinen Stellvertreter Generalleutnant Oladipo Diya und über hundert weitere Personen unter dem Vorwurf verhaften ließ, einen Putsch geplant zu haben. Zugleich initiierte der Diktator eine landesweite Kampagne, sich mittels eines Referendums zum Staatspräsidenten küren zu lassen. Das Militärtribunal verhängte Ende April 1998 gegen Diya, vier weitere Generäle und Obristen und einen Zivilisten die Todesstrafe, die übrigen 20 Angeklagten erhielten lebenslänglich oder langjährige Haftstrafen. Inzwischen hatte sich jedoch eine breite Allianz der alten politischen Elite als G-34 gebildet, in der sich prominente Politiker des Haussa-Fulani-Establishments wie auch Politiker und reiche Geschäftsleute aus dem Süden trafen, um die politische Notbremse zu ziehen. In scharfer Form wiesen sie in aller Öffentlichkeit Abachas Ansinnen zurück, sich in einem manipulierten Verfahren vom Volk zum Staatspräsidenten küren zu lassen. Als sich dann auch noch die beiden ehemaligen Diktatoren Buhari und Babangida dieser Kritik anschlossen, war das politische Schicksal des Diktators besiegelt. Die politische Klasse und ein Großteil der Eliten und Militärs hatten erkannt, dass Reichtum und Beziehungen allein keinen ausreichenden Schutz gegen Willkür und Tyrannei bieten und dass Abacha auch ihnen auf Dauer gefährlich werden konnte. Der plötzliche Tod des Diktators enthob sie dieser Sorgen und befreite Nigeria aus innenpolitischer Stagnation und außenpolitischer Isolation.

Der Tod des Diktators rettete auch das Leben der zum Tode Verurteilten, da der oberste Militärrat die Urteile noch nicht bestätigt hatte und die neue Militärführung unter General Abdulsalami Abubakar ein baldiges Ende der Militärherrschaft in Aussicht stellte. Damit endete diese fast fünfjährige Militärdiktatur Abachas, die das Land international isoliert und wirtschaftlich und sozioökonomisch an den Rand des Abgrunds gebracht hatte. Wie ein moderner Raubritter hatte Abacha sich den nigerianischen Staat einverleibt und mit seiner Familie mehrere Milliarden Dollar auf ausländische, vornehmlich Schweizer Banken transferiert. Ein Teil dieser Gelder konnte Jahre später sichergestellt und dem Staat zurückerstattet werden. Langfristig aber blieb vom politischen Erbe Abachas eine von ihm erschaffene und finanzierte neureiche Politikergeneration in Nordnigeria, die die *Scharia* wiederentdeckte und erfolgreich einsetzte, um die politische Machtstruktur im islamisch geprägten Norden grundlegend zu verändern. So gerieten die Gouverneurswahlen 1999 zur Zäsur, denn die meisten gewählten Gouverneure der Bundesstaaten Nordnigerias gehörten dieser Gruppe an, die die politische Macht des alten islamischen Establishments brach und die Karten in den nördlichen Bundesstaaten neu mischte.

Wole Soyinka verarbeitete einige Jahre später seine Erfahrungen mit dem blutrünstigen Diktator in seinem 2001 uraufgeführten Stück *King Baabu*, einer Politgroteske und Persiflage auf afrikanische Diktatoren und Diktaturen. In Anlehnung an Hannah Ahrendts Analyse über *Die Banalität des Bösen* rechnete Soyinka mit den Militärdiktatoren im eigenen Land ab, die er in ihrer Brutalität, Hinterhältigkeit und perfiden Intelligenz allesamt selbst erlebt und erlitten hatte. In Anspielung auf General Abacha, der unter dubiosen Umständen 1998 im Amt verstorben war, steht am Totenbett King Baabus bereits der nächste Putschist in Wartestellung, um die Diktatur in Endlosschleife fortzusetzen. Das Stück ist aber auch eine Parabel auf die Rolle der internationalen Gemeinschaft, die Figuren wie King Baabu politisch und militärisch stützt, um die Bodenschätze des Kontinents ungestört ausbeuten zu können.

Die IV. Republik (1999) zwischen Aufbruch, Kontinuität und Gewalt

Wer in den Tagen der Machtübernahme durch General Abubakar Abdulsalami im Juni 1998 von seinem Übergangsprogramm einen Neuanfang oder gar Bruch mit der Vergangenheit erwartet hatte, sah sich schnell getäuscht. Die alte politische Elite, nach vielen Jahren Militärherrschaft sichtbar angeschlagen, aber nicht gebrochen, kehrte wenige Monate später zurück auf die Korridore der Macht. Sowohl Oppositionspolitiker, die während der Abacha-Ära aus dem Untergrund oder dem Exil agiert hatten, wie auch politisch ambitionierte zivilgesellschaftliche Gruppierungen gingen im neuen System politisch überwiegend leer aus und mussten sich einstweilig mit dem Beobachterstatus begnügen. Auch Wole Soyinka musste das erkennen, als er in New York mit Abdulsalami Abubakar über die Zukunft Nigerias diskutierte, hatte der sich doch bereits das Plazet der US-Regierung geholt, um die Vorstellungen der militärischen und der politischen Elite zeitnah umzusetzen. Dazu zählte in erster Linie Kontinuität, die die PDP zu garantieren schien, in der sich ein Großteil der etablierten politischen Elite versammelte. Diese Partei, hervorgegangen aus einem bundesweiten Netzwerk des im Gefängnis ums Leben gekommenen Generals a. D. Shehu Musa Yar'Adua und der G-34, bot die besten Perspektiven, mittels der Wahlurne regional- und ethnienübergreifend den lukrativen Zugang zum Staat und seinen Ressourcen zu sichern. Allerdings mussten die Politiker die Macht mit Teilen des Militär-Establishments und einer Gruppierung junger neureicher Nachwuchspolitiker in den nördlichen Bundesstaaten teilen, die Abacha sich als Gegengewicht zum alten islamischen Establishment herangezogen hatte. Die anfangs verzweifelte Suche nach einem Präsidentschaftskandidaten mit internationalem Renommee, der landesweit und auch bei den Militärs auf hinreichende Zustimmung stieß, endete schnell bei Olusegun Obasanjo, dem *Elder Statesman*, der 1979 freiwillig die Macht an eine gewählte Regierung übergeben und sich den Ruf eines zivilen, demokratisierten Generals zugelegt und die Kerkerhaft relativ unbeschadet überstanden hatte.

Niemand konnte ihm ethnisch-motiviertes Handeln unterstellen, hatte er doch als Juntachef seine Yoruba-Heimatregion nicht nennenswert bevorteilt. Ohne eigene politische Plattform, ohne eigenes klar umrissenes Programm und Profil kürte die PDP ihren Kompromisskandidaten Obasanjo zum Präsidentschaftskandidaten. Die Wohlhabenden, Reichen und die Superreichen in der Partei, Ex-Generäle, Obristen, große Teile der alten Politikergarde der I. und II. Republik und alte Seilschaften investierten viele Millionen Dollar in den Wahlkampf. Das Netzwerk funktionierte und sicherte der PDP auch mit Zustimmung des islamischen Establishments im Norden in einem mehrstufigen Wahlmarathon Anfang 1999 das Amt des Staatspräsidenten, klare Mehrheiten in beiden Kammern des Parlaments (*National Assembly*), die Mehrzahl der machtvollen Gouverneursposten und deutliche Mehrheiten in den meisten der wenig einflussreichen Parlamente der 36 Bundesstaaten. Die zweite zugelassene Partei, die All People's Party (APP), die sich später in All Nigeria People's Party (ANPP) umbenannte, erzielte respektable Erfolge in den islamisch geprägten Bundesstaaten Nordnigerias. Derweil reüssierte die dritte Partei, die Alliance for Democracy (AD), im Yoruba-Land, wo sie als einzige Partei über eine eindeutig ethnische Basis verfügte und die Wähler in den Yoruba dominierten Bundesstaaten hinter sich versammeln konnte.

Die Registrierung der Wähler und der Wahlvorgang selbst waren mit erheblichen administrativen, logistischen und technischen Unregelmäßigkeiten behaftet. Doch trotz massiver Kritik überwog letztlich der Wunsch, die Militärs endlich zurück in die Kasernen zu schicken, so dass das Elektorat die vielfältigen Unzulänglichkeiten und zahlreichen Wahlmanipulationen insbesondere in den Bundesstaaten im Niger-Delta in Kauf nahm. Letztlich erhoben nur die nationalen Bürgerrechtsgruppen, die sich zu einer mehrere tausend Personen umfassenden Beobachtertruppe zusammengetan hatten, laut ihre Stimme, um die Öffentlichkeit darüber aufzuklären, dass diese Wahlen noch keineswegs demokratische Verhältnisse in Nigeria etabliert hätten. Man hoffte vielmehr, dass dieser Übergang von einer Militärdiktatur zu einer gewählten Zivilregierung den längerfristigen Demokratisierungsprozess überhaupt erst einleiten müsse. Der Appell ging jedoch in der allgemein unrealistischen Erwartungshaltung unter, als Ex-General und Ex-Juntachef Olusegun Obasanjo am 29. Mai 1999 sein Amt als Staatspräsident antrat und nach teilweise erheblichen Wahlmanipulationen 2003 eine weitere Legislaturperiode regierte.

Demokratisierung und vorübergehende politische Stabilisierung

Der oberste Militärrat hatte rechtzeitig per Dekret die Verfassung verabschiedet (5. Mai), die am Tag der Vereidigung Obasanjos in Kraft trat. Ohne demokratische Legitimation, mit zahlreichen Ungenauigkeiten und Widersprüchlichkeiten, entspricht sie weitgehend der Verfassung von 1979 und 1989,[100] die sich mit einer starken Exekutive und einem Zweikammernparlament aus Senat und Repräsentantenhaus formal eng am US-amerikanischen Regierungssystem orientiert. Der Blick der Eliten gen Westen hin zu den mächtigen USA und der Traum, eine vergleichbare Rolle auf dem afrikanischen Kontinent und in der G-77 zu spielen, spiegelt sich schon rein äußerlich im Parlamentsgebäude in Abuja wider: Nigeria ließ in der Bundeshauptstadt eine getreue Kopie des US-amerikanischen Kongresses in Washington errichten. Analog zum US-System sind Verfassungsänderungen in Nigeria hohe Hürden gesetzt, die zwei Drittel Mehrheiten in beiden Kammern und einfache Mehrheiten der Sitze in mindestens zwei Drittel aller Bundesstaaten erfordern.[101] Angesichts dieser Bedingungen sind Novellierungen seitens des Gesetzgebers äußerst schwierig, wie die Praxis bislang zeigte. Und nur der Umweg über den *Appeal* und *Supreme Court*, die als höchste Gerichtsinstanzen auch die Verfassung interpretieren, zog bislang Korrekturen und Änderungen nach sich, wobei nur die Entscheidungen des *Supreme Court* zu verfassungsrechtlichen Fragen unmittelbar geltendes Verfassungsrecht werden. Angesichts des nach wie vor labilen politischen Systems trug die oberste Gerichtsinstanz als Interpret des Verfassungsrahmens und politischer Lehrmeister in äußerst kritischen Phasen in bemerkenswerter Weise zur Stabilität Nigerias bei und sicherte durch seine ständige Rechtssprechung der Verfassung eine inzwischen breite Legitimität. Den Verfassungswidrigkeiten, Unzulänglichkeiten und eklatanten Widersprüchlichkeiten der unterschiedlichen Rechtssysteme, säkulares, islamisches und traditionelles Recht, begegnen die politischen Eliten bis heute mit einem gelebten Pragmatismus, verdichtet im nigerianischen Pidgin *Sidon look*.[102]

Die herausragende Rolle der beiden Gerichtsinstanzen als Schiedsrichter im politischen Kampf der Eliten um Macht und Einfluss im komplizierten Kräfteparallelogramm des Landes fällt besonders bei Wahlen auf. Denn die vielen Anfechtungsklagen produzieren ständig reißerische Schlagzeilen und füllen über Wochen, Monate und manchmal auch Jahre die Titelseiten der Zeitungen. In den ersten Jahren der Unabhängigkeit 1960-66 orientierte sich die Verfassung am Westminster Modell. Nach den traumatischen Erfahrungen jener Zeit und den Wirren, die schließlich zum Bürgerkrieg führten, bestand innerhalb der politischen und militärischen Elite weitgehend Einigkeit darüber, bei Wahlen jegliche Regionalisierung und Ethnisierung unter allen Umständen zu verhindern. Aus diesem Konsens heraus entwickelten die Verfassungsväter ein Wahlsystem, in dem sich ein Präsidentschafts- oder Gouverneurskandidat breiten Wählerzuspruch auf nationaler Ebene bzw. auf der Ebene des jeweiligen Bundesstaates sichern muss, um eine Wahl gewinnen zu können. Dieses Wahlsystem wurde sowohl in der Verfassung 1989 als auch in der Verfassung von 1999 im Wesentlichen fortgeschrieben. Das heißt, dass ein Kandidat nicht nur die meisten Stimmen auf sich vereinen, sondern darüber hinaus auch in mindestens zwei Drittel aller 36 Bundesstaaten und dem Federal Capital Territory (FCT) Abuja zumindest 25 Prozent der abgegebenen gültigen Stimmen gewinnen muss.

Diese Anforderungen haben sich in der politischen und verfassungsrechtlichen Praxis bislang nur sehr bedingt bewährt. Denn das Wahlsystem produzierte bislang nur in den beiden extremen politischen Ausnahmesituationen 1993[103] und 1999 einen Wahlsieger, der für sich in Anspruch nehmen konnte, die hohen Hürden übersprungen zu haben. Ansonsten fordert dieses Wahlsystem großangelegte Manipulationen geradezu heraus, die größtenteils auf der Ebene der Bundesstaaten ablaufen. Dort kontrollieren die mächtigen Gouverneure ihre örtlichen Komitees und mobilisieren nach Bedarf per Entlohnung die notwendigen Stimmen für sich und den Präsidentschaftskandidaten. Die autonomen Wahlkommissionen der Bundesstaaten wiederum sind leicht manipulierbar, um auf lokaler Ebene das gewünschte Ergebnis zu präsentieren. Dies geschah in zahlreichen Fällen bei der Wiederwahl[104] Obasanjos 2003 und in geradezu schamloser Offenheit bei der Wahl von Umaru Musa Yar'Adua zum neuen Staatspräsidenten 2007[105], die als »politische Krümmung des Raumes« in die moderne Geschichte Nigerias eingehen dürfte.

Olusegun Obasanjo

Wer sich direkt nach Obasanjos erstem Wahlsieg 1999 auf seine Farm in Ota verirrt hatte, sah wochenlang Menschenschlangen, Tage und Nächte darauf wartend, zum zukünftigen Staatschef vorgelassen zu werden. Aus den hintersten Ecken des Landes waren Politiker und Akademiker aller Couleur aufgebrochen, um dem neuen Herrn zu huldigen in der Hoffnung, vielleicht einen Platz im neuen Koordinatensystem zu ergattern. Eine internationale Konferenz zu Militär und Demokratie wenige Wochen vor seiner Amtseinführung geriet zu einem Marktplatz, auf dem um Pöstchen und Ämter gefeilscht wurde wie auf dem Basar. Obasanjo nahm all die Huldigungen lächelnd entgegen, verprellte niemanden in diesen aufregenden Wochen nach der Wahl und reagierte erst nach seiner Vereidigung. Geboren in Ibogun, einem kleinen Dorf in der Nähe Abeokutas, aufgestiegen aus ärmlichen Verhältnissen an die Spitze des Militärs und des Staates, zutiefst geprägt durch Armee und Bürgerkrieg, schlau und schlagfertig, charmant, autoritär, cholerisch und brutal, allen Experimenten gegenüber abgeneigt, blieb er dem System treu. Er versammelte Vertreter der alten Politikergarde um sich wie Adamu Ciroma (Finanzen) und Bola Ige (Energie und Stahl, später Justiz) und ehemalige Generalskollegen wie Theophilus Yakubu Danjuma (Verteidigung) und Aliyu Mohammed Gusau (Sicherheitsberater), um, wie er gern im kleinen Kreis betonte, zuvorderst die Einheit des Landes zu bewahren. Eine programmatische Linie hinsichtlich einer Wirtschafts-, Sozial- oder einer längst überfälligen Föderalismuspolitik blieb angesichts dieses vagen Ansatzes auf der Strecke. Und sein seit Jahren gepflegtes Image eines demokratiebekehrten Militärs und Generals, das er in seinen Farmhouse-Dialogen und gegenüber seinen vielen internationalen Freunden wie Helmut Schmidt, Jimmy Carter oder James Callaghan sowie anderen westlichen Staats- und Regierungschefs gekonnt an den Tag legte, blieben im Getriebe der nigerianischen Wirklichkeit schon am Tag Eins auf der Strecke.

Anti-Korruptionskampagne

Wie alle Regierungen zuvor glänzte denn auch diese mit Aktionismus und Einzelaktionen, etwa mit der Gesetzesinitiative zum Niger-Delta (1999) oder dem Antikorruptionsgesetz (2000) und einer Bankenreform. Die Tilgung aller

Verbindlichkeiten gegenüber dem Pariser und Londoner Club[106] (2005/2007) ist sicherlich Obasanjos größter politischer Erfolg. Besonders das Abkommen mit dem Pariser Club war mehr als verblüffend und auch die politisch spektakulärste Leistung, die bei so manchen altgedienten Regierungsbeamten in den westlichen Hauptstädten ungläubiges Kopfschütteln hervorrief. Denn erstmals ließ sich dieser Gläubigerklub darauf ein, die Hälfte der Verbindlichkeiten abzuschreiben, wenn der Schuldner die andere Hälfte begleicht. Die strategisch weitsichtigste Entscheidung fällte Obasanjo allerdings in seinem ureigensten Lebensbereich ganz zu Beginn seiner Amtszeit, im Militärapparat. Ganz im Geiste Machiavellis und im vollen Bewusstsein der potentiellen Gefahr, die von dieser Institution ausgehen könnte, schickte Obasanjo alle Generäle und Obristen, die jemals ein politisches Amt innehatten, in den vorzeitigen Ruhestand. Damit leitete er nicht nur eine lange überfällige Reprofessionalisierung der drei Waffengattungen Armee, Marine und Luftwaffe ein, um den völlig ruinierten Ruf des Militärs mittelfristig aufzupolieren, sondern stellte zugleich das Primat der Politik ins Zentrum des neuen politischen Systems.

Ausbruch neuer blutiger Unruhen

Der politische Frieden währte jedoch nur kurz, denn schon bald sah sich Obasanjo Gewaltorgien in den verschiedensten Landesteilen gegenüber, die das Demokratisierungsprojekt vorzeitig zu beenden drohten. Die Einführung der *Scharia* als verbindliches Rechts- und Sozialsystem in zwölf nördlichen Bundesstaaten verschärfte in Nordnigeria lokale Spannungen zwischen den beiden großen Glaubensgemeinschaften. Aber auch innerhalb der muslimischen Gemeinschaften taten sich extreme Gegensätze auf, die zu blutigen Zwischenfällen führten. Politische Gewaltakteure, Vigilantegruppen[107] und Schwerkriminelle zwischen Lagos, Kano, Maiduguri, Jos, Port Harcourt, Onitsha oder Aba besetzten fast widerstandslos zahlreiche Nischen, die das zerstörte Wertesystem hinterlassen hatte, und errichteten eigene Aktionsräume. Die Polizei stand mit ihrer miserablen Ausrüstung und geringen Handlungskompetenz den Gewaltausbrüchen hilflos gegenüber. Und die Staatsführung ließ nicht erkennen, wie sie gedachte, das weitgehend verloren gegangene staatliche Gewaltmonopol zurückgewinnen, um ihre Bürger zu schützen und Institutionen aufzubauen, die unter demokratischen Vorzeichen Konflikte hätten austragen und lösen können.

Schon am Tage der Amtseinführung Obasanjos flammten die Unruhen in der Ölstadt Warri im Bundesstaat Delta wieder auf. Absolute Gesetzlosigkeit und Gewalt, einst von den Militärregierungen gesät, geschürt und gedeckelt, beherrschten zunehmend den Alltag, und die Gewaltmärkte im Delta und im Middle Belt stellten die gewählte Regierung vor fast unlösbare Aufgaben. In einem politischen System ohne stabile Institutionen versuchte sie nun, mit Zuckerbrot und Peitsche der vielen Brandherde Herr zu werden. Im Niger-Delta vermochte die Regierung Obasanjo das entfachte Feuer nicht zu löschen, das immer mehr die Ausmaße eines Bürgerkrieges annahm. Im Middle Belt, besonders in der dortigen Metropole Jos, drohten mehrmals Flächenbrände, die die Regierung nur mühsam und unter großen Opfern notdürftig eindämmen konnte. Im Bundesstaat Plateau griff Obasanjo sogar zur Ultima Ratio des politischen Notstands (2004), um den dortigen Gouverneur zeitweise seines Amtes zu entheben und den Bundesstaat unter Bundeskuratel zu stellen. Das gleiche Prozedere wiederholte er 2006 in Ekiti State im nordöstlichen Yoruba-Land. In Sagamu, eine knappe Autostunde nördlich von Lagos, entglitt 1999 den Sicherheitskräften anlässlich eines traditionellen Festes ein blutiger Zwischenfall, in dem einheimische Yoruba und zugezogene Haussa-Fulani verwickelt waren. Binnen 24 Stunden folgten in Kano tödliche Racheakte auf Siedler aus dem Süden. In Kaduna, der früheren kolonialen Hauptstadt Nordnigerias und der Northern Region, forderten im Jahr 2000 blutige Ausschreitung mehr als tausend Opfer und hinterließen eine breite Spur der Verwüstung. Die militärische Strafaktion im östlich gelegenen Bundesstaat Benue gegen Mitglieder des Tiv-Volkes 2001 ließen wie schon zuvor in Odi im Niger-Delta Befürchtungen aufkeimen, das Militär könne nach wie vor nach Belieben schalten und walten. Ein Jahr später endeten in der Bundeshauptstadt Abuja die kostspieligen, staatlich unterstützten Wahlen zur »Miss World« 2002 im Desaster, als fanatisierte Muslime gezielt den Veranstaltungsort stürmten und der große Veranstaltertross dem Mob nur knapp entkam. Der Karikaturenstreit aus Dänemark erreichte mit mehrmonatiger Verzögerung schließlich Anfang 2006 auch die Städte im hohen Norden Nigerias, mit folgenschweren Konsequenzen für die vielen zugezogenen Siedler christlichen Glaubens aus dem Süden und dem Middle Belt. Die Nachrichten über blutige Attacken aufgebrachter Muslime, unter denen sich zahlreiche »gekaufte« Demonstranten befanden, erreichten Dank Handy und Internet binnen Tagesfrist das Igbo-Gebiet im Südosten, wo sich nun die kleinen muslimischen Minderheiten aus dem Norden dem lokalen Mob ausgeliefert sahen.

All diese Exzesse und Katastrophen berührten Staatspräsident Obasanjo nur wenig. Er stand nach seiner gelenkten Wiederwahl 2003 am Zenit seiner Macht und konnte für sich reklamieren, am Ende der zweiten Legislaturperiode mit mehr als zehn Amtsjahren der am längsten dienende Staatschef Nigerias zu sein. Sichtlich vergnügt genoss er sein internationales Ansehen und die Devisenschwemme, die die Öl- und Gaseinahmen trotz der Gewalt im Niger-

Delta in die Staatskassen spülten, nachdem die Erdölpreise nominell einen historischen Höchststand erreicht hatten. Entsprechend zog die Konjunktur im Selbstbedienungsladen Nigeria wieder an, und weite Teile der Elite und der staatsnahen Klientel weideten sich mit staatlicher Duldung und Unterstützung genüsslich an den Petrodollars, die eine Wiederkehr des verloren gegangenen Paradieses versprachen.

Demokratisierung und Wirtschaftsboom in der IV. Republik

Die politische Klasse in Abuja und den Zentren der 36 Bundesstaaten konsumierte, importierte wie in all den Jahren zuvor jährlich für mindestens 1.5 Milliarden US-Dollar Benzin und Diesel, und Investitionen zielten zuvorderst auf Immobilien, Grund und Boden, den Finanzsektor, den Luftverkehr, den Telekommunikations- und den Medienbereich. Die Immobilienpreise in den Großstädten explodierten, und jährliche Steigerungen von 20 oder gar 30 Prozent galten als durchaus marktkonform. Private Rundfunk- und Fernsehstationen schossen aus dem Boden, und nie zuvor gab es eine derartige Vielfalt auf dem Pressesektor. Zugleich versank Nigeria am Ende eines jeden Tages noch immer in tiefer Dunkelheit, denn die seit Jahrzehnten stagnierende theoretisch produzierbare Menge von bescheidenen 6.000 Megawatt bewegte sich seit Jahren allenfalls bei 3.000, eine absurd niedrige Strommenge, die noch unter jener des kriegs- und terrorgeschüttelten Afghanistans lag. Und die vielen Milliarden, die die Obasanjo-Regierung für zentrale Infrastrukturmaßnahmen wie Stromnetz, Straßenbau und Schienennetz bereitstellte, versickerten im undurchsichtigen Dickicht hocheffizienter korrupter Netzwerke, alter Seilschaften und inkompetenter Bürokratien.

Sein Ego sei größer als sein Kopf, so beschrieb einst ein nigerianischer Kolumnist den dienstältesten Staatschef Nigerias. Dennoch halten sich seine schweren politischen Niederlagen in engen Grenzen. Seine Ambitionen[108] auf das Amt des UN-Generalsekretärs hatte die informelle militärisch-intellektuelle Allianz Babangida/Soyinka verhindert, eine der wenigen politisch erfolgreichen Missionen Soyinkas überhaupt. Diese Niederlage steckte Obasanjo ebenso lächelnd weg wie seinen gescheiterten Vorstoß, sich nach der Wahlannullierung 1993 als potentieller Interimspräsident zu präsentieren. Auch die Einführung der *Scharia* in den nördlichen Bundesstaaten kommentierte er anfangs eher belustigt, womit er allerdings bewies, dass ihm Brisanz und Wirkungskraft völlig entgangen war. Sein Versuch aber, nach dem Vorbild anderer afrikanischer Amtskollegen mittels einer Verfassungsänderung eine dritte Amtszeit anzustreben, endete in aller Öffentlichkeit im Desaster und beschädigte besonders im westlichen Ausland seinen guten Ruf, während er in Nigeria nur Spott und Hohn erntete, sehenden Auges in diese politische Schlangengrube hineingestolpert zu sein. Im Ausland hofiert und im Inland nur widerwillig respektiert, schienen ihm im Amt seine strategische Kompetenz und sein politischer Instinkt abhanden gekommen zu sein.

Dennoch schrieb Obasanjo während seiner achtjährigen Amtszeit vier bemerkenswerte Erfolgsgeschichten: das Land durchlebte erstmals zwei volle Legislaturperioden ohne Putsch, ihm gelang die Entschuldung mit dem Ausland, externe Finanzberater sicherten trotz Konsumquote und Korruption beträchtliche Devisenreserven, und der Mobilfunksektor entwickelte sich zu einem wahren Wirtschaftswunder und damit zu einer Goldgrube. Wie Phönix aus der Asche war Nigeria aus seiner Kommunikationswüste aufgestiegen, Dank überwiegend südafrikanischem und nigerianischem Kapital, das nach der Jahrtausendwende für die Bevölkerung innerhalb weniger Jahre ein Wunder vollbrachte. Inzwischen verfügt fast die Hälfte der Bevölkerung von etwa 150 Millionen trotz relativ hoher Nutzungskosten über ein Mobiltelefon, und die Netz- und Kommunikationsqualität nimmt ständig zu. Der marode, völlig korrupte staatliche Telefonanbieter NITEL gab den letzten Anstoß, wenigstens den Telekommunikationsmarkt zu deregulieren, und so entwickelte sich dieser Sektor zum internationalen Vorzeigeprojekt und zum wachstumsstärksten Handymarkt weltweit. Im entscheidenden Petro-Bereich folgte Obasanjo jedoch all seinen Vorgängern und schrieb den Status quo im Erdöl- und Erdgassektor fort, womit dem Staat und seiner vielzähligen Klientel auch weiterhin der alleinige Zugang zur Quelle des Reichtums vorbehalten blieb.

Umaru Musa Yar'Adua

Obasanjos Abgang und die Kür seines Nachfolgers verliefen konfus. Das ungeschriebene Übereinkommen innerhalb der Regierungspartei PDP besagte, dass nun wieder ein Vertreter des Nordens zum Zuge kommen müsse. Das führte 2007 zur Wahl von Umaru Musa Yar'Adua, eine Wahl, die Obasanjo federführend mitgestaltete, im Glauben, den jungen Staatspräsidenten lenken zu können. Spross einer berühmten Haussa-Fulani-Familie aus der alten Stadt Katsina und jüngerer Bruder des im Gulag Abachas ums Leben gekommenen Generalmajors a. D. Shehu Yar'Adua, hatte er als Gouverneur des Bundesstaates Katsina zwei Amtsperioden erfolgreich regiert, galt als ehrlich, nicht bestechlich, aber zugleich auch als politisches Leichtgewicht, der obendrein seit Jahren kränkelte. Er war der erste Amtsinhaber an der Spitze des nigerianischen Staates, der vor dem Wahlkampf tatsächlich seine persönlichen

Vermögensverhältnisse offenlegte. Ohne militärischen Hintergrund, aber mit einer akademischen Ausbildung zum Chemiker, ließ er nichts unversucht, sich umgehend aus den strukturellen Fesseln seines Vorgängers und Mentors zu lösen. Das seit Jahrzehnten erprobte Mittel, ausscheidenden politisch-administrativen Führungspersönlichkeiten jegliche potentielle Attraktivität zu nehmen, besteht darin, nachträglich geringste Unregelmäßigkeiten und Schwächen anzuprangern und gezielt medial, politisch und juristisch anzugreifen. Der Adressat ist dann so sehr mit Verteidigungs- und Gegenstrategien beschäftigt, um sein Überleben als öffentliche Person zu sichern, dass ihm keinerlei Zeit für weitere politische Einflussnahme bleibt. Obasanjos Gegner nutzten nun das Milliardengrab im Elektrizitätssektor und die schweren Korruptionsvorwürfe gegen seine zur Senatorin aufgestiegenen Tochter und inszenierten eine Schmutzkampagne. Wenngleich solche Vorwürfe und Kampagnen immer im Sande zu verlaufen pflegen, gleichen sie doch einem institutionalisierten Ritual, ohne das eine neue Regierung nach eigener Überzeugung keine legitime Macht ausüben kann.

Trotz Wahlchaos, Wahlfälschung und Dutzender Anfechtungsklagen vor den eigens eingerichteten Tribunalen, die die Handlungsfähigkeit des neuen Staatspräsidenten anfangs erheblich einschränkten, verfügte Yar'Adua über einen nie da gewesenen Startvorteil. Denn die Staatskasse war mit Reserven von mehr als 50 Milliarden Dollar mehr als gut gefüllt, und erstmals in der Geschichte des Landes ging die Macht von einer gewählten Regierung friedlich auf eine andere über. Das politische und sozioökonomische System, das Yar'Adua 2007 erbte, blieb dagegen vom Wechsel weitgehend unberührt, wenngleich er schon zu Beginn seiner Amtszeit mit seiner Sieben-Punkte-Agenda Profil zeigen und insbesondere den Energierohstoffsektor grundlegend reformieren wollte.

Staatspräsident Yar'Aduas Regierung in Agonie – sein Tod und zaghafter Neubeginn

Es blieb im Wesentlichen bei Absichtserklärungen. Yar'Aduas labiler Gesundheitszustand sowie die ererbten Brandherde Niger-Delta und Middle Belt und neue Probleme in einigen nordöstlichen *Scharia*-Bundesstaaten, wo blutige Schlachten zwischen den islamischen Sekten Boko Haram und Kala Kato und staatlichen Sicherheitskräften Hunderte von Opfern forderten, absorbierten die geringen Steuerungs- und Lösungskompetenzen der neuen Regierung. Und als sich der Staatspräsident im November 2009 erneut in medizinische Behandlung nach Saudi Arabien begab und das Krankenbett auch zum Jahreswechsel nicht verlassen durfte, dominierten wochenlang regierungsamtliche und frei erfundene Bulletins und abenteuerliche Verschwörungstheorien die innenpolitischen Diskussionen. Dahinter stand jedoch ein heftiger Machtkampf innerhalb der Regierungspartei PDP. Zeitgleich begingen nach einer mehrmonatigen Atempause im Niger-Delta kleinere Milizengruppen wieder Anschläge auf Förderanlagen, um die öffentliche Aufmerksamkeit auf die Untätigkeit der Regierung zu lenken. Das Amnestieangebot Yar'Aduas an die Milizen, Waffen gegen Bargeld zu tauschen und Resozialisierungs- und Integrationsmaßnahmen einzuleiten, hing nun völlig in der Luft.

Die große Mehrheit im Kabinett, durchweg loyale Minister des Staatspräsidenten, verweigerte sich, die Amtsgeschäfte entsprechend der Verfassung an den Vizepräsidenten Goodluck Jonathan zu übertragen, was aber jede Regierungsarbeit und die Verabschiedung des Nachtragshaushaltes und des Haushalts 2010 blockierte. Da sich auch der schwerkranke Staatspräsident seiner Verantwortung entzog, den Vorgaben der Verfassung zu folgen und schriftlich seinen krankheitsbedingten Rückzug mitzuteilen[109], entwickelte sich eine völlig absurde Situation, in der der stellvertretende Staatschef dem Treiben machtlos zusehen musste, bis sich das kafkaeske Schauspiel pragmatisch-nigerianisch auflöste.

Zuvor aber zogen Aktivisten der Bürgerrechtsbewegung den kurzen, medial begleiteten Weg zu den Gerichten zur rechtlichen Klärung dieses Präzedenzfalles vor. Eine Demonstration einer politisch bemerkenswerten Allianz weithin bekannter zivilgesellschaftlicher Akteure wie Wole Soyinka und ewiggestriger Politiker und Militärs wie Ojukwu Anfang 2010 in Abuja offenbarte das ganze Dilemma der verfahrenen Situation. Im Zuge all dieser Ereignisse griffen findige Nigerianer wie so oft in der Vergangenheit zu treffenden, manchmal humorvollen, zumeist aber zynischen Formulierungen, die das saudische Krankenlager in einprägsame Bilder verwandelte:

> Brüderliche Grüße von einem der vielen unglückseligen Passagiere des Fluges 4 R (IV. Republik), der von den Bildschirmen der Fluglotsen verschwunden ist und auf ein Ziel namens Nirgendwo hinsteuert. Der Autopilot ist eingestellt und niemand weiß, ob der Flugkapitän im Koma liegt, der Hirntod bereits eingetreten oder ob der Kapitän nur berauscht ist und sich einfach treiben lässt. Fest steht jedenfalls, wir sitzen in der Falle und können nicht mal mehr mit dem Fallschirm abspringen. Denn vor den Notausgängen stehen Freunde des in den USA verhafteten nigerianischen Terroristen Umar Farouk Abdulmutallab bereit, uns vorzeitig von diesem Alptraum zu erlösen.

Noch wenige Jahre zuvor hätten die Militärs in einer vergleichbaren Lage sehr wahrscheinlich direkt interveniert, und als der Machtkampf im Kabinett und in der Regierungspartei auch Ende Januar 2010 noch andauerte, kochte die

Gerüchteküche über einen bevorstehenden Staatsstreich hoch. Über Parteigrenzen hinweg ergriffen die Gouverneure der 36 Bundesstaaten die Initiative und zwangen die *National Assembly* zur Verabschiedung einer Resolution mit dem Titel *Doctrine of Necessity*, die die krankheitsbedingte Handlungsunfähigkeit des Staatspräsidenten feststellte und bis zu seiner Gesundung den Vizepräsidenten mit den Amtsgeschäften betraute. Diese Verfahrensweise war zwar in der Verfassung nicht vorgesehen, fand aber breite Zustimmung innerhalb der Eliten und der internationalen Gemeinschaft und erweiterte zugleich den verfassungsrechtlichen Interpretationsspielraum. Binnen weniger Tage löste Goodluck Jonathan als *Acting President* das Kabinett auf, bildete eine neue Regierungsmannschaft und nahm den Dialog mit den Milizen im Niger-Delta zumindest wieder auf. Wenige Wochen später verstarb Umaru Musa Yar'Adua, und der Christ Jonathan wurde umgehend als Staatspräsident vereidigt. Kurz darauf schlug er den Gouverneur von Kaduna, Namadi Sambo, Haussa-Fulani und Muslim, als Kandidat für das Amt des Stellvertreters vor. Beide Kammern des Parlamentes bestätigten den Personalvorschlag und stellten damit sicher, dass an der Staatsspitze der religiöse Proporz wie bei den Vorgängerregierungen der IV. Republik erhalten blieb.

Nigeria: Ordnungsmacht und strategischer Partner der Großmächte

Als der erste farbige US-Präsident Barack Obama im Sommer 2009 in Ghana erstmals als Präsident afrikanischen Boden betrat, prasselten von Nigeria aus Kritik, Zorn, Häme, Frustration und Unverständnis auf den Politstar nieder. Denn trotz seiner afrikanischen Wurzeln[110] hatte er es gewagt, im Gegensatz zu seinen beiden Vorgängern Bill Clinton und Georg W. Bush dem nach eigenem Verständnis (zweit)wichtigsten Staat Afrikas die kalte Schulter zu zeigen und bis auf weiteres auf einen Besuch bei der größten »Schwarzen Nation« zu verzichten. Für die nigerianische Öffentlichkeit war dies der absolute Supergau, der Sündenfall schlechthin. Auch der Besuch von Außenministerin Hillary Clinton wenige Wochen später konnte die erlittene Schmach nicht ungeschehen machen. Als sie sich dann auch noch öffentlich kritisch zu den innenpolitischen Zuständen in Nigeria äußerte, empfand die nigerianische Seite dies wiederum als Majestätsbeleidigung. Und wie so oft in vergleichbaren Situationen lamentierten nigerianische Multiplikatoren und Entscheidungsträger über diese schlechte Behandlung, obwohl Nigerias aktiver Beitrag zum Weltfrieden im Rahmen der UNO und anderer internationaler, regionaler und subregionaler Organisationen seit vielen Jahren viel Lob erhält und die USA das Land als einen strategischen Partner betrachten.

Ordnungsmacht in Afrika

Für die USA, die Europäische Union und auch die ehemalige Kolonialmacht Großbritannien spielt Nigeria im Rahmen ihrer geopolitischen Strategien eine wichtige Rolle. So weisen sie in Sachen Demokratie, ökonomischer Entwicklung, Reformen, Aufbau von Institutionen innerhalb der Afrikanischen Union und der alles überragenden Frage der Sicherheit in Afrika und der westafrikanischen Subregion seit Jahren dem Land eine übergeordnete strategische Bedeutung zu. Darüber hinaus leben inzwischen mehrere Millionen Nigerianer und Nigeria-stämmige in den USA und in Großbritannien, wobei die tatsächlichen Zahlen kaum verifizierbar sind, führen doch die einschlägigen Statistiken nur Nigerianer mit nigerianischem Pass auf.[111] Dennoch gilt als gesichert, dass allein im Großraum London etwa 800.000 Nigerianer leben, und diese beiden westlichen Demokratien beherbergen die mit Abstand größten nigerianischen Gemeinschaften außerhalb Nigerias.

Das Tor zu den USA öffneten die vielen tausend *Green Cards*, die Nigerianer seit Mitte der sechziger Jahre gewonnen haben, sowie die akademischen Ausbildungsgänge und die lukrativen Arbeitsangebote an den zahlreichen Universitäten. In Großbritannien wirkte dagegen das untergegangene *British Empire* als Sitz des Commonwealth wie ein Magnet auf alle, die von Freiheit und sozialem und wirtschaftlichem Aufstieg träumten. Diese Träume haben in den siebziger und achtziger Jahren nach Margret Thatchers Liberalisierung der Einwanderungsbestimmungen in den früheren Kolonien wahre Auswanderungswellen ausgelöst, so auch in Nigeria, und der Zustrom reißt dank Eheschließungen und Familienzusammenführungen nicht ab.

Die Absage von Präsident Obama führte der nigerianischen Elite wieder einmal die inneren Diskrepanzen ihres Staatsgebildes vor Augen, die gerne ausgeblendet werden: die schweren innenpolitischen Verwerfungen, Krisen, ethnisch-religiöse Konflikte und extreme Wahlmanipulationen. Dabei präsentieren sich die Führungspersönlichkeiten doch lieber als gewichtige Akteure, die verstehen, sich auf dem internationalen Parkett zu bewegen. Die eklatanten Widersprüche zwischen der katastrophalen innerstaatlichen Verfasstheit und außenpolitischen Gestaltungsansprüchen kommen ihnen dabei nicht in den Sinn. Dabei sind zumindest rudimentäre demokratische Verhältnisse eine Grundvoraussetzung, als regionale Ordnungsmacht aufzutreten. Denn effektive regionale Ordnungspolitik stützt sich nicht nur auf harte Machtressourcen wie die militärische Interventionsfähigkeit, sondern auch auf *Soft Power*, die Fähigkeit also, Präferenzen von Partnerstaaten durch Vorleistungen und Überzeugungsart in eine bestimmte Richtung zu lenken. Wenn aber die politischen Eliten Nigerias demokratische Spielregeln so schamlos und offenkundig verletzen wie bei den Wahlgängen der vergangenen Jahre und hinter ECOWAS- und AU-Standards zurückfallen, die sie selbst durchgesetzt hatten, können sie schwerlich Akzeptanz, Gefolgschaft und Respekt erwarten, weder in Afrika noch in den westlichen Demokratien. Diese Erkenntnis setzt sich hinter vorgehaltener Hand nun langsam auch innerhalb der politischen Eliten durch. Die nur vordergründige *Hard Power* in Form des 80.000 Mann starken Militärs und das Fehlen von *Soft Power* legen demnach die engen Grenzen fest, außenpolitisch stärker als bisher auftreten zu können. So reichen den Nigerianern inzwischen die umfangreichen Blauhelmeinsätze, um auch weiterhin als relevanter internationaler

Akteur zu gelten, was die politische Klasse in Abuja und die Militärs ein wenig darüber hinwegtröstet, dass sie ihren einstigen Traum, zur akzeptierten regionalen Ordnungsmacht aufzusteigen, nicht verwirklicht haben.

Die Formel des Westens »Afrikanische Lösungen für afrikanische Probleme« entsprach exakt dem Selbstverständnis Nigerias, seinen Anspruch als *Global Player* zu untermauern. Denn als einziger Staat der westafrikanischen Subregion verfügt Nigeria über die militärischen und finanziellen Ressourcen, um in den Nachbarstaaten ordnungspolitisch intervenieren zu können. Und die westliche Staatengemeinschaft zeigte nach den desaströsen Erfahrungen in Somalia und Ruanda keinerlei Interesse, in die kriegerischen Konflikte, die ab 1989 in Liberia und kurz darauf in Sierra Leone ausbrachen, direkt einzugreifen.[112] Vielmehr ermunterten insbesondere die USA die subregionale »Möchtegernordnungsmacht« im Rahmen von ECOMOG[113], in der einstigen US-amerikanischen Einflusszone zu intervenieren und den im Jahr zuvor ausgebrochenen liberianischen Bürgerkrieg zu beenden.

Zunächst jedoch weitete sich der Bürgerkrieg aus und destabilisierte die beiden labilen Nachbarstaaten Sierra Leone und Guinea, was in beträchtlichem Maße auch mit der dubiosen Rolle Nigerias in dieser Konfliktregion zusammenhing. Die fast ausschließlich von Nigeria getragenen militärischen und finanziellen Lasten dieses Krieges in einer Phase niedriger Erdölpreise verschlangen mehrere Milliarden US-Dollar, was die Militärdiktatoren Babangida und Abacha bereitwillig in Kauf nahmen. Denn beide Kriege dienten den involvierten nigerianischen Militärs und einigen berühmten Geschäftsleuten wie Moshood Abiola in erster Linie zur persönlichen Bereicherung und als lukrativer Abschiebebahnhof potentiell unliebsamer Generäle und Obristen. Außerdem war dieser Krieg ein willkommenes Argument, westliche Forderungen nach zügiger Einführung demokratischer und rechtsstaatlicher Strukturen zu relativieren. Zwar kühlten die bilateralen Beziehungen zu Amerika und England nach der Wahlannullierung 1993 und der Hinrichtung Ken Saro-Wiwas 1995 für eine kurze Zeitspanne merklich ab. Tatsächlich eingefroren wurden bis zum Tode Abachas aber nur die Beziehungen zwischen Abuja und London mit einigen unangenehmen Konsequenzen. Die Fluggesellschaft *British Airways* verlor ihre hoch profitable Flugstrecke London-Lagos, und die vielen Tausend nigerianischen Fluggäste mussten zeitraubende Umwege über Frankfurt, Paris oder Amsterdam in Kauf nehmen. Auch die gemeinsame Planung und Gründung des *National War College*, später in *National Defence College* umbenannt, lag angesichts der gestörten Beziehungen auf Eis. Es war ein Herzensanliegen britischer Nigeriapolitik, war doch das erste nigerianische Offizierskorps im Geiste von Sandhurst und Aldershot erzogen und das Militär bis 1965 von einem britischen General kommandiert worden.

Wiederbelebung der gespannten Beziehungen zum Vereinigten Königreich

Aber erst nach der Wiederwahl Obasanjos zum Staatspräsidenten 2003 normalisierten sich die bilateralen Beziehungen. Dann aber pumpte Großbritannien innerhalb weniger Jahre über seine staatliche Entwicklungsorganisation DFID[114] und den BBC Trust Fund mehrere 100 Millionen Pfund Sterling zum Aufbau sicherheitsrelevanter Institutionen, zivilgesellschaftlicher Kräfte und unabhängiger elektronischer Medien in das überwiegend muslimisch geprägte Armenhaus Nordnigeria, dort, wo die Aristokratie und feudale Oberschicht des Norden am meisten von der britischen Kolonialherrschaft profitiert hatte. Die massive und strategisch ausgerichtete Hilfe der britischen Regierung in den Bereichen *Good Governance*, Gesundheit und Sicherheit war Teil einer umfassenden Afrikastrategie der Regierung Blair, die darauf abzielte, mittelfristig verloren gegangenes Terrain in Afrika zurückzugewinnen, ein Mindestmaß an Eigenständigkeit gegenüber der EU abzusichern und das britische Führungsprofil innerhalb des Commonwealth zu stärken. Nigeria spielte in diesen Überlegungen eine Schlüsselrolle, denn Vertreter der großen nigerianischen Diaspora sind seit Jahren auf kommunalpolitischer und kultureller Ebene sehr aktiv und beeinflussen entwicklungspolitische Diskussionen über Nigeria und Afrika. Dies wiederum wirkt sich auch auf die regelmäßige und ausführliche Berichterstattung in den einschlägigen Medien über Nigeria aus, was wiederum politische Rückkoppelungen in der großen Nigeriagemeinschaft Großbritanniens hervorruft.

Kurz vor dem Durbar

Der Nigeriabesuch von Prinz Charles 2006 geriet vor diesem Hintergrund zu einem spektakulären Ereignis, als der Emir von Kano ihm zu Ehren ein traditionelles *Durbar* veranstaltete, das ansonsten nur zu den höchsten islamischen Feiertagen oder bei sonstigen herausragenden Anlässen stattfindet. Hunderte von prächtig geschmückten Reitern begrüßten in fliegendem Galopp den königlichen Gast, der symbolisch die Bande zwischen beiden Ländern wieder enger knüpfen sollte. Mit Bedacht wählten die Gastgeber eine Vorführung, die fast punktgenau jener glich, die Königin Elizabeth II. bei ihrem Besuch 50 Jahre zuvor erlebt hatte. Der eigentliche Auftrag des Thronfolgers bestand jedoch darin, ein Ausbildungszentrum für Friedenseinsätze am Militärkolleg Jaji im benachbarten Bundesstaat Kaduna zu eröffnen. Schon wenige Monate zuvor hatte der damalige Außenminister Jack Straw in einer Rede den Beitrag des aus Kano stammenden und 1976 ermordeten Generals Murtala Muhammed zur *Nation Building* erwähnt, der in seiner Heimatregion als großer Held verehrt wird. Auch dies eine zielgerichtete hochsymbolische Geste, denn Murtalas extrem kurze Amtszeit von 200 Tagen hatte ihn über seine Heimatregion hinweg auch in den übrigen Landesteilen unsterblich gemacht. In seine Zeit fiel die Grundsatzentscheidung für die Rückkehr zur Demokratie, die Verlagerung der Hauptstadt von Lagos nach Abuja, die Einrichtung des außenpolitischen *Think Tank* NIIA und die Anerkennung der sozialistisch orientierten angolanischen Befreiungsbewegung MPLA[115], was erhebliche Friktionen mit der amerikanischen Regierung nach sich zog. Die Übernahme der Büros des US-Informationsdienstes und der Radio-Monitorzentren der USA in Lagos und Kaduna und die Ausladung des US-Außenministers Henry Kissinger schüttete nochmals Öl ins Feuer in die damals angespannten Beziehungen.

Strategische Allianz mit den USA

Murtala Muhammeds plötzlicher Tod bot seinem Nachfolger Olusegun Obasanjo die Möglichkeit, sich umgehend von allen sozialistisch inspirierten Doktrinen abzuwenden, und er stellte innerhalb kurzer Zeit die politischen Beziehungen zu den USA vom Kopf auf die Füße. Der Aufstieg Jimmy Carters zum US-Präsidenten und die zunehmend kritische Haltung der USA zum Apartheidsystem Südafrikas ebneten den Weg für eine strategische Allianz, die sich zunächst nur über das Erdöl definierte. Denn schon damals förderten alle großen US-Ölmultis im Niger-Delta, 60 Prozent der Ölproduktion Nigerias gingen in die USA und spülten mehr als die Hälfte der gesamten nigerianischen Deviseneinnahmen in die Staatskasse. Die außenpolitische

Kehrtwende, die Orientierung an US-amerikanischer Machtausübung und der eigene Anspruch, moralische Verantwortung gegenüber allen Afro-stämmigen zu übernehmen und sie zu schützen, schuf eine paradoxe Situation. Denn sie schürten regionale Allmachtsfantasien und erzeugten zugleich hinsichtlich der innerstaatlichen Verfasstheit konstitutive Minderwertigkeitskomplexe, die die politische Elite bis heute nur dürftig überspielen kann. Obasanjos internationales Ansehen als aufgeklärter Juntachef aber stieg mit seinem Besuch in den USA 1977 und beim Gegenbesuch Carters im folgenden Jahr. Daraufhin besuchte auch Bundeskanzler Helmut Schmidt Lagos, und der Besuch des damaligen US-Armee-Inspekteurs deutete bereits eine langfristig angelegte engere militärische und sicherheitspolitische Zusammenarbeit an, die sich aber angesichts der innenpolitischen Entwicklungen während der II. Republik, der Militärregierungen Buhari, Babangida und Abacha und der sich rapide veränderten Weltlage mehr als zwei Jahrzehnte hinauszögerte.

Lange schon hatte Nigeria von einem Sitz im UNO-Sicherheitsrat geträumt. Auch der Zusammenbruch des Ostblocks 1990/91 und die unklaren Strukturen einer neuen Weltordnung änderten daran nichts. Doch mit dem Ende des Apartheidregimes in Südafrika trat in der Person des gewählten Präsidenten Nelson Mandela ein legitimierter Konkurrent auf den Plan, der auf Grund seiner politischen Ausstrahlung und der Wirtschaftskraft seines Landes diesen Sitz für sich reklamierte, was regelmäßig erhebliche Verstimmungen zwischen beiden Staaten hervorrief. Das bilaterale Verhältnis zu den USA verbesserte sich erst 1999 mit der Wahl von Obasanjo. Umgehend begann eine dezidiert militärische und sicherheitspolitische Kooperation, in deren Verlauf Nigeria eine Schlüsselrolle in den geo-strategischen Überlegungen der USA zukam. Denn Nigeria galt als immun gegenüber einem Petro-Nationalismus á la Iran, Russland oder Venezuela und zeigte sich auch bereit, einen gewichtigen Beitrag zur Bekämpfung der international organisierten Kriminalität, von Geldwäsche und Drogenhandel zu leisten.

Schon vor den Terroranschlägen des 11. September 2001 verfassten die USA ein Strategiepapier zur langfristigen Energieversorgung ihres Landes, das den Golf von Guinea und dessen wichtigsten Öl- und Gasproduzenten Nigeria sowie Äquatorial Guinea und Angola auf Grund der logistisch-geografischen Nähe zur amerikanischen Ostküste ins Zentrum der strategischen Überlegungen stellte. Danach sollte diese Region bis 2015 etwa 15 Prozent des amerikanischen Energiebedarfs decken, was aber den Strategen im Pentagon und im *State Department* angesichts der instabilen Lage in den Fördergebieten im Niger-Delta, in Cabinda und der Ministaaten Äquatorial Guinea und São Tomã und Príncipe anfangs noch ernsthafte Kopfschmerzen bereitete. Doch kurz nach dem 11. September fiel die Entscheidung, die Militärpräsenz im

Golf von Guinea massiv auf- und auszubauen, was den Beginn einer langfristigen Militarisierung der gesamten Region einläutete.

In jener Zeit gedieh die Zusammenarbeit zwischen den USA und Nigeria. In Abuja gaben sich US-amerikanische Militärberater, kommandierende Generäle und Admiräle, Regierungsvertreter und Kongressabgeordnete, insbesondere Mitglieder des *Black Caucus*, die Klinke in die Hand. Persönlichkeiten wie Bill Clinton, Lawrence Summers oder Steve Forbes folgten bereitwillig Einladungen nach Nigeria, seien sie vom inzwischen international agierenden, eigenwilligen Eigentümer und Chefredakteur der äußerst erfolgreichen Zeitung *This Day*, Nduka Obaigbena, oder vom Verwalter des Leon Sullivan[116] Erbes ausgesprochen. Obaigbena vermarktet seit Jahren publicityträchtige politische Veranstaltungen und Unterhaltungsprogramme zwischen Abuja, New York, London und Johannesburg. Der alle zwei Jahre stattfindende Leon Sullivan-Gipfel konnte selbst auch in Nigeria 2006 hochrangige Teilnehmer aus Politik und Gesellschaft gewinnen, um über Afrika und seine Implikationen für farbige Menschen in aller Welt zu diskutieren.

Bereits im Jahre 2000 akzeptierte Nigeria willfährig das *Open Sky Agreement*, das den USA weitreichende Rechte zur Nutzung des nigerianischen Luftraumes einräumte. Im Gegenzug lieferten die USA kostenlos leichtes Kriegsgerät wie kleine, leicht zu bedienende Schnell- und Kanonenboote zur Bekämpfung der Milizen im Niger-Delta. Regelmäßig ankerten US-Kriegsschiffe im Hafen von Lagos-Apapa, und gemeinsame Übungen zu Wasser, zu Land und in der Luft zählten ebenso zum Repertoire wie anspruchsvolle Stabsübungen und sicherheitsrelevante Konferenzen und Workshops zum Golf von Guinea, an denen auch Vertreter von Anrainerstaaten und anderen westlichen Regierungen teilnahmen. Private, für die US-Administration arbeitende Organisationen wie das MPRI[117] und das DISAM[118], die über bekannte ehemalige Offiziere wie General a. D. Norman Schwarzkopf verfügen, veranstalteten in Nigeria zahlreiche Fortbildungskurse für Stabsoffiziere, entwarfen im Auftrag der nigerianischen Regierung Konzepte und Blaupausen für Militärreformen und für die Integration der militärischen Institutionen in das nigerianische Demokratisierungsprojekt. Denn die USA wollten aus generellen außenpolitischen Überlegungen unter allen Umständen sicher stellen, dass das Militär als konstitutiver Teil des Herrschaftssystems erhalten blieb, ohne jedoch als aktiver politischer Akteur offen in Erscheinung zu treten.

Einige diplomatische Verstimmungen und Irritationen zwischen beiden Regierungen gab es dagegen im Kontext des Irak-Krieges 2003 und der Einführung des AFRICOM[119] 2007. Im März 2003 hatte Staatspräsident Obasanjo zusammen mit Südafrikas Präsident Thabo Mbeki und Senegals Staatschef Abdoulaye Wade jeweils gleichlautende Briefe an George W. Bush, UN-Generalsekretär Kofi Annan und Iraks Diktator Saddam Hussein geschrieben, in dem sie einen möglichen Alleingang der USA scharf kritisierten und eine Militäraktion im Irak nur im Rahmen einer UN-Mission stützen wollten. Der Brief wurde formal korrekt dem US-Botschafter übergeben und am folgenden Tag in der angesehenen Tageszeitung *The Guardian* (Lagos) veröffentlicht. Senegals Staatschef aber scherte aus und schickte eine stark verwässerte Version ins Weiße Haus. Doch war Obasanjo, der die Außenpolitik als sein Steckenpferd betrachtete und nur nominell einen Außenminister berufen hatte, felsenfest überzeugt, dass die USA ohne UN-Mandat keinen Militärschlag wagen würden. Diese krasse Fehleinschätzung hatte Obasanjo schwer getroffen. Dennoch besuchte er einige Monate später Präsident Bush, als die USA nach vielen Jahren erstmals wieder einem regulären Flugbetrieb zwischen beiden Ländern zustimmten.

Trotz jahrelanger Vorbereitung blieb dem Projekt AFRICOM der Erfolg in Afrika versagt. Gedacht als integrierter militärisch-ziviler Ansatz bietet AFRICOM Trainingsprogramme für den Anti-Terrorkampf, innere Sicherheit und regionale Zusammenarbeit im Bereich Sicherheit für Militärs und Entscheidungsträger aus Politik und Verwaltung an, um das Image der USA nach verletzten Sensibilitäten im Zuge des weltweiten Anti-Terrorkampfs wieder aufzupolieren. Wenig überraschend zeigte sich aber kein Staat bereit, die Gastgeberrolle für das AFRICOM-Hauptquartier zu übernehmen, das seine militärisch-strategischen Interessen in Afrika weiterhin von seiner Stuttgarter Zentrale aus steuern muss. Auch die neue Regierung Yar'Adua stimmte, wenn auch weniger laut, in das Konzert der afrikanischen Kritiker ein. Sie verwies diplomatisch verklausuliert auf religiöse Gefühle der muslimischen Bevölkerung und verfassungs- und völkerrechtliche Probleme. Auch eine Charmeoffensive hochrangiger US-Regierungsvertreter und Militärs, die Bestätigung der strategischen Partnerschaft zwischen den USA und Nigeria sowie die volle Anerkennung des fragwürdigen Wahlergebnisses von Yar'Adua 2007 reichten nicht aus, die grundsätzlichen Bedenken in Abuja auszuräumen. Um Gesichtswahrung bemüht, empfing Präsident Bush noch vor Jahresende 2007 Staatspräsident Yar'Adua, und der Sultan von Sokoto hielt in Washington eine Rede zum christlich-islamischen Dialog, die einzig darauf abzielte, die AFRICOM-Kritiker zu besänftigen

In Großbritannien und in den USA leben die mit Abstand meisten Afrikaner nigerianischer Abstammung, aber es gibt auch in afrikanischen Staaten historisch gewachsene nigerianische Gemeinschaften, insbesondere in Ghana, Sierra Leone und Gambia, wo gebildete Nigerianer in höchste politische, juristische und militärische Positionen gelangten.[120] Auch in Südamerika, insbesondere in Brasilien, und in der Karibik lassen sich beachtliche historische und kulturelle Spuren aus Südnigeria finden, die aber politisch bedeutungslos blieben. Doch die Befreiung Simbabwes 1980 und das Ende der Apartheid in Südafrika 1990 setzte eine kleine afrikanische Völkerwanderung in Gang, an der Spitze Nigerianer, die zu Tausenden auf der Suche nach Beschäftigung und neuen einträglichen Reproduktionsmöglichen gen Süden zogen. Nach dem Intermezzo Simbabwe zogen die Nigerianer zehn Jahre später weiter in die benachbarte *Rainbow Nation*. Die meisten Simbabwer atmeten erleichtert auf, denn sie waren mit der aggressiven und zugleich geschäftstüchtigen Art der nigerianischen Zuwanderer völlig überfordert. Nigerianer wurden in jener Zeit immer mit Prostitution, Drogen und Gewalttätigkeiten in Zusammenhang gebracht, womit einiges über das Image Nigerias gesagt war. Dass viele auch seriösen Geschäften nachgingen und Nigeria den Befreiungskampf finanziell unterstützt hatte, war schnell vergessen. Dieses schlechte Image erlebte in Südafrika nochmals eine extreme Steigerung. In der Zeit des Zusammenbruchs der Apartheid Anfang der neunziger Jahre hatten nigerianische Gangs in Johannesburg binnen weniger Monate das Stadtviertel Hillbrow und das Rotlicht- und Drogenmilieu übernommen. Schon an den Flughäfen Südafrikas standen die Beamten gegenüber den eloquenten, durchsetzungsfähigen Nigerianern auf verlorenem Posten und ließen achselzuckend die Staatsbürger des Landes gewähren, das innerhalb Afrikas dem ANC über viele Jahre die größten Finanzhilfen gewährt hatte. Es sollte mehrere Jahre dauern, bis sich Südafrika auf diese Migrationswelle eingestellt und eine Visapflicht zur Minimalkontrolle eingeführt hatte. Darüber hinaus deportierte das Land am Kap in den vergangenen Jahren täglich im Durchschnitt 40 nigerianische Staatsbürger wegen diverser Rechtsverstöße. Nachdem jedoch die erste große Nigeriawelle abgeebbt war, entdeckte das südafrikanische Großkapital den einträglichen nigerianischen Markt und begann, die Bereiche Telekommunikation, Einkaufspassagen und Hotelgewerbe aufzurollen.

Die enge Anbindung an die USA und Großbritannien und mit einigen Einschränkungen auch an Kontinentaleuropa ist seit Obasanjo Kernstück der Außenpolitik. Doch sein persönliches Faible für Asien sicherte auch der aufkommenden Weltmacht China den Zugang zu Nigerias Energiereichtum und lukrativen Infrastrukturprojekten wie Schiene, Kraftwerke und Telekommunikation. Dies rief sofort auch erste dubiose nigerianische Geschäftsleute auf den Plan, die aber schnell und brutal mit asiatischen Realitäten konfrontiert wurden. Denn in China und Indonesien landeten 2008/9 die ersten Nigerianer wegen Drogenschmuggel auf dem Schafott, und mehrere Hundert darbten in den Gefängnissen. Trotz dieser Strafen leben und arbeiten inzwischen bis zu 100.000 Afrikaner in der zehn Quadratkilometer großen sogenannten *Chocolate City* in Kanton (Guangzhou), nur zwei Autostunden von Hongkong entfernt. Und mindestens ein Drittel der zugereisten Afrikaner kommt aus Nigeria.[121] Auch in Libyen saßen Ende 2009 mehr als 50 nigerianische Staatsbürger in den Todeszellen, von denen einige im Mai 2010 hingerichtet wurden, und Hunderte verbüßen wegen Prostitution, Geldwäsche, Drogen- und Menschenschmuggel Haftstrafen in europäischen und US-amerikanischen Gefängnissen und in Haftanstalten im Nahen und Mittleren Osten. Die jährliche Ausweisungsquote von mehr als tausend Nigerianern aus allen Teilen der Welt und die vielen anhängigen Gerichtverfahren vermitteln dabei einen Eindruck vom Ausmaß der kriminellen nigerianischen Netzwerke.

Seit den achtziger Jahren werden diese Kriminalfälle unter der Zahlenkombination »419« in der internationalen Kriminalstatistik geführt. »419« bezieht sich ursprünglich auf einen Paragrafen im nigerianischen Strafgesetz. Inzwischen ist »419« in Nigeria so bekannt und gefürchtet, dass viele Hotels diese Zimmernummer abgeschafft haben. Erstmals ins Rampenlicht gerieten die Netzwerke, als Mitte der achtziger Jahre ein nigerianischer Pilot in New York als professioneller Drogenkurier mit mehreren Kilogramm Heroin aufflog und zu einer langen Haftstrafe verurteilt wurde. In Großbritannien wurde bekannt, dass der verstorbene Diktator Abacha und mehrere hochrangige nigerianische Politiker[122] dort nachweislich im großen Stil veruntreutes Geld angelegt hatten. Diese kriminellen Netzwerke machen zwar nur einen kleinen Teil der großen und vielfältigen nigerianischen Diaspora aus, aber sie bestimmen und befördern das negative Image Nigerias und der Nigerianer. Dabei trägt die überseeische Diaspora durch ihre beachtlichen Transferzahlungen von jährlich bis zu zehn Milliarden US-Dollar dazu bei, die wirtschaftliche Notlage zehntausender Familien in Nigeria zu lindern. Zudem findet ein ständiger nicht zu unterschätzende Transfer von Normen, Werten und Ideen statt, der das weitgehend zusammengebrochene Wertesystem in Nigeria wieder aufbauen und den Wertewandel hin zu einer gelebten Modernität positiv begleiten kann. Zugleich sichert die Diaspora den Zugang zur globalen Welt und ihren Bildungs-, Lehr- und Geschäftsmöglichkeiten, die viele Nigerianer engagiert und leidenschaftlich nutzen.

Literaturnobelpreisträger Wole Soyinka und der Träger des *Friedenspreises des Deutschen Buchhandels* und des *Man Booker International Prize* 2007, Chinua Achebe, sind sicherlich die exponiertesten Nigerianer, die sich seit Jahrzehnten fast schon spielerisch, wenn auch nicht immer freiwillig, zwischen den verschiedenen Welten und Kulturen bewegen. Soyinka verdankt seine dramaturgische Grundausbildung in den fünfziger Jahren dem kreativen kritischen Potential im weiteren Umfeld von Harold Pinter in Großbritannien. Aber auch der in Austin, Texas, lehrende Historiker Toyin Falola oder der Maler und Dichter Obiora Udechukwu, der an der St. Lawrence University in New York bildende Kunst unterrichtet, sind herausragende Beispiele nigerianischer Erfolgsgeschichten fern der Heimat, die ihre akademische Ausbildung noch in Nigeria erhalten hatten. Als in den späten achtziger Jahren die Bildungsmisere immer offener zu Tage trat, als im ganzen Land die Schulen verfielen, Universitäten durch permanente Streiks entvölkert oder von den Militärs geschlossen wurden, dienten jene Erfolgsbiografien als Projektionsfläche und Ansporn, ihnen nachzueifern und es ihnen gleichzutun, in Nigeria wie auch in der Diaspora.

Inzwischen gibt es in Nigeria wegen des maroden staatlichen Bildungswesens in allen Preiskategorien eine rasante Zunahme privater Bildungseinrichtungen. Diese privaten Schulen und Universitäten produzierten bereits zahlreiche Absolventen einer neuen Generation, die begonnen haben, sich wieder dem globalen Bildungswettbewerb zu stellen. Die im internationalen Vergleich noch preiswerten privaten Bildungsangebote in Nigeria konkurrieren bereits mit den exorbitant teuren Bildungseinrichtungen in Übersee und den Golfstaaten und ziehen inzwischen auch Schüler und Studenten aus diesen Regionen an.

Das Repräsentantenhaus als zweite Kammer des nigerianischen Bundesparlaments verfügt über einen eigenen Ausschuss, der sich ausschließlich mit Belangen der Diaspora befasst. Er wird gerne als begehrtes Parlamentsreisebüro abqualifiziert, was aber an der Relevanz des Ausschusses und seiner Thematik vorbei geht. Denn er versucht, diesen vielfältigen Brückenkopf politisch zu institutionalisieren und zu instrumentalisieren, um die Relevanz Nigerias in Afrika und der Welt zu dokumentieren und den Kommunikations- und Ressourcenfluss zwischen Nigeria und dem Rest der Welt politisch zu fördern. Und im März 2010 gründeten in New York mehr als 100 Nigeria-stämmige US-Bürger das Nigerian Peoples' Parliament In Diaspora (NPPID), um die Netzwerke zwischen beiden Staaten weiter auszubauen.

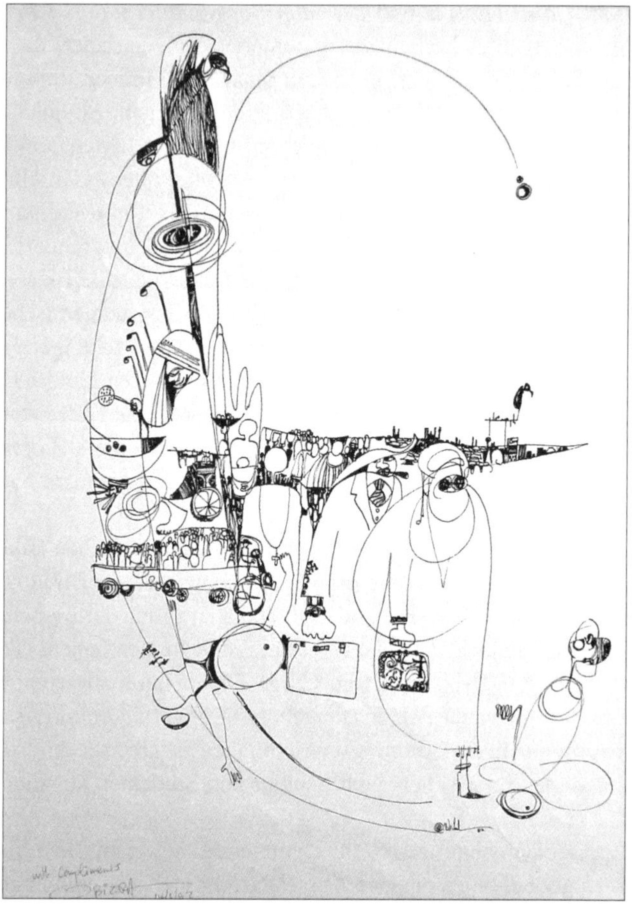

Zeichnung von Obiora Udechukwu, o.T.

Nigerianische Schriftsteller in Übersee – Begründer einer Diasporaliteratur?

Noch immer beherrschen die beiden »Schriftstellergiganten« Chinua Achebe und Wole Soyinka die westliche Wahrnehmung moderner afrikanischer und besonders nigerianischer Literatur. Soyinkas zahlreiche Dramen begründeten seinen eigentlichen Weltruhm, während seine biografisch durchwirkten Erzählungen und seine beiden Autobiografien *Aké* und *Brich auf in früher Dämmerung* einen lesenswerten Leitfaden zu sieben Jahrzehnten turbulenter nigerianischer Geschichte bieten. Achebe dagegen thematisiert gezielt zentrale Aspekte der nigerianischen Kolonialzeit, bettet sie ein. Der Zerfall der alten traditionellen Ordnung, die Tertiärsozialisation in der Heimat der Kolonialherren England oder in Amerika, die Rückkehr in die eigene Heimat, die sich als Rückkehr in die Fremde entpuppt, oder Macht und Gewalt, die aus den Gewehrläufen der neuen Herren in Uniform kommt, malen traurige und tragische Bilder, denen sich kein Leser entziehen kann. Beide Autoren sind aber auch lebendige Zeitzeugen und Teil der wechselhaften Geschichte ihres Landes, dessen Dynamik, Kreativität und De- und Rekonstruktion in ihren Werken und in ihrem Denken tiefe Spuren hinterlassen hat.

Wie labil die politische Lage Nigerias immer auch gewesen sein mag, Lesen und Bücher galten bis in die achtziger Jahre als Wert an sich, und so wurden auch zahlreiche Autoren jenseits der beiden literarischen Größen wie Amos Tutuola, Flora Nwapa, Buchi Emecheta und Cyprian Ekwensi von vielen Lesern geschätzt. Das Verlagswesen war gut entwickelt und erreichte durch enge Kooperation mit der angelsächsischen Welt, insbesondere mit der *Oxford University Press*, *Evans* und *Heinemann* aus Großbritannien, auch ein breites Kundensegment weißer und schwarzer Interessenten im Ausland. Der politische und wirtschaftliche Niedergang Nigerias traf mit voller Wucht die Schul- und Universitätsbibliotheken und den Büchermarkt, und Nigeria fiel binnen weniger Jahre in ein literarisches Koma. Was dennoch bis in die Gegenwart an Sachbüchern, Prosa, Lyrik oder wissenschaftlichen Werken zur Marktreife gelangte, erscheint fast ausschließlich in den westlichen Metropolen und erreicht verspätet und nur über Umwege die schwindende Leserschaft Nigerias. Südlich der Sahara kann heute nur noch Südafrika die notwendige Infrastruktur bereitstellen und Schreibtalenten eine Kreativität fördernde Plattform bieten. Zwar gibt es seit 2004 wieder einen *Nigerian Literature Prize*, aber bereits zwei Mal verweigerte die Jury die Preisverleihung wegen mangelnder Qualität, ein Eingeständnis, dass der Wiederaufbau des verfallenen Bildungssystems noch viele Jahre in Anspruch nehmen wird.

Dagegen ist in der Diaspora die nigerianische Literatur aus dem Koma erwacht. Seit Bestehen des *Caine Prize*[123] *for African Writing* im Jahre 2000, der sich inzwischen im internationalen Literaturbetrieb als *African Booker* Literaturpreis einen Namen gemacht hat, gewannen drei Nigerianer diese prestigeträchtige Auszeichnung, und fünf weitere erreichten die Endrunde, was immerhin die Publikation des eingereichten Beitrages garantiert[124]. Alle drei Preisträger haben ihren Lebensmittelpunkt in den USA oder in Großbritannien. E. C. Osondu gewann 2009 die Auszeichnung, und seine preiswürdige Kurzgeschichte *Waiting* erzählt aus der Perspektive eines Kindes in einem Flüchtlingslager, das überall stehen könnte, wo Krieg, Bürgerkrieg und Gewalt die Menschen entwurzelt haben und die Opfer unter erbärmlichen Verhältnissen nur eines tun können: warten. Warten auf Nahrung, warten auf Trinkwasser, warten auf den Fotografen, der das Elend im Bild festhalten soll, um es so plastisch wie irgend möglich den hilfs- und spendenbereiten Menschen in den reichen Staaten vor Augen zu führen. Warten und träumen von Amerika, von Dakota, von London, wo sich vielleicht eine Familie erbarmt, eines der träumenden Kinder aus dem Camp zu adoptieren, deren Namen wie Orlando, Acapulco oder London das Dasein ins Absurde treiben. Das Camp könnte in Nasarawa oder in Plateau in Zentralnigeria liegen, wo seit vielen Jahren Vertriebene im eigenen Land dahinvegetieren, oder in Darfur, Tansania oder in der DR Kongo, überall lernen die Insassen nur das Warten.

Nur wenn etwas extrem Ungewöhnliches passiert, wie die Geschichte mit den Hunden, verwandelt sich das Warten in einen Zustand des Erschreckens. So gehören die Hunde zum Camp wie die Flüchtlinge. Mangels sanitärer Anlagen sind die Hunde ein wesentlicher Bestandteil der Körperpflege, denn sie sorgen nach der Notdurft der Babys für die Hygiene, wofür die armen Mütter mehr als dankbar sind. Doch eines Tages gibt es keine Nahrungsmittellieferungen, die Flüchtlinge aber hungern und töten einige Hunde und verspeisen sie. Der Rest des Rudels ist irritiert, setzt aber die Reinigungsrituale fort. Als wieder eine Lieferung ausbleibt, wird eine ganze Anzahl von Hunden geschlachtet, und nur einige wenige können in den Busch fliehen. Nach einigen Tagen kommen sie zurück, diesmal aber reißen sie das erste Baby, das ihnen vor die Augen kommt, in Stücke, verschwinden mit ihrer Beute im Dickicht des Waldes und kehren nie mehr zurück.

Erhebliche Ambivalenz zur alten Heimat

Osondu hatte bereits 1996 auf sich aufmerksam gemacht, als er mit Unterstützung der Heinrich-Böll-Stiftung den Gedichtband *For Ken, For Nigeria. Poems in Memory of Ken Saro-Wiwa* herausgab, an dem mehr als 60 nigerianische Autoren beteiligt waren. Sein Bekanntheitsgrad jenseits der Grenzen Nigerias stieg allerdings erst 2007, als er mit seiner Geschichte *Jimmy Carter's Eyes* in die engere Wahl des Caine Preises kam. Er studierte an der Universität von Syracuse im Bundesstaat New York, wo er später auch Lehrverpflichtungen nachging, und wechselte dann an das Providence College in Rhode Island. Auch Osondu gehört noch zu der Generation, die eine gute Schulausbildung im eigenen Land genoss und dadurch in der Lage war, auch im entfernten Ausland zu studieren. Dank seiner Erfahrungen als Werbetexter in Lagos konnte er auch jenseits des Atlantiks zunächst in der Werbebranche arbeiten, bis er den Sprung ins literarische Fach schaffte. In diesem neuen und schwierigen Umfeld begibt er sich immer wieder auf die Suche nach den eigenen Wurzeln. Und diese schwierige Suche eröffnet in der Diaspora Schriftstellern wie Osondu die politisch-sozialen und literarischen Räume, die sie brauchen, um als Autoren zu reüssieren und zugleich ein zutiefst verinnerlichtes Ansinnen umzusetzen, nämlich Afrika mit all seinen Menschen und Gefühlen im Hier und Jetzt zu beschreiben. Die Geschichten liegen förmlich auf der Straße, decken die ganze Breite des menschlichen Daseins ab. Liebe, Sex, Intrige, Freundschaft, Geschichte, Politik und Mord lassen sich fast spielerisch anreichern mit tief sitzenden religiösen Glaubensvorstellungen, mit der Geisterwelt der Ahnen, mit Aberglauben und rationalen Betrachtungen, was einen neuen literarischen Blick auf Afrika und Nigeria freisetzt.

Die räumliche Distanz schafft dabei eine Nähe und Direktheit, die auch verstört, wie in *Waiting* oder in der 2006 auf der Internetseite AGNI erschienen Kurzgeschichte *A Letter From Home*. Hier wird fiktional und literarisch ein wichtiger Teil der afrikanischen Wirklichkeit abgebildet, der im Rahmen internationaler Netzwerke trotz aller Widrigkeiten und des weit verbreiteten Elends angebunden ist an den Rest der Welt. In dem *Brief von Zuhause* nimmt ein Vater seinen in Übersee lebenden Sohn ins Gebet und erinnert ihn daran, doch Geld zu schicken und bald nach Haus zu kommen, zu heiraten und Enkel in die Welt zu setzen. Damit könne er dann als Vater und Großvater endlich seinen Seelenfrieden finden und in Ruhe sterben. So machten es doch schließlich alle vernünftigen Söhne und Töchter, die in der Fremde zu Geld und Reichtum gelangt sind, argumentiert der Vater aus der fernen Heimat. Sollte das viele Geld auch mit sündiger Prostitution und ähnlich gottlosen Geschäften verdient worden sein – der Priester daheim wird für Gottes Vergebung schon sorgen. Sein Sohn, schreibt der Vater weiter, dürfe sich seiner Pflicht und Verantwortung gegenüber seiner Familie in Nigeria nicht entziehen und niemals sein Heimatland vergessen. Der Vater zitiert zum Schluss seines Briefes eine Fabel, um dem Sohn drastisch und unverblümt klarzumachen, dass sein egoistischer Ausflug in die Fremde für ihn ein böses Ende nehmen könnte. Wie viele Migranten haben schon ähnliches erlebt! Die Moral der Geschichte ist offensichtlich: Die alte Heimat lässt auch die moderne afrikanische und nigerianische Diaspora der dritten Generation nicht los, bleibt fester Bestandteil ihres Lebens, mit Erwartungen, Wünschen und Vorstellungen, die gnadenlos formuliert und eingefordert werden. Und anders als bei den europäischen Migranten in Nord- und Südamerika sind die zwei oder drei Herzen und Identitäten in der Brust der afrikanischen Zuwanderer sehr lebendig.

Entrechteten und Stigmatisierten eine Stimme geben

Dem inzwischen in den USA lebenden und lehrenden Helon Habila gelang mit *Love Poems* 2001 der Durchbruch, der ihn als zweiten Preisträger des *Caine Prize* einer breiteren Öffentlichkeit bekannt machte. Seine Gedichte wurden Teil der *Prison Stories*, die kurz darauf in der edierten Romanfassung *Waiting for an Angel* aufgingen, der 2003 den *Commonwealth Writers Prize for Best First Book* in Afrika gewann. Die Zustände in den Gefängnissen zur Zeit des Despoten Sani Abacha bilden den Hintergrund für die Liebesgedichte und den Überlebenskampf, den nicht alle politischen Gefangenen durchhielten. Kaum ein politischer Gefangener sah einen Gerichtssaal von Innen, sondern verbrachte nach Gutdünken der Schergen im Sicherheitsapparat Tage, Wochen, Monate oder gar Jahre hinter Gefängnismauern. Sie wurden verhaftet, freigelassen und verschwanden wieder in den Zellen mit dem einzigen Ziel, sie psychisch zu zerbrechen als Warnung für kritische Köpfe draußen. Habilas Hauptfigur Lamba, ein Journalist, sitzt schon seit zwei Jahren im Gefängnis. Irgendwie schafft er es, an Bleistift und Papier zu kommen, und beginnt, heimlich ein Tagebuch und Liebesgedichte zu schreiben, was ihm die Kraft zum Durchhalten gibt. Dabei benutzt er auch Lyrikfragmente berühmter Dichter und Schriftsteller, und Lambas größter Wunsch, Soyinkas Aufzeichnungen aus dem Gefängnis lesen zu können, weist auf die Vorbildfunktion des berühmten Werkes des Nobelpreisträgers hin. Der Wärter beschlagnahmt schließlich die

Gedichte und gibt sie gegenüber seiner Geliebten als seine eigenen aus, um ihr zu imponieren. Das gelingt ihm nicht, und das Schicksal des politischen Häftlings bleibt unbestimmt, so unbestimmt und nebulös, wie vieles während der fast fünfjährigen politischen Agonie und Friedhofsruhe unter dem Diktator Sani Abacha.

Nur vereinzelt waren in dieser Ära Betroffene bereit, zu beschreiben, was sich wirklich in den Gulags abspielte, wie die normalen Strafgefangenen die politischen Gefangenen in ihre Obhut nahmen, ihnen im Gefängnisalltag halfen und sie im Überlebenskampf unterwiesen. Den meisten politischen Häftlingen fehlten die Worte, um die Zustände in den Haftanstalten zu beschreiben, und zugleich schämten sie sich ihrer eigenen physischen Schwäche und der privilegierten Stellung, die ihnen die »normalen« Strafgefangenen normalerweise zuwiesen, weil sie sie für etwas Besseres hielten. Die endemische Korruption, die auch vor den Strafanstalten nicht halt machte, sicherte den politischen Gefangenen zumindest den Zugang zu halbwegs genießbarer Nahrung. Denn die materielle Not des Gefängnispersonals, dessen Gehälter, so sie sie überhaupt bekamen, nicht zum Leben reichten, öffnete gegen üppige Bezahlung die Gefängnistore für Familienmitglieder oder einflussreiche Freunde, um die Gefangenen zu versorgen. Helon Habila und Wole Soyinka verleihen aus sehr unterschiedlichen Perspektiven, fiktional und autobiografisch, politischen Häftlingen, aber auch »normalen« Strafgefangenen, die in Nigeria und anderswo zu Tausenden ohne Gerichtsurteil einsitzen oder einfach vergessen wurden, eine Stimme. An den unmenschlichen Zuständen in den meisten nigerianischen Gefängnissen hat sich aber trotz vieler Versprechungen der gewählten Regierungen nichts Grundlegendes verändert.

Der dritte Preisträger, Segun Afolabi, der den *Caine Prize* 2005 für seinen Beitrag *Monday Morning* erhielt, lebt und arbeitet in Großbritannien. Die preisgekrönte Geschichte gehört zu einer Kurzgeschichtensammlung, die unter dem Titel *Life Elsewhere* erschien und deren Leitthemen Migration und Leben in der Fremde sich wie ein roter Faden durch die einzelnen Kurzgeschichten ziehen. Exil, Vertreibung, Entwurzelung und die Sehnsucht, sich in der neuen Umgebung zu erden, und der Wunsch, dazuzugehören, schaffen vielfältige Spannungsbögen, die zu erzählen Afolabis ureigenstes Anliegen ist. Als Sohn eines Karrierediplomaten bewegte er sich seit seiner Geburt auf internationalem Parkett, lebte das Leben eines Unsteten, der qua Geburt dazu verurteilt war, Nigeria aus der Distanz wahrzunehmen, Widersprüche und Brüche des Landes in Einklang zu bringen mit seinen Erfahrungen und Emotionen jenseits der kulturellen Grenzen seiner nigerianischen Heimat. Die globalisierte Welt der Moderne, in der Zeit und Raum zu Nullen und Einsen mutieren und Information und Kommunikation rund um die Uhr über physische Grenzen hinweg in Echtzeit um den Erdball jagen, steht in einem spannungsgeladenen Verhältnis zu Misstrauen, gegenseitigem Unverständnis, Einsamkeit und Missverständnissen innerhalb von Migrationsgemeinschaften wie auch zwischen Migranten und Gastländern. Doch bei allen Schwierigkeiten und Hürden, die, wenn überhaupt, nur schwerlich zu meistern sind, bieten sich gelegentlich auch Chancen, neue Beziehungsstrukturen aufzubauen. Das ist der Stoff, aus dem Segun Afolabi schöpft. Er beschreibt seine Charaktere im Zwiespalt der Gefühle, verzweifelt, ihrer Heimat entflohen und irgendwo in der Kälte und Rationalität der Aufnahmestaaten angekommen, nicht ansatzweise ahnend, was sie dort erwartet. Was sie aber wissen, ist, dass sie irgendwo sind, eben *Elsewhere*.

Elswhere und fremd im eigenen Land können sich Nigerianer leicht auch zu Hause fühlen. Obwohl alle Nigerianer die nigerianische Staatsbürgerschaft besitzen, gilt jeder Nigerianer de facto in 35 der 36 Bundesstaaten als Quasi-Ausländer ohne seine vollen staatsbürgerlichen Rechte und kann dementsprechend von den »echten Einheimischen« in unterschiedlichsten Ausprägungen diskriminiert werden. Jeder Nigerianer gehört einer Ethnie in einem Siedlungsgebiet eines bestimmten Bundesstaates an. Dadurch wird »Indiginität«, also »Einheimischsein«, definiert, was als Grundlage einer rigiden Quotenregelung dient. Diese Regelung findet besonders im öffentlichen Dienst, bei der Arbeitsplatzvergabe in staatlichen und halbstaatlichen Unternehmen und Behörden und beim Zugang zu staatlichen Bildungs- und Gesundheitseinrichtungen Anwendung. Und in der Regel zahlen die Zugewanderten in den meisten Bundesstaaten höhere Schulgebühren als die »Einheimischen«. Einzig das aktive und passive Wahlrecht bleiben von diesen Regelungen unberührt.

Dieses systematisch herbeigeführte Dilemma entsprang konkordanzdemokratischen Überlegungen, die sicherstellen sollten, dass keine Ethnie oder Region den Gesamtstaat dominiert und der quantitativ sehr ausdifferenzierte Föderalismus sich in allen wichtigen politischen Bereichen widerspiegeln muss. Dabei bezogen sich die Erfinder des *federal character principle* auf die in der Kolonialzeit geltende Unterscheidung zwischen »Indigenes« und »Non-Indigenes«, also Einheimischen und Fremden, wobei sehr allgemein die Fremden als Personen beschrieben wurden, die nicht zu einer eng gefassten lokalen Gemeinschaft gehörten. Diese ethnische Unterscheidung haben die politischen Eliten in der Verfassung der II. Republik fest- und bis heute fortgeschrieben. Nur gelegentlich, und dann auch nur nach schweren Konflikten wie im Januar 2010 in der Stadt Jos im Bundesstaat Plateau, wird das im Innenverhältnis so problematische Thema Staatsbürgerschaft öffentlich diskutiert, verschwindet bislang aber immer wieder schnell in den Niederungen der Machtpolitik.

Chimamanda Ngozi Adichie

Die in den USA lebenden nigerianischen Schriftstellerinnen Sefi Atta und Chimamanda Ngozi Adichie richten aus der geo-kulturellen Ferne ihren literarischen Blick dezidiert auf ihr Geburtsland. Liebe vor und im Bürgerkrieg um Biafra war Ngozi Adichies Thema ihres zweiten Romans *Half of a Yellow Sun*, Familie und Religion jenes ihres ersten Prosabandes *Purple Hibiscus*[125], für den sie den *Commonwealth Writer's Prize* für das beste Erstlingswerk erhielt. Es ist die Geschichte um den rechten Glauben, um das autoritäre Regime des Familienvaters, um Toleranz, Tradition und Modernität und um die zaghaften Emanzipationsversuche der Tochter Kambilii und des Bruders Jaja gegen Ende der bleiernen Zeit Nigerias unter dem Diktator Abacha. Erzählt wird die Geschichte aus der Sicht der 15-jährigen Tochter, die sich mit Hilfe ihrer liberalen gebildeten Tante aus den Klauen des katholischen Eiferers zu befreien versucht. Hin- und hergerissen zwischen tiefer Zuneigung zum hartherzigen und manchmal auch brutalen Vater und dem inneren Drang, dessen Wertesystem in Frage zu stellen, was ihr aber aus Angst und Liebe kaum gelingen will, entfaltet sich die Geschichte um den Zerfall der familiären Ordnung und das so schmerzhafte Erwachsenwerden. Während die Mutter ihren Ehemann vergiftet, der Sohn aber die Verantwortung für die Tat übernimmt und im Gefängnis landet, verliebt sich die Protagonistin in einen jungen attraktiven katholischen Priester. Trotz des familiären Zerfalls ergeben sich aber für die handelnden Personen vage Perspektiven eines Neuanfangs, die sie auch wegen der veränderten politischen Lage vielleicht nutzen können.

Sefi Attas erster Roman *Everything Good Will Come*[126], der ihr den *Wole Soyinka Prize for African Literature* einbrachte, bildet das Leben zweier völlig unterschiedlicher Frauen ab, die sich im Kindesalter in Lagos kurz nach dem Bürgerkrieg kennenlernen. Die Autorin, Tochter eines hohen Verwaltungsbeamten unter der Militärregierung Gowon, erzählt, wie daraus eine lebenslange Freundschaft erwächst, die trotz der so verschiedenen sozialen und kulturellen Hintergründe bestehen bleibt. Atta porträtiert Lagos kurz nach dem Bürgerkrieg und die anfangs noch heile Welt von Enitan, die in einer der besten Wohngegenden auf Ikoyi an der damals noch fischreichen Lagos Lagune lebt und die sich mit dem Nachbarkind Sheri anfreundet. Auch hier sind es Familienstrukturen, die in den chaotischen siebziger und achtziger Jahren langsam zerfallen.

Enitans Bruder stirbt früh, ihre Eltern streiten ununterbrochen, unter anderem weil sich die Mutter mystischen religiösen Praktiken hingibt, was tiefe Spuren in ihrer von Zweifeln, Unsicherheiten und Verlustängsten geprägten Tochter hinterlässt. Demgegenüber steht ihre Freundin, Kind einer polygamen Familie, die sich den traditionellen Vorstellungen waghalsig und trotzig entgegenstellt, bis sie auf einer Party im Ikoyi-Park von Halbstarken, vollgepumt mit Alkohol und Drogen, vergewaltigt wird. Dieses Ereignis erzeugte in Enitans Gefühlswelt ein tiefes Misstrauen gegen das männliche Geschlecht, das ihr weiteres Leben maßgeblich beeinflusst.

Nach dem Rechtsstudium und einer Anwaltstätigkeit in Großbritannien kehrt sie nach Nigeria zurück, arbeitet für ihren Vater, später im Staatssektor, dann bei einer Bank und heiratet einen scheinbar ruhigen schweigsamen Mann. Die Ehe mündet aber für sie schon bald in einer Sackgasse, denn ihr Mann versucht, ihre Karriere zu unterbinden und sie an Heim und Herd zu fesseln. Beide Frauen erleben die goldenen Jahre des Aufstiegs und dann auch den politischen, wirtschaftlichen und kulturellen Niedergang, dessen Vorzeichen die beiden Frauen schon frühzeitig wahrnehmen. Doch immer setzt sich trotz aller Widrigkeiten, Tragödien und dem schmerzhaften Zwiespalt zwischen Tradition und Moderne, Männern und Frauen sowie vielfältigen Loyalitätskonflikten der Überlebenswille der beiden Protagonistinnen durch.

Von Geisterkindern

Zu den bekanntesten Diaspora-Schriftstellern zählt sicherlich Ben Okri, der Ende der siebziger Jahre in Großbritannien ein literaturwissenschaftliches Studium aufnahm und sich dort dauerhaft niederließ. Als Redakteur des einst berühmten, in London produzierten Wochenmagazins *West Africa* saß er in einer Schlüsselposition und konnte sein Herkunftsland Nigeria und das übrige englischsprachige Westafrika mit dem Zentrum des Commonwealth publizistisch vernetzen. Sein Durchbruch gelang mit dem 1991 erschienenen und mit dem *Booker Prize* ausgezeichneten Roman *The Famished Road*[127], in dem es Okri gelingt, Mythologien und Geistergeschichten mit aktuellen politischen Ereignissen und Entwicklungen in Nigeria am Vorabend der Unabhängigkeit zu verweben. Die Koexistenz von geistig-spiritueller und realer Welt ist fester Bestandteil des afrikanischen Alltags, ganz gleich, ob auf dem afrikanischen Kontinent oder in der Diaspora, so dass jeder Leser sofort versteht, was die Geschichten erzählen. Das *Spirit-Child*, das Geisterkind Azaro, bewegt sich beständig auf den Verbindungslinien zwischen Leben und Tod, Fiktion und Realität, Traum und Alptraum, dazu verdammt, als Kind ewig wiedergeboren zu werden und als Kind zu sterben. Um diesen Zyklus zu durchbrechen, entschließt sich Azoro, einzutauchen in die materielle Welt der Menschen mit all seinen Unwägbarkeiten und Schrecken. Aber dazu muss es sich selbst und seine Umgebung ehrlich und selbstkritisch betrachten mit allen Fehlern, Schwächen, Verwerfungen und kriminellen Strukturen und bereit sein, sie zu bekämpfen. Denn nur dann kann der absurde Zyklus durchbrochen werden. Azaro begibt sich in die Obhut eines Ehepaares, das im Slum lebt, wo der Ehemann davon träumt, eines Tages als Boxer genug zu verdienen, um die Welt von jeglicher Ungerechtigkeit zu befreien. Alle leiden unter der Knute der Politiker und Schuldeneintreiber, die regelmäßig dieses Terrain durchkämmen. Aber die Straße verläuft nicht geradlinig, und Ben Okris Meisterstück umfasst weit mehr als wir sehen. Denn die Geister mischen sich ein und versuchen, Azaro wieder zurück in ihre Welt zu holen.

Leben in der Fremde

Räumliche Distanz zur verklärten Heimat Nigeria, emotionale Nähe zu den Themen und die Einbindung in eine zahlenmäßig große Diaspora in den USA und Großbritannien spiegeln die Lebenswirklichkeit in der »Fremde« eindrucksvoll wider. Nach vorsichtigen Schätzungen leben bis zu drei Millionen Menschen nigerianischer Herkunft in den USA, die weitaus meisten in den Metropolen Washington, New York, Los Angeles, Houston und San Franzisco. Zwar stellen Migranten aus dem Igbo-Gebiet Nigerias einen Großteil der Zuwanderer, was eng mit der Biografie ihres ersten Staatsoberhauptes Nnamdi Azikiwe und der Gründungsgeschichte der University of Nigeria Nsukka (UNN) zusammenhängt, de facto sind aber fast alle Volksgruppen Südnigerias vertreten. Azikiwe entdeckte und erkundete neun lange mühselige Jahre zwischen 1925 und 1934 das System USA aus der Sicht eines Afrikaners und Schwarzen. Harte Arbeit, Erniedrigungen, aber auch der Wille, trotz aller Widerstände aus eigener Kraft hohe Ziele wie einen Universitätsabschluss zu erreichen, hinterließen damals tiefe Spuren im wachsenden Selbstverständnis einer neuen, bildungshungrigen Igbo-Generation. Azikiwes langgehegtes Ziel, eine afrikanisch und nigerianisch geprägte Hochschule zu gründen, die einen inhaltlichen Gegenpol zum britischen Curriculum der Kaderschmiede in Ibadan bildete, erfüllten schließlich überwiegend US-Akademiker in der spätkolonialen Phase und in den Jahren bis zum Biafrakrieg. Die Gründungsphase der UNN dominierten Dozenten der Michigan State University. Die großen Stiftungen Carnegie und Ford und das *Peace Corps* stellten zusätzlich Finanzen und Personal zur Verfügung, und während der ersten sechs Jahre leiteten

Amerikaner die Universität. Der Erfolg des amerikanisch beeinflussten, breit angelegten Curriculums war durchschlagend, und schon bald überflügelten die ersten Absolventen die Mitkonkurrenten aus Ibadan bei Stellenbesetzungen im höheren Staatsdienst.

Der Traum, das Land der unbegrenzten Möglichkeiten erleben zu können, wurde für viele Nigerianer ab 1965 Wirklichkeit, als das novellierte Einwanderungsgesetz auch Afrikanern das Tor zur neuen Welt öffnete. Ihre gute Bildung bot Nigerianern aus den südlichen Landesteilen günstige Voraussetzungen, trotz Rassendiskriminierung ihren Platz in den USA zu finden und den Freiraum eines auf Individualismus ausgerichteten Systems zu nutzen, um gesellschaftlich aufzusteigen. So sind Nigerianer in allen freien Berufen präsent, insbesondere im medizinischen Sektor und an den Hochschulen, so wie Ezozo Agrippa aus dem Niger-Delta, der 1981 in die USA auswanderte, in Los Angeles an der Universität von Kalifornien studierte, im IT-Bereich arbeitete und die Africa Diaspora Foundation gründete. Anders als Agrippa, der einen dezidiert afrikanischen Ansatz verfolgt, haben sich Nigerianer in Hunderten von Vereinen organisiert, deren Namensgebung in vielen Fällen auch Rückschlüsse auf ihr Herkunftsgebiet in Nigeria zulässt, und sie sind zusätzlich über amerikanische und nigerianische Kirchen national wie global vernetzt. Der direkte persönliche Austausch mit der nigerianischen Heimat ist im Vergleich zu den Landsleuten in Großbritannien allerdings eingeschränkt. Denn die Entfernung, logistische und sicherheitsrelevante Hürden und nicht zuletzt die hohen Kosten halten die Zahl der Nigerianer in engen Grenzen, die die beschwerliche Reise nach Nigeria oder in die USA auf sich nehmen. Schon deshalb kennen die meisten Kinder der zweiten und dritten Generation Nigeria nur vom Hörensagen, auch wenn die digitale Welt und die elektronischen Medien einen ständigen Informationsfluss in beide Richtungen ermöglichen. Trotzdem haben die Bilder in den Köpfen nur wenig mit der nigerianischen Wirklichkeit zu tun. Aber diese Heimatverbundenheit sichert die üppigen Transferzahlungen der nigerianischen Diaspora aus dem angelsächsischen Sprachraum, die 2009 ein Volumen von annähernd zehn Milliarden US-Dollar erreichten und etwa die Hälfte der Transfers der gesamten afrikanischen Diaspora ausmachen. Trotz dieser Entwicklung nehmen in der zweiten und dritten Generation die Probleme in den USA zu, und besorgte Mitglieder der Gemeinschaft haben die League of Patriotic Nigerians gegründet, um der ansteigenden Kriminalität und den zunehmenden Deportationen innerhalb der nigerianischen Gemeinden entgegenzuwirken.

Im Herzen der nigerianischen Diaspora

Die Metropole London ist das Herz der nigerianischen Diaspora in Europa und zieht seit mehr als vier Jahrzehnten Nigerianer geradezu magisch an. Die meisten stammen aus dem Südwesten des Landes mit den Ballungszentren Lagos und Ibadan. Sie siedelten sich im nördlichen Londoner Stadtteil Hackney und in den südlichen Vierteln von Peckham, Lambeth und Lewisham an, wo zwischen 30 und 50 Prozent der Bewohner afrikanische Wurzeln haben. Afrikaner beherrschen die Szenerie, und aus dem Sprachengewirr dringen westafrikanisches Pidgin, Yoruba, Twi und ein leicht gefärbtes Englisch an das Ohr des Besuchers. Die Häuserzeilen in der High Street und den umliegenden Straßen im Zentrum von Peckham sind auch heute noch als Kopie in den Großstädten der Siedlerkolonien Ostafrikas zu bestaunen. Doch stammen die Bewohner hier überwiegend aus Westafrika. Nur wenige Meter entfernt vom großflächigen Supermarkt reiht sich Geschäft an Geschäft, klein und überschaubar. Sie bieten alles, was das westafrikanische und besonders das nigerianische Herz begehrt. Übersichtlich angeordnet warten Yams, Cassava, *Plantain*, Stockfisch, *Cowlegs*, *Goat-Heads*, an den Decken hängendes Frischgeflügel, populäre Biersorten von zu Hause, alle Ingredienzen für *Egusi* (nigerianischer Eintopf) auf ihre Käufer und geben ihnen zumindest beim Essen ein klein wenig Heimatgefühl. Die Luft ist erfüllt von allerlei Gewürzen, dem charakteristischen Trockenfischgeruch und den Ausdünstungen der für den auswärtigen Betrachter gewöhnungsbedürftigen Fleischauslagen.

Holy Ghost Zone. The Redeemed Christian Church of God

An Sonn- und Feiertagen drängen sich jenseits der etablierten Kirchengemeinden Tausende von Gläubigen in Räumlichkeiten, die über Nacht aus Geschäftsräumen, Fitnesshallen oder Bezirksratshäusern zu Gotteshäusern mutiert sind, in denen Ableger nigerianischer Kirchen wie die Redeemed Church of Christ, Deeper Life Bible Church, Celestial Church of Christ oder das von Nigerianern in London gegründete, überaus erfolgreiche Kingsway International Christian Centre[128] ihre eigenen Gottesdienste abhalten. Der traditionelle Heiler, der *Babalao*, der auch als Mittler den Zugang zu den Yoruba-Gottheiten sichert, fehlt ebenso wenig wie der *Elewe Omo*, der Heilkräuter gegen allerlei Beschwerden zusammenstellt, und die *Owambe*, eine Party, auf der Wohlstand, Reichtum und Macht offen zur Schau gestellt werden. Die *Owambe* entstammt der Yoruba-Kultur und ist abgeleitet aus »owa ni ba«, was soviel heißt wie »Das ist es«. Doch steckt hinter diesem Terminus in erster Linie Geltungsdrang und prestigeträchtiger Konsum. Angesichts dieser Strukturen könnte man sich auch nach Lagos oder Accra versetzt glauben, wobei dennoch ein entscheidender Unterschied zwischen diesen Diasporastadtteilen und den fernen Heimatregionen besteht. In der Diaspora kommt der Strom aus der Steckdose, das Wasser aus dem Hahn, die Straßen sind geteert und gepflastert und der urbane Charakter und städtebauliche Ordnungskriterien prägen die Straßenzüge. Die wild wuchernden Städte Nigerias, die wie die meisten afrikanischen Städte unkontrolliert und planlos wachsen, ähneln dagegen mehr riesigen, unüberschaubaren Ansammlungen von Wellblechhütten, ohne Kanalisation und befestigte Straßen. Und wenn die Wolken in der Regenzeit ihre Schleusen öffnen, versinken ganze Stadtteile in Dreck und Morast, und das gesellschaftliche und wirtschaftliche Leben kommt tagelang weitgehend zum Stillstand.

Die südlichen und südöstlichen Stadtteile Londons wie Peckham und Lambeth nehmen inzwischen an Beliebtheit bei Studenten, Akademikern und der Mittelschicht gleich welcher Hautfarbe zu. Denn in diesem Kulturmix sind die Immobilien- und Mietpreise im Vergleich zu den meisten Stadtteilen Londons noch erschwinglich, das Exotische zieht an, das Kultur- und Freizeitangebot ist akzeptabel und die geografische Nähe und Verkehrsanbindung zur Stadtmitte sind sehr gut. Der soziale Aufstieg der afrikanischen Bewohner Peckhams lässt sich besonders anschaulich im *Restaurant 805* beobachten, wo sich die neue Mittelschicht in gediegener Atmosphäre bei afrikanischen Speisen und Getränken präsentiert und wo sich auch nigerianische Politiker während ihrer regelmäßigen Ausflüge und Dienstreisen nach London ohne viel Aufhebens den gewohnten heimischen Essensritualen hingeben können.

Multiple Identitäten

Zwischen den sechziger und neunziger Jahren gab es die erste Einwanderungswelle, und die meisten kamen in der festen Überzeugung, nach wenigen Jahren wieder nach Nigeria zurückzukehren. Doch fast alle blieben, genossen Ausbildung und Jobmöglichkeiten und konkurrierten auf dem Arbeitsmarkt schon bald mit Zuwanderern aus der Karibik. Gewappnet mit einer zumeist guten schulischen Ausbildung in Nigeria während der späten kolonialen und frühen postkolonialen Phase, entwickelten sich die Nigerianer in Zahl und Willenskraft schnell zur dominanten afrikanischen Gemeinschaft, die inzwischen auf allen Ebenen der britischen Gesellschaft im Großraum London zu finden ist und innerhalb der Immigranten selbst mit US-Einwanderern konkurriert. Ihr gesellschaftlicher Aufstieg erzeugt jedoch wie in den meisten Migrationsgemeinschaften Paradoxien, die in vielen Fällen zu erheblichen psychischen und kulturellen Verwerfungen führen. Das gilt uneingeschränkt auch für die nigerianische Diaspora, die in einem enormen Spannungsverhältnis zur Heimat steht, wie es auch E. C. Osondu literarisch in seinem *Letter from Home* subtil-brutal beschreibt. So entstehen Verklärungen der Heimat, unterfüttert durch digitale Empfangsmöglichkeiten nigerianischer Fernseh- und Radiosender, die sich mit zunehmendem zeitlichen Abstand zur Ankunft in Großbritannien steigern und ein Bild von Nigeria insgesamt, von Lagos, Ibadan, Abeokuta, Benin City oder Port Harcourt zeichnen, das mit der Wirklichkeit nur noch am Rande zu tun hat. Intellektuell wissen die nigerianischen Migranten durchweg um die politischen und sozioökonomischen Zustände in ihrer Heimat, vermeiden aber möglichst jegliche Diskussion darüber innerhalb der eigenen Gemeinschaft und blenden sie auch gegenüber der britischen Öffentlichkeit emotional und stolz unter dem Dach eines imaginären nigerianischen Kosmos aus. Diese Fähigkeit, mehrfache Identitäten gleichzeitig zu leben und in Sekundenschnelle wechseln zu können, ist in der Persönlichkeitsstruktur von Nigerianern besonders tief verankert und für das Selbstverständnis lebensnotwendig, was sicherlich in den kolonialen Erfahrungen und dem Anpassungsdruck im Vielvölkerstaat Nigeria begründet ist. Diese Fähigkeit, die Afrikaner schon in vorkolonialer Zeit als Überlebensstrategie entwickelten, erlaubt es, sich bei Bedarf unliebsamer Herrschafts- und Machtstrukturen zu entziehen. Tayo Sola, eine erfolgreiche Radio-Journali-

Traditionelles Yoruba-Brautpaar

stin, gehört zu den Wenigen, die sich äußerst kritisch mit den Zuständen in ihrer nigerianischen Heimat auseinandersetzt und deren Nigeria-stämmiger Ehemann »schwor«, nie wieder seinen Fuß auf nigerianischen Boden setzen zu wollen.

So haben viele Eltern Probleme und Hemmungen, ihre Kinder mit der nigerianischen Wirklichkeit zu konfrontieren aus Angst vor einem nicht korrigierbaren Kulturschock und dem Eingeständnis, ihnen über viele Jahre hinweg eine imaginäre heile Welt vorgegaukelt zu haben. Zugleich aber produziert diese Verbundenheit mit der eigenen Ethnie in den heimischen vier Wänden vielfältige kulturelle Varianten. So werden in der dominanten Yoruba-Gemeinschaft von London die Kinder häufig so erzogen wie die Kinder in einer Familie im Südwesten Nigerias, was sich besonders bei Respektbezeugungen, Begrüßungs- und Essensritualen zeigt. Dagegen hat die Sprachkompetenz in den vergangenen Jahren sichtlich abgenommen, ein deutlicher Hinweis auf soziokulturelle Veränderungen innerhalb der Jugendkultur, was in jüngerer Zeit zu erheblichen Konflikten in der auf drei Generationen angewachsenen Gemeinschaft führte.

Diesen Themenbereich hat die junge Dramatikerin Bola Agbaje bearbeitet, deren jüngstes Stück *Off the Endz* Anfang 2010 am Royal Court Theatre in London aufgeführt wurde. Ihren Durchbruch aber erzielte sie mit ihrem ersten Stück *Gone Too Far*, für das sie 2008 den *Olivier Award* erhielt, ein biografisch durchsetztes Stück über Identität, Geschichte und Kultur, das eine Welt zeigt, in der überall Respekt eingefordert, aber kaum freiwillig bezeugt wird. Die in Großbritannien geborene und dort lebende Bola Agbaje verbrachte als Kind zwei Jahre in Nigeria und erlebte am eigenen Leib, dass man sie dort auf Grund ihres englischen Akzents als *Oyinbo*, also als Weiße, betrachtete, in Großbritannien wiederum galt sie Dank ihres afrikanischen Akzentes als Afrikanerin, was bei ihr erhebliche psychische Irritationen erzeugte. In ihrem ersten Theaterstück treffen in einer fast schon klassisch zu nennenden Konstellation zwei Brüder im Teenageralter in London aufeinander. Der eine, Yemi, ist im Süden Londons aufgewachsen, während Ikudayisi seine Kindheit und frühpubertäre Phase in Nigeria verbracht hatte. Als Ikudayisi zu verstehen gibt, bleiben zu wollen, überschneiden sich schon bald beide Lebenswelten, und Yemi ist gezwungen, sich neu zu justieren. Denn eine einfache Einkaufstour entzündet sich zu einer Erkundungsreise in die Psyche des jeweils anderen, in der die unterschiedlichen Lebenswelten schmerzhaft aufeinanderspralllen und die die Zerrissenheit der größten schwarzen Nation offenbart, in der jeder ein Individualist sein will, aber keiner bereit ist, sich von der Masse positiv abzuheben. Bola Agbaje hatte sogar Premierminister Gordon Brown eingeladen und darauf verwiesen, dass dieser anhand dieses Stückes hätte verstehen lernen können, was die junge schwarze Bevölkerung denkt und wie man Jugendgewalt und Jugendkriminalität begegnen könne.

Florence Nosegbe

Wenn gebildete britische Nigerianer wie die junge Gemeinderätin Florence Nosegbe über Bola Agbaje oder den bildenden Künstler Chris Ofili sprechen, der Anfang 2010 eine große Ausstellung in der angesehenen *Tate Britain* hatte, dann wird der Stolz und das ganze Ausmaß des Erfolges nigerianischer Immigranten der zweiten Generation sichtbar. Denn diese Erfolgsgeschichten dienen auch als Ansporn und Bezugsrahmen, die Möglichkeiten einer offenen Gesellschaft zu nutzen. So arbeitet Florence Nosegbe, die ihr Mandat im Bezirk Lambeth mit seinen 280.000 Einwohnern wahrnimmt, wo fast 40 Prozent der Bevölkerung einen afrikanischen oder karibischen Migrationshintergrund haben, zielgerichtet auf einen Sitz im britischen Parlament hin. Und sie ist überzeugt, dieses Ziel spätestens 2015 erreicht zu haben. Zugleich ist ihr aber auch bewusst, wie dünn das Eis geworden ist, auf dem sich die Jugendlichen und Heranwachsenden der afrikanischen und nigerianischen Diaspora bewegen. Denn ihre politische Kärrnerarbeit an der Basis führt ihr täglich vor Augen, welche Folgen gebrochene Identitäten nach sich ziehen.

Die Zahl der straffälligen Jugendlichen dunkler Hautfarbe aus allen Schichten Londons nimmt rapide zu, was mehrere Teenagermorde Anfang 2010 unterstrichen, und auch die psychischen Störungen dieser Alterklasse weisen inzwischen besorgniserregende Formen auf. Doch ist der Weg zur psychologischen Behandlung weitgehend versperrt. Denn er verletzt auf dramatische Weise traditionelle Denkmuster und Konventionen der ersten Einwanderungsgruppen, die Stigmatisierungsängste mehr fürchten als konventionelle Strafen und so eigene Sanktions- und Therapievorstellungen entwickelten und umsetzen. Viele aus der neuen gehobenen Mittelschicht, die es sich leisten können, schicken ihre Kinder auf teure Privatschulen zurück nach Nigeria, die seit einem Jahrzehnt boomen. Je strenger der Schulalltag, desto besser, und die Eltern sind sogar bereit bis zu 10.000 Pfund Jahresgebühr zu zahlen, in der Erwartung, dass die dortigen Erziehungsmethoden und das schwierige soziale und infrastrukturelle Terrain die psychisch zunehmend labilen und konsumabhängigen Kinder wieder auf den ihrer Meinung nach rechten Weg zurückbringen.

Synchron dazu findet ein *Brain-Drain* gut gebildeter nigerianischer Briten statt, die in der höchst profitablen IT-Branche, bei Banken, Versicherungen und multinationalen Öl- und Gaskonzernen in Nigeria Spitzenpositionen besetzen und Spitzengehälter kassieren. Und auch die Regierung scheut sich nicht, für politisch besonders sensible Portfolios externe Expertise anzufordern. So berief der ab März 2010 kommissarisch amtierende Staatspräsident Goodluck Jonathan den Nigeria-stämmigen hochrangigen Bankier von Goldman Sachs London, Olusegun Aganga, zum Finanzminister. Schon die Regierung Obasanjo nutzte den externen Sachverstand einer Nigerianerin, als sie 2003 die Harvard- und MIT-Absolventin und leitende Weltbankmitarbeiterin Ngozi Okonjo-Iweala überzeugte, ihr Amt in Washington aufzugeben und das Finanzministerium zu übernehmen. In ihre Amtzeit fiel denn auch der spektakuläre Schuldenerlass mit dem Pariser Club 2005, der das Image Nigerias als durchsetzungsfähiger Verhandlungspartner stärkte. Trotz der allgemein gefürchteten infrastrukturellen Mängel und massiven Sicherheitsprobleme bestehen in Nigeria Verdienst- und Aufstiegsmöglichkeiten, die eine gesättigte Wirtschaftselite in London nicht mehr bieten kann. So war die strategische Entscheidung, sich der Expertise innerhalb der nigerianischen Diaspora zu bedienen, ein entscheidende Schritt, der den Erfolg dieser Branchen selbst in einem endemisch korrupten Land wie Nigeria mitbegründet.

Politiker, Militärs, Bürokraten, Intelligenzia, Könige und Chiefs – eine (un)heimliche Allianz

Die von der bislang letzten Militärregierung unter General Abdulsalami Abubakar dekretierte Verfassung von 1999 und die Wahl des einstigen Juntachefs Olusegun Obasanjo zum Staatschef und des Generals a. D. David Mark zum Senatspräsidenten belegten unmissverständlich, wie tief das Militärestablishment die Gesellschaft und das politische System durchdrungen hat. Dies wiederum weist auf die eklatante strukturelle Schwäche der politischen Elite hin, die auf eine enge Zusammenarbeit mit den Militärs angewiesen ist, um überhaupt Macht ausüben zu können. Denn diese einst unscheinbare Institution übernahm nach massiven Auseinandersetzungen innerhalb der politischen Klasse des jungen Staats erstmals 1966 die Macht mit einer Sollstärke von lediglich 10.000 Mann, die sich während des Bürgerkrieges zu einer gigantischen Militärmaschinerie von 270.000 Mann aufblähte.

Generalmajor a. D. David Bonaventura Mark ist seit Beginn der zweiten Legislaturperiode der IV. Republik 2007 Vorsitzender des Senats, nachdem er zum dritten Mal ins Parlament gewählt worden war. Geboren 1948 in Otukpo im heutigen Bundesstaat Benue, gehört er der Ethnie der Idoma an. Er besuchte nach seiner Grundschulausbildung die bekannte weiterführende Schule der Militärs in Zaria, die er 1966 erfolgreich abschloss. Danach folgte ein dreijähriger Kurs an der Nigerian Defence Academy in Kaduna und dann die weitere militärische und elektro- und übertragungstechnische Ausbildung in Großbritannien, Indien und an nigerianischen Hochschulen. Unter Juntachef Muhammadu Buhari diente er 1984 im Range eines Oberstleutnants als Militärgouverneur, war Mitglied der Junta, und unter General Babangida stieg er schließlich als Oberst zum Minister für den Kommunikations- und Fernmeldebereich auf. 1993 wurde er zwangspensioniert. Nach mehreren kritischen Äußerungen zum Diktator Sani Abacha ging David Mark nach Großbritannien ins Exil, kehrte erst kurz nach dem Tod Abachas 1998 zurück nach Nigeria und bereitete seine politische Karriere auf der Plattform der PDP vor.

Heute umfasst das Militär noch etwa 80.000 Soldaten und hat sich zur Herrschaftselite emporgearbeitet. Nach annähernd 30 Jahren Regierungszeit im Vielvölkerstaat veränderten die Generäle ihr Selbstverständnis und die politische Kultur des Landes. Und am 1. Oktober 2010, dem 50. Jahrestag der Unabhängigkeit, kann das Militär rückblickend festhalten, dass es im noch jungen Lebenszyklus des souveränen Nigeria weit mehr als die Hälfte der Zeit an der Spitze dieses Staates gestanden und nach und nach wichtige Positionen und Funktionen übernommen hat. Für diese Institution waren der Bürgerkrieg und die goldenen siebziger Jahre wie eine als Intensivkurs angelegte politische Fortbildung, in der sie zu dem wurde, was sie heute ist: gewichtiger Teil der Herrschaftselite. Zwar gelangte 2007 mit Umaru Musa Yar'Adua als Kompromisskandidat erstmals ein akademisch gebildeter Zivilist in das höchste Staatsamt, doch war auch er angesichts der schweren innerstaatlichen Konflikte insbesondere von der Loyalität der Generalität abhängig, um auf die Gewaltexzesse zumindest sicherheitspolitisch reagieren zu können. Das galt ebenso für seinen Vizepräsidenten Goodluck Jonathan, der zuerst geschäftsführend und nach dem Tod Yar'Aduas im Mai 2010 als exekutiver Staatspräsident die Führung des Landes übernahm.

Macht und Metamorphose der Militärs

Das nigerianische Militär ist trotz vielfacher schwerer Menschenrechtsverletzungen[129] inzwischen fest in der Gesellschaft und im Herrschaftsgefüge verankert, ob ihrer inzwischen fast unsichtbaren politischen und ökonomischen Macht sogar unantastbar und zugleich nach wie vor enorm lernfähig, wie der Club der pensionierten Offiziere RANAO[130] belegt. Während der tiefsten Krise des Landes, als Nigeria am Vorabend des Bürgerkrieges als Staat zu kollabieren drohte, standen ihnen erfahrene Politiker und Verwaltungsbeamte zur Seite, die, so paradox es klingen mag, das Land erst in die Nähe des Abgrundes gebracht hatten und es nun in einer konzertierten Aktion mit den Militärs vor dem Zusammenbruch retten sollten. Erst ein Jahr zuvor, 1965, hatte der britische Kommandeur der Streitkräfte, Generalmajor Christopher Welby-Everad, die Befehlsgewalt über die Truppen an den nigerianischen Offizier Generalmajor Aguiyi-Ironsi übergeben, der einst als zweiter Nigerianer zum Offizier und 1963 als erster Nigerianer zum Generaladjutanten befördert worden war.[131] Damit war die Igbo-Dominanz in den oberen Militärrängen weitgehend wieder hergestellt, die das kurz nach der Unabhängigkeit eingeführte Quotensystem zugunsten der Nordregion reduziert hatte. Denn noch am Vorabend der Unabhängigkeit waren 24 der 44 hohen Offiziere Igbo. In den mittleren Offiziersrängen dominierten dagegen Vertreter der Minoritätenvölker des Middle Belt und im bescheideneren Maße der südlichen Landesteile.

Die Zeitenwende der Entkolonialisierung und der Krieg im Kongo nach der Ermordung des ersten Regierungschefs Patrice Lumumba, in den auch die Blauhelme der Vereinten Nationen auf tragische Weise verstrickt waren, boten den jungen nigerianischen Offizieren gute Aufstiegsmöglichkeiten. Militärisch erzogen im Geiste der britischen Kaderschmieden Sandhurst und Aldershot und gestählt im Kriegsgewirr des Blauhelmeinsatzes im Kongo, besaßen alle Offiziere, die wenige Jahre später die Geschichte des jungen nigerianischen Staates mitbestimmen sollten, bereits Kampferfahrung und die Gewissheit, sich schon bald zumindest im britischen Sinne auf Augenhöhe mit der politischen und geistigen Elite Nigerias bewegen zu können. Der 1933 im nordnigerianischen Zunguru geborene spätere Biafra-Führer Ojukwu, der als erster Nigerianer über einen geisteswissenschaftlichen akademischen Abschluss verfügte, bevor er gegen den Willen seines Vaters in die Armee eintrat, trug seine britische Schul- und Universitätsausbildung und die damit verbundene intellektuelle Überlegenheit und Arroganz gegenüber seinen Kameraden offen zur Schau.[132] Spätestens 1963, als er als erster Nigerianer die prestigträchtige Position des *Quartermaster-General* besetzen konnte, eine Beförderung, die sicherlich mit seinem abgeschlossenen Geschichtsstudium in Oxford zusammenhing, sah er sich als die eigentliche politische und militärische Speerspitze des neuen Nigeria. So präsentierte er sich im nigerianischen und afrikanischen Kontext als etwas vollkommen Neues: als den Bourgeois in Uniform und Offiziersfrack, der sich seit den frühen sechziger Jahren ohne zu zögern mit seiner Barttracht, Rhetorik und dem eigenen Konterfei auf seinen Publikationen oft und gern des äußeren Erscheinungsbildes Fidel Castros bediente.

Ojukwus Masterplan Biafra scheiterte kläglich, wie auch alle anderen Versuche, jenseits der Gewehrläufe ein politisches Mandat zu gewinnen. Weder auf lokaler noch auf nationaler Ebene konnte er jemals unter Beweis stellen, genügend Wähler zu mobilisieren, um sich politisch zu legitimieren und eine Hausmacht aufzubauen, die im Ränkespiel der Macht hätte Einfluss ausüben können. So blieb Ojukwu nach seiner Begnadigung 1982 und der inszenierten triumphalen Rückkehr aus dem Exil ein »strahlender« Politstar ohne relevante politische Anhängerschaft, der Kraft seines ererbten und gut angelegten Reichtums bis in die Gegenwart bei Bedarf Schlagzeilen und Diskussionsstoff liefert. Seine einstigen Kameraden und militärischen Gegner dagegen hatten erheblichen Nachholbedarf an politischer Bildung und lernten schnell von ihren zahlreichen gut gebildeten Beratern aus Politik und akademischen Kreisen. Die Wissbegierde der Stabsoffiziere und Generäle schien grenzenlos, und sie entfachten einen Eifer, der anfangs noch erstaunen mochte, aber im Kontext politischer Machtentfaltung ein hohes Maß an Logik aufwies. Denn die jungen Generäle und Obristen fanden zunehmend Gefallen an ihrer neuen Rolle als Regierende in Friedenszeiten und waren voller Tatendrang, ihre unter Beweis gestellte militärische Kompetenz erheblich zu erweitern.

Die alte Garde der Politiker, die sehnsüchtig auf den Rückzug der Soldaten in die Kasernen wartete, und die akademische Intelligenzia lieferten die Blaupausen für den großen Sprung nach vorn. Trunken von Petrodollars und entsprechend der Zeit voller sozialistischer Ideen, entwarfen sie ambitiöse Pläne zu Entwicklung und Industrialisierung. Sie verstaatlichten die Bildung und nahmen den Glaubensgemeinschaften ihre Missionsschulen, die Zehntausende von gut gebildeten Nigerianern hervorgebracht hatten. Im ganzen Land entstanden Universitäten und Lehrerbildungsstätten auf der grünen Wiese, die sie mangels eigener Lehrkräfte mit einer Vielzahl ausländischer Dozenten besetzen mussten. Sie kauften nach Gutdünken auf dem Weltmarkt ein, was gefiel, und konsumierten ganz im Stile von Neureichen, die den Blick für Sinn und Wert einer Sache oder einer Leistung zu verlieren begannen. Im selben Atemzug war es ein Leichtes, sich in diesem Klima von Goldgräberstimmung zu bereichern, ohne dass anfangs irgendjemand ernsthaft Anstoß daran nahm. Zudem zeigte das Militärregime unter General Gowon keinerlei Interesse mehr, das nach dem Bürgerkrieg gegebene Versprechen einzulösen, zeitnah zu demokratischen Verhältnissen zurückzukehren.

Doch der Geist in Gestalt ungezügelten Konsums, offener Korruption und des Irrglaubens, mit Erdöl und Geld und ohne eigenes Zutun alles erreichen zu können, der der Flasche entstiegen war, war nicht mehr einzufangen. Und die Zahl der Neider und Ausgeschlossenen vom leicht verdienten Geld, zumeist Akademiker, Gewerkschafter, niedere Dienstgrade im Militär und öffentlich Bedienstete, stieg rapide an, so dass die inzwischen sich politisierende Militärhierarchie unter Murtala Ramat Muhammed 1975 die Notbremse zog. General Gowon, beim Amtsantritt 1966 mit 32 Jahren einst jüngster Staatschef Afrikas, musste daraufhin nach neun Jahren an der Spitze der neuen Macht in Westafrika seinen Platz räumen. Und mit ihm verloren all seine Generalskollegen, alle Militärgouverneure der Bundesstaaten und in einer Art Hexenjagd mehr als 11.000 Bürokraten, die als die eigentlichen Sündenböcke herhalten mussten, ihre Posten. Gowon selbst, der beim OAU-Gipfel in Kampala vom Staatstreich gegen ihn erfuhr, erhielt umgehend Asyl im Vereinigten Königreich und nahm in Warwick ein Politologiestudium auf, das er mit dem B.A. und später mit der Dissertation abschloss. Er hätte Cambridge vorgezogen, hatte aber dort bereits zuvor in seiner Funktion als Staatschef die Ehrendoktorwürde erhalten.

Es folgte eine neue Runde der engen Zusammenarbeit zwischen Militär und Universitäten. Denn der Fahrplan für ein neues stabiles politisches System enthielt brisante politische, administrative und verfassungsrechtliche Implikationen, die die Kompetenz der Militärs noch überforderte. Aber sie besaßen als entscheidende Institution die Macht, Vorschläge und Vorlagen jenseits jeglicher demokratischer Legitimation und je nach politischer Opportunität zeitnah umzusetzen. Das heißt auch, dass letztlich alle zentralen Entscheidungen über Form und Inhalt des nigerianischen Staates von Militärregierungen gefällt wurden. Das gilt insbesondere für die föderale Struktur[133], die heute 36 Gliedstaaten und das Bundesterritorium Abuja umfasst. Die Militärführung Muhammed/Obasanjo setzte dabei innerhalb eines relativ kleinen Zeitfensters (1975-79) im Vorfeld der II. Republik die radikalsten Vorschläge um, die nach wie vor die Basis für die formale Grundstruktur des nigerianischen Staates bilden und über die Gegenwart hinaus wirken. Denn in diesem Zeitraum hat das Militär den gesellschaftlichen Durchbruch geschafft und Strukturen etabliert, um nach dem Ausscheiden aus dem Dienst auch ohne Uniform wesentlicher Bestandteil der Herrschaftselite bleiben zu können: Präsidentielle Verfassung, dreigliedrige Föderalisierung (Bund, Bundesstaaten, Local Governments), Verlagerung der Hauptstadt in die geografische Mitte des Landes, Verstaatlichung von Grund und Boden, Verfügungsgewalt der Bundesregierung über alle natürlichen Ressourcen und direkter Zugriff auf die Zentralbank. Mit diesen Strukturen hatten die Militärs alle Möglichkeiten, sich im zivilen Leben einzurichten, der Prozess der Verbürgerlichung begann.

Systematische Selbstbereicherung und endemische Korruption

Schon die Indigenisierungspolitik und die Privatisierung boten zwangspensionierten wie auch ordnungsgemäß ausgeschiedenen hohen Militärs als Aufsichtsratsmitglieder und Anteilseigner von Unternehmen üppige Einkommen, ohne dass sie besondere Kompetenz hätten vorweisen oder irgendwelche Risiken hätten eingehen müssen. Aber erst der *Land Use Act* von 1978 räumte den Militärs die einträglichste und eleganteste Möglichkeit ein, sich legal zu bereichern. Der Begriff des »Gentlemenfarmer« wurde schon bald zum geflügelten Wort. Denn ein Großteil der führenden Generäle, allen voran der damalige Juntachef Obasanjo und sein Stellvertreter Shehu Musa Yar'Adua, erhielt in der letzten Phase ihrer Regierungszeit von eigens für Entwicklungsprojekte gegründeten staatlichen Banken extrem zinsgünstige Kredite, um Land zu erwerben und intensive Landwirtschaft zu betreiben. Die »Grüne Revolution«, ausgerufen von der gewählten Zivilregierung Shagari, die am 1. Oktober 1979 die Regierung des Landes übernahm, teilte zur Förderung der noch unterentwickelten kapitalintensiven Agrarwirtschaft zinsgünstige Darlehen im Überfluss zu. Obasanjos Ota Farms Ltd. im südwestlichen Bundesstaat Ogun und Yar'Aduas Sambo Farm im nördlichen Bundesstaat Katsina legen noch heute beredtes Zeugnis ab, wie strategisch geschickt sich die einstigen Machthaber im wenig entwickelten Wirtschaftssystem positioniert hatten und sich nun als erste Schicht wohlhabender pensionierter Militärs präsentieren konnten. Die weit überbewertete Währung Naira erlaubte es findigen Geschäftsleuten, technische Einrichtungen, Fahrzeuge und Dienstleistungen zum Spottpreis zu importieren oder die steigende Nachfrage lokaler Märkte nach Nahrungsmitteln zu befriedigen. Man konnte hoch subventioniert ins Ausland reisen, und politisch einflussreiche Personen kauften bei den staatlich kontrollierten Banken problemlos Devisen zum offiziellen Kurs ein. Dieser Kurs war auf Grund der überbewerteten Währung Naira wesentlich niedriger als der Schwarzmarktkurs. Der Verkauf dieser Devisen auf dem florierenden Schwarzmarkt wiederum befriedigte die große Nachfrage nach Dollar und britischen Pfund und sicherte den Verkäufern zugleich erhebliche Profitmargen. Darüber hinaus wurden in Erwartung einer baldigen Abwertung der einheimischen Währung günstig erworbene Dollarsummen systematisch gehortet, um im Fall einer Abwertung Superprofite erzielen zu können.

Bis zu einer massiven Abwertung des Naira dauerte es nicht lange. Denn als der Präsidenten-General Ibrahim Babangida 1986 sein hausgemachtes Strukturanpassungsprogramm umzusetzen begann, das weitgehend der klassischen IWF-Medizin für hochverschuldete Staaten entsprach, hatten die oberen Ränge im Militärapparat und die an der Formulierung des Programms beteiligten Berater bereits vorgesorgt. Kraft ihrer Machtposition sicherten sie sich noch vor der Liberalisierung des Finanzmarktes großzügige Bankkredite, um in den Zentren, insbesondere in Lagos, Port Harcourt, Kaduna, Kano und dem im Bau befindlichen Abuja Grundstücke und Immobilien im großen Stil in den besten Lagen zu kaufen. Dabei verursachten die niedrigen Zinsen nach mehreren massiven Abwertungsschritten und einer galoppierenden Inflation nur sehr geringe Finanzierungskosten, die Mieteinnahmen aber orientierten sich an Markpreisen, die in Relation zu den Einkommen des Landes in allen Kategorien astronomische Höhen erreichten. Aber sie wurden bezahlt, ein direkter Hinweis auf hinreichende Kaufkraft und erhebliche Vermögen. Die private Gelddruckmaschine im Immobilienbereich begann jedenfalls auf Hochtouren zu laufen, und ein Ende war noch lange nicht in Sicht. Vielmehr drehte sich Dank der weiterhin üppigen Einnahmen aus dem Öl- und Gasexport die Preisspirale seit Jahren schneller und weiter, was angesichts einer Verstädterung von etwa 50 Prozent – der höchsten in Afrika – der Masse der Bevölkerung ständig steigende Lasten aufbürdet, den allmächtigen Grund- und Immobilienbesitzern aber ein weithin sorgenfreies Leben garantiert.

Das Ausmaß der Plünderung staatlicher Ressourcen während der Militärherrschaft Babangidas und Abachas von 1985-98, die nichts anderes war als die totale Privatisierung des nigerianischen Staates, lässt sich lediglich grob schätzen. Doch dürfte sich der nominelle Wert zumindest im unteren zweistelligen Milliarden Dollarbereich bewegen, ganz zu schweigen vom soziokulturellen Schaden, der sich nicht in Zahlen fassen lässt. Die Großprojekte in der Bundeshauptstadt Abuja, die nie fertig gestellte Aluminiumschmelze Ikot Abasi, das unvollendete Stahlwerk Ajaokuta und die per Befehl verfügte kostenfreie Übereignung lukrativster Filetgrundstücke in Lagos und Abuja sicherten Hunderten von Generälen und Obristen jeweils Millionen von Dollar, die sie zwar auch in Nigeria anlegten, vorzugsweise aber auf Banken in der Schweiz, in Großbritannien, Luxemburg, Lichtenstein und mit Einschränkungen auch in Deutschland deponierten. Einen Teil der illegal ins Ausland transferierten Gelder konnte die Regierung Obasanjo nach mehrjährigen diplomatischen und rechtlichen Vorstößen repatriieren, und die Clique um den verstorbenen Abacha musste schließlich auch die meisten widerrechtlich erworbenen Grundstücke und Immobilien an den Staat zurückgeben, was sie aber verschmerzt haben dürfte. Denn Staatspräsident Obasanjo und seine Regierung sahen angesichts der kaum mehr überschaubaren Fälle nur geringe Chancen, innerhalb des bestehenden Rechtssystems gegen die Netzwerke der einstigen Machthaber rechtlich vorgehen zu können. Außerdem bestand die Gefahr, dass er selbst oder Mitglieder seiner Regierung und Verwaltung in den Fokus von Untersuchungen und Gerichtsverfahren geraten wären.

Auch den deutschen Konzernen Siemens, Bilfinger Berger und der einst zum MAN-Konzern gehörenden Ferrostaal wurden korrupte Praktiken in Nigeria unterstellt. Ferrostaal besaß die Federführung beim Bau der wirtschaftlich unsinnigen Aluminiumschmelze und soll Schmiergeldzahlungen in Höhe von 185 Millionen Euro an den Diktator Sani Abacha geleistet haben. Aber das in Deutschland angestrengte Korruptionsverfahren gegen drei leitende Manager wurde 2005 schließlich gegen eine Geldauflage von 50.000 bis 100.000 Euro eingestellt. Dagegen wurde Siemens 2007 vom Münchener Landgericht wegen schwarzer Kassen zu einer Geldstrafe von mehr als 200 Millionen Euro verurteilt. Während des Verfahrens hatten Firmenvertreter indirekt eingeräumt, Beamte in mehreren außereuropäischen Staaten, einschließlich Nigeria, bestochen zu haben. Daraufhin kündigten nigerianische Behörden an, eigene Untersuchungen anzustellen. Vergleichbare Verdächtigungen gab es auch seit mehreren Jahrzehnten gegen die in Nigeria landesweit bekannte Tochterfirma Julius Berger, ohne dass jemals substantielle Belege vorgelegt wurden. Allerdings verdankt das deutsche Unternehmen seinen Aufstieg zum internationalen Player weitgehend der Bautätigkeit seiner Tochter in Nigeria. Überall im Lande finden sich die einprägsamen Schilder mit dem weißen *B* auf blauem Grund, und was mit dem Bau der Eko Bridge in Lagos 1965 begann, geriet zu einer einzigen langen Erfolgsgeschichte. Brücken über den Niger, Fernstraßen, Flughäfen, Regierungsviertel, Wohnanlagen, alles, was aufwändig und teuer war, setzte zumeist die Baufirma Julius Berger um, die sich zu einem kleinen Staat im Staate mauserte. Die Krönung war jedoch der Bau der neuen Bundeshauptstadt Abuja, deren futuristisch anmutende Verkehrsführungen und ins Gigantomanische ausufernde Regierungsgebäude dem Unternehmen riesige Profite bescherten. Für Julius Berger und die deutsche Muttergesellschaft war es ein Jahrhundertprojekt, das nur ein langfristig aufgebautes Netzwerk umsetzen konnte. Dank dieses Netzwerkes hat Julius Berger bisher alle Regierungswechsel schadlos überstanden. So wurde diese Erfolgsgeschichte denn auch nur kurz unterbrochen durch das Regime des Despoten Abacha, in dessen Amtszeit die in Westafrika bekannten libanesischen Gebrüder Chagoury und ihr Firmenkonglomerat Chagoury Group das Baumonopol in Abuja übernahmen.

Vom Persönlichen und Politischen

Die politische Lernfähigkeit der Militärs hatte schon das Obasanjo-Regime Ende der siebziger Jahre bewiesen. Damals ging die akademische Intelligenzia in den *Dodan Barracks*, der Kaserne im vornehmen Ikoyi, ein und aus und versuchte, die in ihren Augen ungebildeten Generäle und Obristen im politischen Denken aufzurüsten. In jener Zeit sprach eines Tages ein persönlicher Emissär des Diktators Mobutu Sese Seko bei Obasanjo vor und beschwerte sich über die nigerianischen Medien, die angeblich nur negativ über seinen Chef berichteten. Da übergab ihm Obasanjo eine Mappe mit kritischen Zeitungsartikeln zu seiner eigenen Person mit der Bitte, dass er sie mit einem freundschaftlichen Gruß aus Lagos seinem Präsidenten vorlegen möge, auch über ihn werde nur schlecht geschrieben.

Der hier Handelnde war nicht mehr der Olusegun Obasanjo, den Wole Soyinka am Vorabend des Bürgerkrieges in Ibadan kennenlernte und dem er zum großen Teil die Einzelhaft in Kaduna und den Tod seiner über alles geliebten Tante Olufunmilayo Ransome-Kuti[134] verdankte. Hier agierte inzwischen jemand, der dazugelernt hatte, der jenseits von Befehl und Gehorsam und seiner allseits gefürchteten Wutausbrüche auch Humor und politisches Fingerspitzengefühl im Umgang mit Kritikern und diplomatischen Gepflogenheiten an den Tag legen konnte. Diese Entwicklung musste irgendwann auch anerkennen, der seinem ganz speziellen Freund, wie er ihn nennt, v dienstlich wie privat oder öffentlich begegnet ist. Beide entstam Großraum Abeokuta, beide gehören derselben Generation an und sind völlig unterschiedlich sozialisiert. Hier der Aufsteiger aus kleinsten, ärmlichen Verhältnissen, geboren in dem Weiler Ibogun, der es mit Bauernschläue und Wissbegierde bis an die Spitze des Staates bringt, und dort das Kind eines Bildungshaushaltes, der durch seine literarischen Werke und den Nobelpreis in die ewigen Annalen des Literaturbetriebs eingegangen ist.

Der Gegensatz könnte kaum größer sein, und dennoch entfaltet sich an diesem extremen Gegensatzpaar im nigerianischen Kontext ein Bild der scheinbaren Normalität, das auf den ersten Blick erschreckt. Das Lehrer-Schüler-Verhältnis kehrte sich über Zeit in ein Herr-Knecht-Verhältnis um, dem nicht nur Ken Saro-Wiwa als einstiger prominenter Lehrmeister zum Opfer fiel, sondern das auch Soyinkas Leben im höchsten Maße bedrohte. Dies hindert die Mitglieder der Elite, die einst von ihren politischen Gegnern verachtet, missachtet oder gar misshandelt wurden, aber nicht, in relativ »normalen« Zeiten gemeinsam mit diesen Gegnern und Auftraggebern ihrer Peiniger in einem Raum und an einem Tisch sitzen zu können. Denn in Nigeria ist alles personalisiert, das Politische persönlich und alles Persönliche politisch. Soyinka und Saro-Wiwa sind diesbezüglich keine Ausnahme, sondern die Regel, die sich beliebig fortsetzen ließe: Generalmajor a. D. Muhammadu Buhari parliert öffentlich mit dem gewählten Ex-Staatspräsidenten Shehu Shagari, den er am Silvesterabend 1983 weggeputscht und unter Hausarrest gestellt hatte; der Biafra-Sezessionist Ojukwu kommuniziert ohne irgendein Unrechtsbewusstsein mit seinem einstigen Gegenspieler General Gowon; General Babangida ruft gemeinsam mit Buhari, den er in einer Palastrevolte 1985 vom Thron stürzte und dann mehrere Monate wegsperrte, zum Sturz des Despoten Abacha auf; und Soyinka nimmt an der Seite Ojukwus bereitwillig an einem Symposium in den USA zugunsten seines berühmten Schriftstellerkollegen Chinua Achebe teil.

Doch keiner der vielen Generäle und Obristen beherrschte das Spiel so perfekt wie Babangida. Er durchschaute wie keiner zuvor die Psyche seiner Kameraden und der politischen und akademischen Elite und setzte diese Erkenntnisse für sich und seine Klientel gewinnbringend ein. Das militärische Grundprinzip von Befehl und Gehorsam und die strukturelle bedingte Repression durch Militärherrschaft rückte in seiner achtjährigen Amtszeit zugunsten des Politischen und Persönlichen stärker in den Hintergrund, ein untrügliches Zeichen, dass das militärische Establishment seine Lehrzeit beendet hatte. Babangidas großzügiges Arbeitsbeschaffungsprogramm für die wachsende Zahl der Akademiker, das Katz- und Mausspiel mit den Politikern, die bereitwillig nach jedem Angebot schnappten, das ihnen der Präsidenten-General vorlegte, der Aufbau der *National Guard*[135], die als seine private Gegenmacht zum etablierten Militär den Offizieren und Mannschaften lukrativere Posten bot, und die Übernahme besonderer politischer Verantwortung durch einzelne Militärs, beispielhaft verkörpert von Außenminister Generalmajor Ike Nwachukwu, unterstrich die nun auch politisch abgesicherte Führungsrolle der Militärhierarchie. Und nur in einigen wenigen Situationen kam Babangidas Fratze repressiver Herrschaft offen zum Vorschein.

Die Hinrichtung von Generalmajor Mamman Vatsa und neun weiteren Offizieren im Frühjahr 1986 schien unmittelbar bevorzustehen. Denn auf der Tagesordnung der Sitzung des obersten Militärrates stand das Todesurteil, das ein Militärgericht wegen Beteiligung an einem angeblich geplanten Putsch gefällt hatte und nun nur noch bestätigt oder revidiert werden musste. Dieser Fall offenbarte erstmals die Raffinesse der militärischen Machthaber und zugleich die Naivität und zunehmende Hilflosigkeit der kritischen Intelligenz. General Vatsa war auch Lyriker, der Gedichte für Kinder und Erwachsene schrieb und mit dem Juntachef eng befreundet war. Nun aber drohten Vatsa und seine Kameraden auf dem Schafott zu enden. Eine eilends zusammengeschweißte Koalition der drei Schriftstellergrößen Chinua Achebe, John Pepper Clark und Wole Soyinka sollte Juntachef Babangida bewegen, das Leben der Angeklagten zu retten. Sie gelangten noch rechtzeitig in das Innere der Macht, und Babangida empfing sie während einer Sitzungspause des Militärrates, hörte ihnen aufmerksam zu und gab ihnen sein Ehrenwort (sic!), alles in seiner Macht stehende zu tun, seine Ratskollegen zu bewegen, das Todesurteil des Militärgerichtes aufzuheben.

Euphorisch verließen die drei den Amtssitz, nur um dann aus den Abendnachrichten erfahren zu müssen, dass die Exekutionen in den späten Nachmittagsstunden vollzogen worden seien. Der Vorsitzende des Militärtribunals, Generalmajor Charles Ndiomu, war Jahre später überzeugt, einer wohldurchdachten Manipulation Babangidas zum Opfer gefallen zu sein.[136] Der blutige Versuch eines Staatsstreiches unter der Führung des jungen Majors Gideon Okar im April 1990 war dagegen keine Fiktion, und Wole Soyinka hatte noch wenige Stunden zuvor genau an dem Ort des Putschversuchs Gespräche mit dem Diktator geführt, der dem Tod nur um Haaresbreite entkam, während sein persönlicher Adjutant sein Leben verlor. Wenngleich die Zahl der Todesopfer im Dunkeln blieb, wurden mehr als 700 Militärs und Zivilpersonen kurzzeitig inhaftiert, mehr als 60 hingerichtet und die Repressionsschraube gegen Journalisten und Bürgerrechtler merklich angezogen. Unliebsamen Gästen aus dem westlichen Ausland blieb dagegen physische Gewaltanwendung zumeist erspart, doch handelte das Babangida-Regime bei Bedarf äußerst subtil und benutzte das Mittel der stillen Deportation. Dies mussten der jamaikanische Sozialwissenschaftler und Dozent Patrick Wilmot 1988 und der Korrespondent der *Financial Times*, William Keeling, 1991 erfahren, die bei Nacht und Nebel verhaftet und umgehend auf eine Nachtmaschine nach Europa gebucht wurden. Wilmot untersuchte angebliche nigerianische Erdöllieferungen an das Apartheid-Regime Südafrikas, und Keeling recherchierte über den Verbleib mehrerer Milliarden Dollar nicht-budgetierter Mehreinnahmen aus den gestiegenen Ölpreisen während der beiden Golfkriege zwischen 1980 und 1991.

Wole Soyinka war trotz dieser ersten schockierenden Erfahrung von der Person Babangida in mehrfacher Hinsicht fasziniert, weit mehr als von seinem speziellen Freund Obasanjo. Der neue starke Mann konnte im persönlichen Umgang problemlos jegliches militärisches Gehabe ablegen und stattdessen ein telegenes Lächeln auflegen und tatsächlich zuhören. Diese Fähigkeit, die sein Image prägte und Teil seiner wahrnehmbaren Persönlichkeit sein sollte, pflegte er im Umgang mit Staats- und Regierungschefs, Medien, Diplomaten, Intellektuellen, Politikern und Geschäftsleuten mit Bedacht und zielgerichtet. Er ließ sich auch gegenüber Personen wie Soyinka nie auf Streitgespräche ein, doch hatten seine Entscheidungen oftmals nichts mit dem gemein, was er vorgab zu tun.

Politicking – Die Kunst der politischen Intrige und ihre Grenzen

Wohl anfangs ahnend und später auch wissend, dass hinter der freundlichen Fassade ein Machtmensch sitzt, der Intelligenz, Macht, strategisches Kalkül, aber auch ein beträchtliches Maß an Niederträchtigkeit in sich vereint, konnten sich selbst Menschen wie Soyinka oder Saro-Wiwa diesem Phänomen nicht entziehen. Das System Nigeria in seiner bisherigen Form bietet keinen Freiraum, den jeweils Mächtigen aus dem Weg zu gehen, wenn sich eine Person oder Gruppe aus berechtigten oppositionellen, humanitären, persönlichen oder sonstigen Gründen am Spiel um Einfluss und Macht beteiligen will oder muss. Und die Verlockung, Diskurse auf Augenhöhe zugunsten einer potentiellen Verbesserung der politischen und sozioökonomischen Rahmenbedingungen führen zu können, hält im Allgemeinen nur wenige Menschen von einem kritischen Dialog mit den Machthabern ab. In Nigeria erscheint diese Möglichkeit angesichts der kurzen Wege zum Machtzentrum und der totalen Personalisierung aller Lebensbereiche undenkbar. Die zahlenmäßig keineswegs kleine Topelite kennt sich, trifft sich, tauscht sich aus und kritisiert sich, gelegentlich auch scharf und bissig. Aber sie ist stets dialogbereit im Glauben, persönlich einen Vorteil daraus zu ziehen, oder sie wird subtil dazu genötigt, gesprächsbereit zu sein. Wole Soyinka, der sich selbst als einen Getriebenen sieht, der aus einem inneren Antrieb heraus in politisch verfahrenen Situationen moderierend eingreifen muss, ob in Nigeria, in Südafrika, in Israel oder Neuseeland am Ende des Schauprozesses gegen die Ogoni, blieb ohne Fortune. Seine gescheiterten Versuche sind fast schon tragisch, verkörpert besonders durch die Uraufführung seines optimistisch gestimmten Lagos Kaleidoskops *The Beatification of Area Boy* in Leeds am Tage der Hinrichtung Ken Saro-Wiwas. Soyinka hielt sich derweil am Rande des Commonwealth-Gipfels in Neuseeland auf, um die dort versammelten Regierungs- und Staatschefs zu bewegen, die drohende Hinrichtung irgendwie zu verhindern. Sein persönlicher Einsatz blieb wie in so vielen anderen Fällen erfolglos und vermittelte eher das Bild eines nigerianischen Don Quijote. Doch wer hätte die wechselvolle politische Geschichte Nigerias mit literarischen Mitteln anschaulicher und wortgewaltiger beschreiben können als der 1934 geborene Literaturnobelpreisträger selbst.

Der von Babangida initiierte, dann aber ständig verlängerte und manipulierte Demokratisierungsprozess lieferte ein Lehrstück für nigerianisches *Politicking*, die Kunst der politischen Intrige. Er hatte den Moment verpasst, sich zum Staatspräsidenten wählen zu lassen und so sich selbst im Amt nachzufolgen. Die zivile Elite und weite Teile der Bevölkerung glaubten, kurz vor einer neuen demokratischen Zeitenwende zu stehen. Die Welt, allen voran die USA und Großbritannien, schaute auf Nigeria und Babangida, dessen kompetenteste Mitarbeiter die Präsidentschaftswahl im Juni 1993 mit nur zwei Kandidaten der einzigen beiden zugelassenen und vom Regime kreierten Parteien SDP und NRC perfekt vorbereitet hatten. Vorausgegangen war aber ein extrem manipuliertes Auswahlverfahren, in dem sich innerhalb der SDP schließlich der Yoruba und Multimillionär Moshood Abiola gegen seinen einstigen Geschäftspartner und zuvor hochgehandelten Generalmajor a. D. Shehu Musa Yar'Adua durchsetzte. Jahrelang hatte der Haussa-Fulani und Ex-General an der Erfüllung seines Lebenstraumes gearbeitet und ein landesweites Netzwerk aufgebaut, scheiterte aber schließlich auf der Zielgerade an Babangida und der allgegenwärtigen Korruption. Der Kandidat der zweiten Partei, NRC, Bashir Tofa aus Kano, den außerhalb seiner Heimatstadt kaum jemand kannte, spielte in der Endrunde der Wahlen nur die Statistenrolle eines Zählkandidaten.

Innerhalb der Militärhierarchie verweigerte sich eine klare Mehrheit der Umsetzung des Demokratisierungsprojektes. Keiner der Minister und Sekretäre hatte irgendwelche Vorbereitungen getroffen, sein Büro oder seinen Schreibtisch zu räumen. Zudem finanzierte die Militärführung eine mehrwöchige Kampagne, um Babangida im Amt zu halten, und strengte fingierte Gerichtsverfahren zur Annullierung oder zumindest zur Verschiebung der Wahl an, um die Manipulationen bei der Kandidatenkür untersuchen zu können. Es herrschte eine zum Zerreißen gespannte Atmosphäre im Land, täglich kursierten neue Gerüchte. Erstmals gab es einen professionell organisierten Wahlkampf im staatlichen Fernsehen, die Menschen wollten den Wechsel. Schließlich griffen die USA ein und drohten der nigerianischen Führung mit massiven Konsequenzen, sollte sie die Wahl absagen, was Babangida schließlich dazu bewog, einzulenken. Die Entscheidung fiel ihm letztlich nicht allzu schwer, vertraute er doch ganz dem komplizierten Wahlmodus, der nur in Ausnahmesituationen einen verfassungskonformen Sieger hervorbringen kann. Aber Babangida hatte die Stimmung im Land falsch eingeschätzt, es war in der Tat eine Ausnahmesituation. Die euphorischen Wähler entschieden sich am 12. Juni 1993 für das Ende der Militärherrschaft und votierten fast en bloc für den landesweit bekannten Abiola, der als Muslim und großzügiger Spender sozialer Projekte im islamischen Haussa-Fulani-Gebiet Nordnigerias ebenso respektiert war wie in den christlich geprägten Regionen im Süden und im Middle Belt.

Der Wahlgang des 12. Juni 1993 war der bislang einzige in der Geschichte Nigerias, der das Prädikat frei und transparent verdient. Vergessen waren alle vorausgegangenen Manipulationen, schon am Ende des Wahltages zeichnete sich das klare Votum zugunsten Abiolas ab. In den Wahllokalen wurden die Stimmen öffentlich, zusammen mit dem Elektorat, ausgezählt und die Ergebnisse direkt an die Wahlkommission weitergeleitet. Alle überregionalen Zeitungen und die großen Kirchen hatten Beobachter in die Wahllokale geschickt. Das Ergebnis war eindeutig, Nigeria feierte. Babangida und seine Vasallen waren schockiert und wirkten mehrere Tage wie gelähmt. Dann jedoch handelten sie und untersagten zunächst am Tag vier nach dem Urnengang die weitere Veröffentlichung der Wahlergebnisse, die allerdings inoffiziell bereits überall bekannt waren. Schließlich annullierte ein äußerlich sichtlich angeschlagener Babangida in einer Rede an die Nation am 23. Juni die Präsidentschaftswahl.

Den mehrmonatigen Machtkampf zwischen Abiola und der Militärregierung auf den Straßen im Großraum von Lagos, Abeokuta, Ibadan, Port Harcourt und vor den manipulierten Gerichtshöfen überlebte Babangida aber politisch nicht. Er musste im August zurücktreten, die Regierungsgeschäfte an die zivile Marionettenregierung Ernest Shonekan übergeben und seinen Abschied nehmen. Am 27. November übernahm das Militär unter Verteidigungsminister General Sani Abacha wieder die Macht im Staate, verhaftete Moshood Abiola am ersten Jahrestag der Wahlannullierung und arrestierte ihn ohne Gerichtsverfahren. Mit etwas mehr politischem Instinkt und guten Beratern hätte Abiola in den Tagen und Wochen nach der Wahlannullierung die Nigerianer noch einmal mobilisieren können. Sie haben darauf gewartet. Aber Abiola verhielt sich elitenkonform, versuchte, mit Deals und formalen juristischen Scheingefechten sein Mandat zu retten, und die westlichen Regierungen hielten sich demonstrativ bedeckt. Für das Wahlvolk blieb im Gedankengebäude Abiolas und seiner Entourage nach dem 12. Juni 1993 kein Platz mehr. Dennoch liegt die Tragik der Figur Abiola nicht so sehr in seinem Ableben in der Haft, sondern am eisernen Festhalten seiner Präsidentschaft in einer offensichtlich aussichtslosen Position. Diesen Willen, politische Grundauffassungen hinter Gittern zu leben, vermochte Abiola jedoch in jenen Stunden nicht zu demonstrieren, als das nigerianische Volk inbrünstig darauf wartete. Vielmehr hatte er sich in einer historischen Stunde als normaler opportunistischer Politiker Nigerias erwiesen, der erst im Tod und nach dem Ende der blutigen Militärherrschaft Abachas seinen verdienten Platz in der nigerianischen Geschichte fand. Denn sein atypisches Verhalten in der Haft diente der noch schwachen oppositionellen Zivilgesellschaft als wichtige Triebfeder, sich nicht dem Militärregime zu beugen.

Die politische Antwort auf die Zerschlagung des demokratischen Traumes war die Mobilisierung und Radikalisierung des Yoruba-Landes. Dort hatten sich schon während der Babangida-Ära erfolgreich Bürgerbewegungen und Menschenrechtsgruppen entwickelt und verankert. Eine breite Allianz aus Politikern, Intellektuellen, Aktivisten, Studenten, Gewerkschaftsmitgliedern, Lehrern, Bauern und einfachen Arbeitern sympathisierte und unterstützte nun die von dem Arzt Frederick Fasehun und dem jungen Ganiyu Adams 1994 gegründete Yoruba-Organisation OPC, deren radikaler Flügel schon bald den Kampf gegen das Regime aufnahm, als Abacha erkennen ließ, dass er die Macht nicht abgeben würde. Dabei konnte der OPC fast nahtlos am Yoruba-Nationalismus der kolonialen und frühen postkolonialen Phase Nigerias anschließen, den die Yoruba-Elite nie gänzlich abgelegt hatte und der nach wie vor unterschwellig, aber politisch nur noch rudimentär existiert.

Die bleierne Zeit Abachas zeigte auch bei den zahlreichen ehemaligen Generals- und Offizierskollegen Wirkung. Sie hatten sich zwar eingerichtet im System Nigeria, mussten nun aber anerkennen, dass demokratische Strukturen einen weitaus besseren Schutz vor politischen und juristischen Nachstellungen bieten als ein Militärregime. Ehemalige Militärs sind jenseits des formalen politischen Raumes auf der Ebene des Bundes und der Gliedstaaten in allen politischen, gesellschaftlichen und wirtschaftlichen Sektoren prominent vertreten. So umgab sich Olusegun Obasanjo nach seiner Wahl zum Staatspräsidenten in den sensiblen Sicherheitsbereichen mit ehemaligen Generälen. Zudem setzte er Ex-Generäle auch als Verwalter der Bundesstaaten Plateau (2004) und Ekiti (2006) ein, die er zeitlich befristet unter Bundeskuratel gestellt hatte. Auch Obasanjos Nachfolger Umaru Musa Yar'Adua und Goodluck Jonathan banden Ex-Generäle in ihre Regierungen ein, während der ehemalige Juntachef Buhari als Präsidentschaftskandidat der APP bzw. ANPP zweimal vergeblich für die

Präsidentschaft kandidierte. Als Vertreter des konservativen islamischen Establishments Nordnigerias garantierte er mit seiner Kandidatur immerhin den Fortbestand der Partei, die somit die Interessen der islamisch geprägten nördlichen Bundesstaaten bündeln konnte. Und Abulsalami Abubakar diente nach seiner Amtszeit in seiner Funktion als Sondergesandter für besondere Aufgaben weiterhin dem Staat, eine Funktion, die auch Obasanjo und Babangida in verschiedenen krisengeschüttelten afrikanischen Staaten wahrnahmen. Darüber hinaus verstanden es Ex-Generäle wie Gowon, Obasanjo und Danjuma, mit großzügiger Unterstützung lokaler und internationaler Geber eigene NGOs aufzubauen, die ihnen dauerhaft Öffentlichkeit und damit auch ein gewisses Maß an politischer Relevanz garantieren.

Generalleutnant a. D. Theophilus Danjuma gilt als der erfolgreichste Offizier Nigerias, obwohl er niemals in seiner schillernden Karriere das höchste Staatsamt anstrebte. Als Angehöriger der kleinen Ethnie Jukun wurde er 1937 in Takum im heutigen Bundesstaat Taraba im östlichsten Teil des Middle Belt geboren. Er genoss eine gute Schulausbildung und trat kurz vor der Unabhängigkeit in die Armee ein, wo er schnell Karriere machte. Die Grundausbildung erhielt er im britischen Aldershot, und wie all seine Offizierskollegen jener Zeit kämpfte auch er als Blauhelmsoldat im Kongo. Innerhalb der Armee trat er im Kontext des Putsches im Juli 1966 erstmals prominent in Erscheinung, als er als Hauptmann den Juntachef Aguiyi-Ironsi festnahm. Danjuma verlor jedoch die Kontrolle über die Aktion, so dass er die Ermordung des Juntachefs nicht verhindern konnte, aber letztlich mit dazu beitrug, dass Oberstleutnant Yakubu Gowon die Führung übernahm. Auch beim Putsch gegen Gowon 1975 gehörte Danjuma im Range eines Brigadegenerals zum engsten Kreis der Putschisten und zog ein Jahr später erneut die Fäden, um den Putschversuch mittlerer Ränge zu vereiteln, dem der Juntachef Murtala Muhammed zum Opfer gefallen war. Als Generalinspekteur unter General Olusegun Obasanjo nahm er mit Beginn der II. Republik 1979 seinen Abschied, den er sich mit der Übernahme des nigerianischen Salzmonopols versilbern ließ, das zuvor das Militär besaß. Mit diesem Schachzug legte Danjuma den Grundstein für sein Wirtschaftsimperium, zu dem verschiedenste Unternehmen gehören, so auch ein Unternehmen der Ölbranche. Politisch blieb er aktiv, unterstützte seinen einstigen Vorgesetzten Obasanjo bei der Wahl zum Staatspräsidenten 1999 und leitete in der ersten Amtszeit Obasanjos das Verteidigungsministerium. Anschließend war er direkt involviert im interethnischen Dialogprogramm zum Niger-Delta. Später gründete er die TY Danjuma Foundation und trat Anfang 2010 dem engsten Beraterzirkel des geschäftsführenden Staatspräsidenten Goodluck Jonathan bei.

Ehemalige Offiziere – Neue Legitimität als Chiefs und Könige

Die bemerkenswertesten Karrieren für hohe Militärs und Polizeioffiziere eröffnen sich bis heute in den traditionellen Institutionen. Mit Tausenden von *Chiefs* und Königen unterschiedlichster Rangordnungen spannt sich ein weitgefächertes Netz über das ganze Land. Als Staatsbeamte erhalten sie je nach hierarchischer Position nicht nur festgesetzte Gehälter, sondern sind auch Teil der Lokalpolitik in den Bezirken und Bundesstaaten und des pluralen Rechtssystems Nigerias. Das traditionelle Recht (*Customary Law*) ist ebenso wie islamisches (*Sharia Law*) und das vom englischen Recht (*Common Law*) abgeleitete nigerianische Recht in der Verfassung festgeschrieben und wird insbesondere im Zivilrecht auf lokaler Ebene angewandt und vor eigenen Gerichten verhandelt. Hier scheint die Metamorphose vom Militär zum »Lokalpolitiker« und Gestalter traditioneller Strukturen am besten gelungen, denn der noch relativ junge Trend, diese Positionen zu besetzten, hält unvermindert an.

Im Rahmen säkularer und demokratischer Prozesse drohen traditionelle Institutionen an Bedeutung zu verlieren, und demokratisch legitimierte Mandatsträger und Staatsorgane gelten in den Augen der Könige und Chiefs als natürliche politische Gegner, die ihre Privilegien bedrohen und ihre auf traditionellen Werten und Strukturen aufgebaute Autorität untergraben. Denn in letzter Instanz entscheiden politische Institutionen und Gerichte über die Rechtmäßigkeit einer Königswahl oder die Zulässigkeit bestimmter Handlungen. Je nach Rang fallen derartige Entscheidungen durch die Zentralregierung, die Gouverneure der Bundesstaaten oder die Bezirksregierungen, wobei Auseinandersetzungen innerhalb der Jurisdiktion des *Customary Law* gelegentlich sogar die beiden oberen weltlichen Gerichtsinstanzen *Court of Appeal* und *Supreme Court* beschäftigen. So übernahmen zunehmend gut gebildete Mitglieder der adeligen Familien nach einer Karriere im Staatsdienst oder in der Wirtschaft freigewordene Thronsessel. Der Emir von Kano gehörte zu den ersten westlich Gebildeten der Haussa-Fulani-Aristokratie. Bevor er 1963 den Thron bestieg, hat er sein Land als Botschafter vertreten.

Die traditionellen Institutionen verloren in einer sich rapide verändernden und modernisierenden Welt allmählich ihre Daseinsberechtigung. Die Militärregierungen hingegen waren nur allzu bereit, gegen öffentliche Loyalitätsbezeugungen den traditionellen Herrschern dazu zu verhelfen. Denn auch sie suchten ihre Staatsstreiche und Willkürakte jenseits der Gewehrläufe auf möglichst intelligente Weise zu legitimieren. Die traditionellen Institutionen waren das passende Vehikel, und sie boten sich willfährig an, gegen üppige Belohnung den Generälen ein Mindestmaß an Legitimität zu erteilen. So betteten sich die traditionellen *Chiefdoms* und Königtümer in klientelistische Netzwerke ein, entwi-ckelten sich zum festen Bestandteil der endemischen Korruption und verloren damit bei ihren »Untertanen« stetig an Ansehen und Achtung. Aber sie waren auch der Willkür der Militärs ausgeliefert, wenn wegen widerstreitender Interessen innerhalb einer Gemeinschaft Krisen entstanden oder politisch-strategische Überlegungen der Generäle sie zu Schachfiguren degradierten. Während der letzten Jahre von Abacha verspielten die Chiefs und Könige ihr Ansehen vollends. Sie verkauften Titel nach Belieben und verliehen je nach Opportunität traditionelle Würden an einflussreiche Personen. Das System wurde inflationär. Als sich im März 1998 erstmals die zivilgesellschaftlichen Kräfte und sogar einige ehemalige Generäle offen gegen Abacha wandten, zitierte dieser die einflussreichsten Könige und Emire nach Abuja und nahm dort vor laufenden Kameras ihre Loyalitätserklärugen entgegen.

Angereist mit vollem Hofstaat bevölkerten Leibgarden, Musiker, Hilfspersonal und Polizisten das Hilton Hotel. Wenn die Könige dann in vollem Ornat auf dem Weg zum Konferenzraum oder zur Suite durch die riesige Hotelhalle schritten und sich der Hofstaat in traditioneller Manier auf den Hotelfluren niederkauerte, um zu essen, zu trinken und laut zu parlieren, fühlte der Betrachter sich ins Mittelalter versetzt. Management und Hotelpersonal standen der zur Schau gestellten Pracht und dem gleichzeitigen Chaos hilflos gegenüber, derweil die königlichen Dienerschaften die sperrigen Gastgeschenke des Diktators wie Fernseher und Kühlschränke in die Luxuslimousinen verluden. Doch rettete paradoxerweise das Militärestablishment die vollends diskreditierte Institution der Könige und *Chiefs*. Denn die pensionierten wie auch die zwangspensionierten und noch im Vollbesitz ihrer körperlichen und geistigen Kräfte stehenden Generäle und Obristen suchten neue einflussreiche Arbeitsfelder und fanden sie unter anderem in den traditionellen Institutionen.

Aber gelegentlich regte sich auch subtiler Widerstand gegen diese Art der Vereinnahmung. So weigerte sich der Onilewo of Ilewo, ein Yoruba-König aus dem Bundesstaat Ogun, der Aufforderung nachzukommen, in Abuja zu erscheinen und in das Loblied auf den Diktator mit einzustimmen. Seine Begründung war so genial wie einfach. Er erklärte, dass ihm die Götter für den Zeitraum eines halben Jahres verboten hätten, seinen Palast zu verlassen, andernfalls stürbe er auf der Stelle. Die Botschaft kam an, und niemand in dieser Gesellschaft, in der vielfältige religiöse Vorstellungen nebeneinander und miteinander existieren, hätte es gewagt, eine derartige Erklärung zu hinterfragen. Der König aber, einst Sicherheitschef eines Ölmultis, setzte auch nach dem Tod des Diktators bis zum Ablauf des besagten halben Jahres keinen Fuß außerhalb des Palastes und stärkte damit gegenüber seinen »Untertanen« und in der Öffentlichkeit seine persönliche wie auch die institutionelle Autorität.

Der Sultan von Sokoto, nominelles geistiges Oberhaupt der nigerianischen Muslime, steht in einer direkten Linie zu Usman dan Fodio. Dieser hatte nach einem Jihad Anfang des 19. Jahrhunderts das Kalifat von Sokoto gegründet, das bis an die Grenze des Kanuri-Reiches Borno im Osten im Gebiet des Tschadsees und ins nördliche Yoruba-Land im Großraum Ilorin reichte. Nach dem Tod des 17. Sultans Abubakar III. 1988 hatten sich die Sultanats-Institutionen für den ältesten Sohn Muhammadu Maccido als Nachfolger ausgesprochen. Präsidenten-General Babangida seinerseits setzte jedoch den westlich und islamisch gebildeten Bankier und Diplomaten Ibrahim Dasuki zum 18. Sultan ein, um konservative Kritiker des islamischen Establishments zu neutralisieren. Die Entscheidung zog tagelange schwere Ausschreitungen mit vielen Todesopfern nach sich, und Dasuki konnte nie die ihm zugedachte Rolle als Modernisierer ausfüllen. Machtvolle Akteure in seinem unmittelbaren Umfeld, aber auch die einflussreichen Emire der geschichtsträchtigen Städte Zaria, Kano oder Katsina untergruben von Beginn seiner Amtszeit an die Autorität des Sultanatsoberhauptes.

Diktator Sani Abacha entschied schließlich 1996 den innerislamischen Machtkampf zugunsten der Anti-Dasuki-Fraktion, ließ Dasuki verhaften, unter verschärften Hausarrest stellen und durch Muhammadu Maccido ersetzen, dessen Ernennung Babangida willkürlich verweigert hatte. Nach dem Tod Maccidos 2006 folgte ihm sein nachträglich zum Brigadegeneral beförderter Sohn Muhammed Sa'adu Abubakar auf den Thron von Sokoto, was die Macht der informellen militärischen Netzwerke weiter stärkte. Diese Entwicklung begann Mitte der neunziger Jahre im benachbarten Bundesstaat Kebbi, als dort ein Generalmajor a. D. zum Emir von Zuru und ein Major a. D. zum Emir von Gwandu[137] berufen wurde und zwei weitere pensionierte Generalskollegen prestigeträchtige traditionelle Titel erhielten. Ein vergleichbarer hoher Titel wurde dem ehemaligen Generalinspektor der Polizei verliehen, der zum Sardauna von Katsina avancierte, während Brigadegeneral a. D. Yahaya Abubakar 2003 den geschichtsträchtigen Thron des Etsu Nupe in Bida im Bundesstaat Niger bestieg. In Lagos wiederum wurde im selben Jahr Rilwan Akiolu, ein ehemaliger hochrangiger Polizeioffizier, zum Oba und in Jos 2009 ein früherer Chef der obersten Zollbehörde zum Gbong Gwom der Stadt gekürt.

V Neue Unübersichtlichkeit

Die multi-ethnische Gesellschaft als Spiegelbild der Unübersichtlichkeit

Die faszinierende Vielfalt und Widersprüchlichkeit Nigerias spiegelt sich am sichtbarsten auf der sprachlichen und soziokulturellen Ebene. Denn das geografisch nur mittelgroße Land verfügt mit mehr als 150 Millionen Bewohnern nicht nur über die mit Abstand größte Bevölkerung des Kontinents – jeder sechste oder siebte Afrikaner ist Nigerianer –, sondern es weist auch zahlenmäßig die größte Variation an Sprachen und ethnischen Strukturen auf.

In Afrika werden etwa ein Drittel aller Sprachen der Welt gesprochen. Auf dem afrikanischen Kontinent gibt es mindestens 1.500 verschiedene, gegenseitig nicht verständliche Sprachen. Davon beherbergt Nigeria allein etwa 400 Sprachen, mehr als ein Viertel aller afrikanischen Sprachen, wobei drei der vier Sprachstämme Afrikas allein auf nigerianischem Territorium vertreten sind: Niger-Kongo, Afro-Asiatisch und Nilo-Saharanisch.[138] Diese Sprachstämme gliedern sich wiederum in mehr als 15 Sprachfamilien auf, von denen wichtige wie die Atlantische (Fulfulde), die Benue-Kongo (Igbo und Yoruba), die Tschadische (Haussa) und die Saharanische (Kanuri) auch in Nigeria verbreitet sind. Wenngleich die drei sogenannten Mehrheitsvölker Haussa-Fulani (21 Prozent), Yoruba (20 Prozent) und Igbo (17 Prozent) nach vorsichtigen Schätzungen etwas mehr als die Hälfte der Bevölkerung stellen, verdankt das Land doch seine kulturelle Vielfalt den Minoritätenvölkern innerhalb der Hinterlassenschaft einer erzwungenen staatlich-territorialen Einheit.

Eine der grundlegenden Eigenschaften des Menschen ist sein Bedürfnis und die Suche nach Identität, die eine scheinbar widersprüchliche Doppelfunktion ausübt, nämlich das Zugehörigkeitsgefühl zu sich selbst und gleichzeitig zu einer Gruppe. Daraus folgt, dass jede Identität zugleich aus einer individuellen und einer sozialen Komponente besteht, sich entwickelt, weiterentwickelt und sich immer wieder durch innere und äußere Impulse verändern kann. Der Vielvölkerstaat Nigeria liefert ein Paradebeispiel dafür, welch zentrale Rolle die ethnische Identität im politischen Diskurs und Machtspiel ausfüllt. Denn bislang gibt es kein nigerianisches Volk und allenfalls in Ansätzen eine nigerianische Nation, die sich auf ihre soziopolitische Geschichte berufen kann. Aber es gibt vielzählige ethnische Gruppen, deren politisches Handeln immer durch die aktuelle politische und soziale Situation bestimmt ist, wobei sie selektiv auch auf Traditionen zurückgreifen, die zumeist nicht so alt sind wie sie vorgeben. Das beginnt mit dem Namen der Ethnie, mit dem Mythos einer gemeinsamen Herkunft; dazu zählt die Vorstellung einer gemeinsamen Vergangenheit, Elemente einer gemeinsamen Kultur, die Verbindung mit einer Art Heimat und eine Form der Solidarität, die zumindest Teile der Ethnie mittragen. Und diese Mythen betonen die angenommene gemeinsame Vergangenheit und Abstammung als etwas Dauerhaftes, das politische und rechtliche Ansprüche und Forderungen in der Gegenwart untermauern soll. Parallel dazu entstehen in unregelmäßigen Abständen neue Ethnien, während sich andere in Form und Inhalt verändern, sich überlappen, spalten oder gar von der soziokulturellen Landkarte verschwinden.

So bildete sich als Folge einer islamischen Reformbewegung, die Mitte des 18. Jahrhunderts große Teile der Sahelzone Westafrikas erfasst und wenige Jahrzehnte später den Norden des heutigen Nigeria erreicht hatte, innerhalb weniger Generationen das Volk der Haussa-Fulani heraus. Islamisierte Fulani trugen die islamische Revolution auch in die kleinen, aber florierenden Stadt-Staaten im Haussa-Land wie Kano, Katsina und Zaria. Sie entmachteten die Emire, denen sie heidnische Praktiken vorwarfen, und errichteten in der Savanne binnen weniger Jahre ein Reich, das Kalifat von Sokoto, das seine Identität im Wesentlichen aus dem Islam ableitete. Das Kalifat setzte flächendeckend das islamische Rechtssystem durch und zwang gewaltsam Dutzende von kleineren Völkern, besonders im Middle Belt, unter das Dach des zentralistisch organisierten Staatsgebildes.

Kurzzeitig reichte das Reich sogar bis ins nördliche Yoruba-Gebiet, was dauerhafte Spuren hinterließ. Zwar kam der islamische Vormarsch nach der Schlacht von Osogbo 1839 zum Stillstand. Doch übernahm ein beträchtlicher Teil der Yoruba den Islam und legte den Grundstein für einen Yoruba-Islam, dem heute etwa ein Drittel dieses Volkes angehört. Auch mündete der gescheiterte Versuch, ein geeintes Yoruba-Reich zu errichten, ab 1862 in einen langwierigen Bürgerkrieg im Yoruba-Land, den erst die anrückenden Briten 1893 beendeten und das Gebiet in ihr Kolonialreich einfügten.

Die Fulani besetzten alle Machtpositionen der Emire, übernahmen die Wirtschafts- und Verwaltungsstruktur und auch die Sprache der neuen Untertanen. Denn die Haussa-Sprache war seit Jahrhunderten eine der wichtigsten Verkehrssprachen im Sahel, die die meisten Händler entlang der Fernhandelswege beherrschten und die so eine ideale Basis als allgemein gültige Verwaltungssprache lieferte. Darüber hinaus nutzten viele der siegreichen Fulani die Gunst der Stunde, heirateten Haussa-Frauen, übernahmen große Teile des bereits städtisch geprägten Wertesystems, des Gedankengutes, der Verhaltensmuster und Praktiken der Eroberten. Aus der Verbindung zweier völlig verschiedener ethnischer Gruppen entstanden in einem historisch kleinen Zeitfenster die Haussa-Fulani. Während sich Relikte der Haussa aus vorislamischer Zeit im ländlichen Raum in Gestalt der *Maguzawa*[139] bis heute erhalten, konnte ein Großteil der nomadisierenden Fulani seine Kultur und Sprache bewahren. Wie in vorkolonialer Zeit treiben viele in den Trockenmonaten nach wie vor ihre Rinderherden in die regenreicheren südlicheren Regionen, wo zugleich die meisten kaufkräftigen Kunden leben. Allerdings hat auch bei ihnen inzwischen die Motorisierung Einzug gehalten, und Lkws verbringen ganze Herden in die Schlachthöfe Südnigerias.

Das Volk der Ogoni basiert dagegen auf einem Schöpfungsmythos, den Ken Saro-Wiwa für sich entdeckt und weiterentwickelt hatte. Eingeführt von den britischen Kolonialherren, bezeichnete Ogoni lediglich ein etwa 1.000 Quadratkilometer großes Gebiet östlich von Port Harcourt, in dem historisch sechs traditionelle Fürstentümer (Eleme, Babbe, Gokana, Ken-Khana, Nyo-Kana und Tai) mit gut einer halben Million »Untertanen« existieren. Dies entspricht etwa einem Anteil von weniger als 0.5 Prozent der Gesamtbevölkerung Nigerias. Anfang des 20. Jahrhunderts zwangen die Briten das Gebiet unter die Verwaltung des Bezirks Opobo, und erst kurz nach dem II. Weltkrieg schuf die Kolonialmacht einen eigenen Bezirk Ogoni und integrierte ihn kurz darauf in die 1951 gegründete Igbo-dominierte Ostregion. In dieser Zeit entstand die Ogoni Central Union, ein Gesprächskreis der winzigen Elite, die gegenüber den Briten, wenn auch erfolglos, erste politische Forderungen hinsichtlich Repräsentanz und Eigenständigkeit erhob und auch versuchte, gegenüber den Igbo ihre Interessen zu artikulierten. Dennoch blieben die Fürstentümer[140] oder *Chiefdoms* bis in die neunziger Jahre relativ selbständig, was auch mit ihren unterschiedlichen und zum Teil sehr verschiedenen Sprachen zusammenhängt. So bezeichnete sich Saro-Wiwa während seines Studiums in Ibadan Anfang der sechziger Jahre noch als Khana. Inmitten des Bürgerkrieges tauchte in seinen Schriften aber erstmals der Begriff »Ogoni« als ethnische Bezeichnung auf, als er in einem Essay die Frage nach der Nationalität der Ogoni in Gegenwart und Zukunft aufwarf. Aber erst ein hochgradig politisierter Saro-Wiwa konnte die ethnischen Identitäten der einzelnen Fürstentümer schrittweise verschmelzen und den Terminus Ogoni positiv auf eine klar umrissene Gruppe übertragen. Annähernd drei Jahrzehnte später hatte er seine Khana-Identität abgelegt, sich zum Ogoni gewandelt, um dann zum politischen Führer des Ogoni-Volkes aufzusteigen.

Als die Briten 1951 mit den drei Regionen Western, Eastern und Northern Region und dem kleinen Bundesterritorium Lagos[141] die de facto dreiteilige administrative Grundstruktur des späteren unabhängigen Staates festlegten, hatten sie ein in jeder Hinsicht extrem ungleichgewichtiges Gebilde geschaffen. Denn mehr als drei Viertel der Landmasse von 924.000 Quadratkilometern, auf der etwas mehr als die Hälfte der damaligen Gesamtbevölkerung (30 Millionen) lebte, schlug sie dem islamischen Haussa-Fulani-Establishment im Norden zu, das seinen Herrschaftsanspruch nach wie vor aus dem untergegangenen Kalifat von Sokoto ableitete. Die Yoruba-dominierte Westregion, einschließlich der Kronkolonie, umfasste dagegen nur 130.000 Quadratkilometer und zählte sechs und die nur 72.000 Quadratkilometer große Igbo-dominierte Ostregion gut sieben Millionen Einwohner.[142] Diese ausgeprägte Ungleichgewichtigkeit spiegelte sich auch in der Bevölkerungszusammensetzung wider. Denn die geografische Zone des Middle Belt, wo die meisten Minoritätenvölker leben, sowie das Minoritätengebiet im Nordosten wurden Teil der Nordregion, wo sich zugleich das Mehrheitsvolk der Haussa-Fulani gegenüber den Kanuri, Tiv, Birom, Nupe, Jukun und den übrigen Minoritäten als Staatsvolk gerierte. Einen vergleichbaren Anspruch formulierten die Yoruba in ihrer Westregion, wo einige Minoritätenvölker wie die Bini und Esan am äußersten östlichen Rand dieser Verwaltungsregion lebten. Das galt ebenso für die Ostregion der Igbo, die eine größere Anzahl Minderheitenvölker im Niger-Delta und am River Cross beherbergte, wie die Ijaw, Ogoni, Ibibio oder Efik. Die zutiefst asymmetrische föderative Staatsstruktur, die Autonomie und Eigenständigkeit der drei Regionen und die faktische und gefühlte Benachteiligung der meisten ethnischen Gruppen warfen zentrale Fragen der Legitimität, Emanzipation und Partizipation auf, die unsichtbar, aber mit großen Lettern, auf der grün-weißen Nationalfahne geschrieben standen.

50 Jahre Geschichte des unabhängigen Staates Nigeria ist im Wesentlichen eine Geschichte politischer Krisen, erfolgreicher und gescheiterter Militärputsche, der Machtzentrierung bei gleichzeitiger Fragmentierung gesellschaftlicher und staatlicher Strukturen und einer explosiven Bevölkerungszunahme. Was mit der Gründung der Mid-West Region 1963 auf Kosten der krisengeschüttelten Westregion begann und den Minoritäten somit erstmals eine politisch relevante Heimstatt jenseits eines der Mehrheitsvölker sicherte, setzte sich in wiederkehrenden Krisenszenarios bislang bis 1996 fort. So erweiterte die Militärregierung Gowon angesichts der drohenden Sezession der Ostregion die Föderation am Vorabend des Bürgerkrieges auf zwölf Bundesstaaten, womit über Nacht in sieben Bundesstaaten Minoritäten die Bevölkerungsmehr-

heit stellten. 1976 gründete die Militärjunta Murtala/Obasanjo sieben weitere Gliedstaaten, verbunden mit der Einführung der *Local Governments* (Bezirke) als dritte verfassungsmäßig kodifizierte Verwaltungsebene. Gut ein Jahrzehnt später wuchs unter Juntachef Babangida die Föderation auf 21 and dann auf 30 Bundesstaaten, bevor Militärdiktator Sani Abacha 1996 die Anzahl nochmals ausweitete und die seither gültige föderative Struktur mit 36 Bundesstaaten, 768 *Local Governments* und sechs *Councils* des Bundesterritoriums Abuja festlegte.

Damit deckte sich die derzeitig geltende Gliedstaatenstruktur im Wesentlichen mit der Struktur der 32 Provinzen von 1963. Parallel dazu dekretierte Abacha sechs geopolitische Zonen (North-West; North-Central; North-East; South-West; South-South; South-East), die zwar in keinem Verfassungsdokument explizit aufgelistet sind, aber durch ständige Anwendung im Rahmen der verfassungsmäßig verbrieften *Federal Character Commission* eine zentrale Rolle bei der Zuteilung wichtiger Ämter auf Bundesebene spielen. Zugleich bildete sich anhand dieser Aufteilung erneut die ungleichgewichtige regionale Dreiteilung der I. Republik ab und zementierte das alte Bevölkerungsübergewicht des Nordens (75 Millionen) über den Süden (65 Millionen). Denn die drei Nord-Zonen entsprechen exakt der alten Nordregion und die der drei Süd-Zonen der Ost- und Westregion, einschließlich Lagos.

Zwar stellen inzwischen die einstigen Minoritätenvölker in 19 der 36 Bundesstaaten die Bevölkerungsmehrheit, eine bemerkenswerte Umkehrung der früheren Verhältnisse.[143] Doch führte dieses ethnisch begründete Konfliktmanagement letztlich in eine politische Sackgasse. Denn die geopolitische Gliederung modifizierte die »Kleinstaaterei« entlang ethnischer Linien und liefert der Bundesregierung je nach Opportunität das politische Machtmittel, Interessenvertreter unliebsamer Gruppen nach Bedarf ein- oder auszuschließen, ohne das Prinzip zu verletzen, in irgendeiner Form alle sechs geopolitischen Zonen berücksichtigen zu müssen.

Extrem ungleiche Besiedlungsdichte

Seit der Unabhängigkeit 1960 hat sich die nigerianische Bevölkerung verdreifacht und dürfte bei einer jährlichen Zuwachsrate von 2.5 Prozent zurzeit etwa die Zahl von 155 Millionen erreicht haben, wenngleich der Zensus von 2006[144] noch eine Bevölkerungsgröße von 140 Millionen und eine durchschnittliche Bevölkerungsdichte von lediglich 152 Einwohnern pro Quadratkilometer ausweist.[145] Die Bevölkerung ist aber hinsichtlich der einzelnen Bundesstaaten und deren Besiedelungsdichte extrem ungleich verteilt. In den beiden bevölkerungsreichsten Bundesstaaten Lagos und Kano leben jeweils mehr als neun Millionen Menschen, während die bevölkerungsärmsten Bundesstaaten Bayelsa und Nasarawa jeweils etwa 1.8 Millionen Einwohner aufweisen. Fasst man jedoch die Bevölkerungszahlen in größere politisch-administrative Einheiten zusammen, ergibt sich folgendes Bild: Demnach leben in den sechs Yoruba geprägten Bundesstaaten der South-West Zone 28 Millionen Menschen bei einer Dichte von 348 pro Quadratkilometer, in den fünf Igbo dominierten der South-East Zone mehr als 16 Millionen und 564 Menschen pro Quadratkilometer und in den sieben Haussa-Fulani beherrschten Gliedstaaten der North-West Zone im hohen Norden 36 Millionen bei einer Bevölkerungsdichte von lediglich 166 pro Quadratkilometer.

In den von Minoritätenvölkern geprägten Bundesstaaten der North-Central und North-East Zones leben jeweils fast 19 Millionen Menschen bei einer Dichte von 81 bzw. 70 pro Quadratkilometer. Und die Minoritätengebiete der South-South Zone, die weitgehend identisch sind mit dem Niger-Delta, zählen 21 Millionen bei einer Populationsdichte von 249 pro Quadratkilometer. Wenngleich der kleinste Bundesstaat Lagos (3.345 Quadratkilometer), der sich mit zunehmender Geschwindigkeit zu einem riesigen Stadtstaat entwickelt, die enorme Bevölkerungsdichte von 2.725 aufweist, bleibt das Igbo-Kernland wie schon zu kolonialen Zeiten mit annähernd 600 pro Quadratkilometer das mit Abstand dichtbesiedelste Flächengebiet Nigerias. Im Gegensatz dazu zählen die nordöstlichen Bundesstaaten Taraba und Yobe mit 41 bis 51 Bewohnern pro Quadratkilometer zu den am dünnsten besiedelten Landstrichen.

Massive Verstädterungsprozesse

Neben der enormen Bevölkerungszahl und der hohen Wachstumsrate sticht die Verstädterung der nigerianischen Bevölkerung hervor, die inzwischen mehr als 50 Prozent beträgt und massive gesellschaftspolitische Probleme hinsichtlich Infrastruktur, Slumbildung, ethnisch definierter Stadtteile und Konfliktmanagement mit sich bringt. Darüber hinaus ist die Bevölkerung extrem jung. Der Anteil der unter 15-Jährigen beträgt mehr als 40 Prozent und der Anteil der über 60-Jährigen lediglich 3 Prozent. Mit Ausnahme von Damaturu, Hauptstadt des Bundesstaates Yobe im Nordosten, haben alle übrigen 35 Hauptstädte mehr als 100.000 Einwohner, wobei das Bundesterritorium Abuja, Lagos Stadt, Kano Stadt und Ibadan zu den Millionenstädten zählen. Dabei bewegen sich die Bevölkerungszahlen in den Großstädten nur in wenigen Fällen wie in Abakaliki (Ebonyi), Jalingo (Taraba) und Lafia (Nasarawa) im unteren sechsstelligen Bereich, während die meisten der übrigen Hauptstädte

Einwohnerzahlen zwischen 260.000 in Gombe Stadt (Gombe) und 800.000 in Jos (Plateau) aufweisen. Dieser Urbanisierungstrend setzt sich ungebrochen in den *Local Governments* fort, wo Dutzende von Bezirkshauptstädten die magische Hunderttausendergrenze überschreiten und Hunderte die Größe von Mittelstädten mit mehreren Zehntausend Einwohnern erreichen.

Christentum und Islam zwischen Säkularisierung und Fundamentalismus

Nigeria ist nicht nur der größte christlich-islamische Staat, sondern steht auch hinsichtlich seiner gelebten und praktizierten Religiosität weltweit an der Spitze.[146] So geben 92 Prozent an, sehr religiös zu sein, und 7 Prozent ziemlich religiös, womit der enorme Stellenwert der Religion, gleich welcher Glaubensrichtung, deutlich wird. Zumeist ersetzt Religion in Nigeria Politik und dient zugleich als soziales Auffangnetz in einem überaus labilen Umfeld, dessen Eliten staatliche Institutionen systematisch zerstörten und den Aufbau von Strukturen zur Konfliktaustragung vorsätzlich behinderten. Stattdessen mutierte diese Elite zu einer zutiefst parasitären Clique, deren Wertemaßstäbe sich im Wesentlichen an persönlicher Gier und Macht orientierten. So erscheint der Staat als Beutestück für die Eliten und als etwas Bedrohliches für die Masse der Bevölkerung, so dass Werteverfall und Modernisierungskrise in den siebziger Jahren den Humus lieferten, auf dem vielfältige und zahlreiche religiöse Bewegungen gediehen.

Wer immer sich im nigerianischen Umfeld bewegt, gleich wo, sieht, hört und spürt die Hingabe der Nigerianer zu Gott, Allah oder den traditionellen Gottheiten. Gemeinsam mit Engeln, Dämonen und übernatürlichen Mächten prägen und gestalten sie in den Vorstellungen der Gläubigen alle in unterschiedlichster Form die politischen, kulturellen und sozioökonomischen Prozesse mit. So ist es für Muslime wie für Christen enorm wichtig, ihren praktizierten Glauben auch nach außen hin zu präsentieren. Das führt dazu, dass Religion eine öffentliche Sache wird und damit zugleich eine politische Dimension annimmt. Nichtreligiös zu sein und an religiösen Grundfesten zu rütteln, ist im Verständnis und Denken der Nigerianer schlechterdings unmöglich, wie ein junger deutscher Journalist während seines ersten Nigeria- und Afrikabesuches Ende 2008 feststellen musste.[147] Eine Gruppe junger Lagosianer argumentierte am Samstagabend am Strand von Victoria Island bei Palmwein und gegrilltem Fisch lautstark und inbrünstig über ein Lieblingsthema nigerianischer Diskussionsrunden: Religion, Transzendenz und das Jenseits, Tod und Teufel, Priester und Propheten. Und als der deutsche Gast in die Runde warf, dass vielleicht sogar die Möglichkeit bestünde, dass es nach dem Tod gar kein Leben geben könnte, herrschte für einige Sekunden, die einer gefühlten Ewigkeit glichen, Totenstille.

Am 1. Weihnachtstag 2009 überschlugen sich die Meldungen der Nachrichtenagenturen und Nachrichtensendungen, nachdem ein junger Nigerianer wenige Minuten vor der Landung in Detroit versucht hatte, als Selbstmordattentäter die Maschine einer US-amerikanischen Fluglinie in die Luft zu sprengen. Erst in letzter Sekunde hatten mutige Passagiere und Flugbegleiter den Anschlag vereitelt, und Umar Faruk Abdulmutallab wurde unmittelbar nach der Landung den amerikanischen Sicherheitsbehörden übergeben. Schon bald stellte sich heraus, dass der Attentäter aus einem reichen und elitären Elternhaus des islamischen Haussa-Fulani-Establishments stammte, mehrere Jahre in Großbritannien studiert hatte und im Jemen engen Kontakt zum Netzwerk der Al-Kaida pflegte. Für mehrere Tage stand Nigeria erneut als vermeintlich islamischer und potentieller islamistischer Staat im Zentrum weltweiter Aufmerksamkeit. Bereits wenige Monate zuvor hatte sich eine islamische Gruppierung namens »Boko Haram« (übersetzt: »westliche Bildung ist verboten«) in Maiduguri und anderen Städten Nordnigerias eine mehrtägige Schlacht mit der Polizei und mit Militäreinheiten geliefert, die mehrere hunderte Todesopfer forderte.

In den USA standen alle Signale auf Rot. Denn einer ihrer wichtigsten Erdöl- und Erdgaslieferanten schien sich zum Hort terroristischer islamistischer Netzwerke entwickelt zu haben. Dieser Vorwurf steht im Kontext der Radikalisierung großer Teile der nordnigerianischen Gesellschaft, und auch der Kultstatus, den Osama Bin Laden bei vielen muslimischen Jugendlichen genießt, ist nicht unbemerkt geblieben. Allerdings konnten weder nigerianische noch internationale Sicherheitsdienste bislang belastbare Fakten vorlegen. Vielmehr verehren die Jugendlichen Osama wie einen Popstar, der cool und irgendwie anti-westlich ist, und tragen sein Konterfei auf ihren T-Shirts zur Schau. Diese Haltung ist durchaus vergleichbar der anti-bürgerlichen Jugendkultur und Protestbewegung in Europa und den USA in den siebziger und achtziger Jahren, die das berühmte Bild des Che Guevara zur politischen Ikone hochstilisierten. Angesichts dieses Zwischenfalles kühlten jedoch die ansonsten guten bilateralen Beziehungen merklich ab, nachdem US-Präsident Barack Obama Nigeria auf eine Stufe gestellt hatte mit Staaten wie Afghanistan, Jemen oder Irak. Trotz zahlreicher Hinweise des Attentäters zu Hintermännern und Kommunikationsstrukturen verloren sich seine Angaben weitgehend im unwegsamen Terrain des krisengeschüttelten Jemen und in islamistischen Kreisen Großbritanniens.

Als einer der ärmsten Bundesstaaten, Zamfara im Nordwesten, nur wenige Monate nach dem Ende der Militärherrschaft, mit Jahresbeginn 2000 die *Scharia* als allgemein bindendes Rechtssystem einführte, starrten Millionen von Nigerianern zunächst ungläubig und dann ratlos auf eine Entwicklung, die innerhalb kürzester Zeit den gesamten hohen Norden erfasste. Denn das im Mai 1999 begonnene Demokratisierungsprogramm unter Staatspräsident Olusegun Obasanjo hatte nach einer langen Repressionsphase erstmals wieder politische und rechtliche Freiräume eröffnet. Obasanjo nahm die Angelegenheit anfangs nicht weiter ernst und reagierte eher belustigt auf das neue Rechtssystem in Zamfara, das seiner Überzeugung nach keinen Bestand haben würde. Damit offenbarte Obasanjo aber eine weitverbreitete Unkenntnis und Ignoranz gegenüber einer Religion, die in ihrem Grundverständnis ein umfassendes soziopolitisches System darstellt, und einer zentralen Frage, die die Geschichte des modernen Nigerias wie ein roter Faden durchzieht, nämlich der Frage, ob Nigeria überhaupt ein säkularer Staat sei, sein wolle oder sein könne.

Eine neue Politikergeneration muslimischen Glaubens hatte im wirtschaftlich rückständigen Norden den Islam als politisches Programm benutzt, in den dortigen Bundesstaaten die Macht ergriffen und das alte islamische Establishment politisch neutralisiert und teilweise ausgeschaltet. Ihre strategische Allianz mit dem niederen Klerus, der in den Modernisierungsprozessen der zurückliegenden Jahrzehnte erheblich marginalisiert worden war, sicherte dieser jungen politischen Elite den Sieg an den Wahlurnen. Denn die Imame in den kleinen Hinterhofmoscheen brachten ihnen die Stimmen der Talakawa[148], die sich vom Islam endlich eine spürbare Verbesserung ihrer katastrophalen Lebensbedingungen erhofften. Die Mittel- und Unterschichten der Städte wiederum sahen als Verlierer der gescheiterten Modernisierungspolitik in einer Islamisierung die Chance, mit Hilfe der Religion die kleptokratischen Strukturen der alten Eliten zu zerschlagen und ihre prekäre Situation zu verbessern. Den Befürwortern des säkularen Staates innerhalb des islamischen Establishments blieb daher keine andere Wahl, als die Islamisierung und die Einführung der *Scharia* in den zwölf Bundesstaaten[149] hinzunehmen, um nicht als Feinde des Islam zu gelten. Einige Vertreter des Establishments traten dagegen vehement zugunsten des islamischen Rechtssystems ein in der Hoffnung, ihren alten Traum einer durchgreifenden islamischen Gesellschaftsordnung verwirklichen zu können. Dabei leben in all diesen *Scharia*-Staaten etwa 14 Millionen Christen bei einer Gesamtbevölkerung dieser Gliedstaaten von 53 Millionen, d. h., mehr als 25 Prozent. Und selbst in den sechs Haussa-Fulani-dominierten

Bundesstaaten im Nordwesten leben unter den 30 Millionen Muslimen vier bis fünf Millionen Christen.[150] Die Einführung der *Scharia* war angesichts der geopolitischen Machtverschiebung auch ein eleganter Schachzug, um den nach wie vor bestehenden und im Norden weit verbreiteten Einheitsmythos auf der Grundlage einer islamisch geprägten Ideologie aufrechtzuerhalten. In diesem Sinne spielte die *Scharia* nach dem Ende der Militärherrschaft als politische Abwehr- und Angriffswaffe der Haussa-Fulani und als Mobilisierungsinstrument eine ähnliche Rolle wie die wieder aufflackernden Nationalismen innerhalb der Igbo- und Yoruba-Gemeinschaften im Süden.

Sharia Council

Schon bald richtete sich auch die internationale Aufmerksamkeit auf Nigerias Norden. Denn erste Amputationsurteile gegen Kleinkriminelle und Steinigungsurteile wegen Ehebruchs und vorehelichen Geschlechtsverkehrs sorgten kontinuierlich für Negativschlagzeilen und setzten Kampagnen von Menschenrechtsorganisationen im In- und Ausland in Gang. Wenngleich kein Steinigungsurteil Bestand hatte und spätestens in der Berufungsinstanz der *Scharia*-Gerichte annulliert wurde, setzte sich in großen Teilen der nichtislamischen Gesellschaft in Nigeria unterschwellig die Meinung durch, dass die totale Islamisierung des Staates schon bald bevorstünde. Die Amputationen untermauerten diesen Trend, wobei geflissentlich übersehen wurde, dass die Delinquenten bewusst auf eine Berufung verzichtet hatten, um in den Genuss der Resozialisierungsprämie zu kommen. Es existieren zwar keine offiziellen Listen, aber inoffiziell gelten etwa 500 US-Dollar als Richtschnur, ein kleines Vermögen für die Ärmsten der Armen, zu denen die Verurteilten zumeist zählten. Dies wiederum ermunterte immer mehr junge, perspektivlose Jugendliche,

Diebstähle zu begehen, um dann verurteilt und anschließend mit relativ viel Geld – für ihre Begriffe – resozialisiert zu werden. Diese groteske Entwicklung bewog die *Scharia*-Gerichte schließlich, weitgehend auf diese Form der Bestrafung zu verzichten. Nachdem sich innerhalb weniger Jahre herausstellte, dass sich niemand bereit fand, das verfassungsrechtliche Problem zweier unterschiedlicher Rechtssysteme vor dem *Supreme Court* prüfen zu lassen, verschwand das Thema von der innenpolitischen Tagesordnung. Stattdessen setzte sich die Sprachregelung durch, dass die Muslime der *Scharia*-Bundesstaaten ihr Rechtsproblem selbst lösen müssten, was nichts anderes hieß, als dass die nigerianischen Eliten den Status quo zweier gleichwertiger Rechtssysteme faktisch anerkannt hatten.

Die Einführung der Scharia hat zwar harsche, archaisch anmutende Urteile gebracht, die in einigen Diebstahlsfällen auch umgesetzt wurden und zeitweilige Einschränkungen mit sich brachten. Zugleich aber hat sie ein bemerkenswertes Paradoxon erzeugt. Denn zum einen hat sich der individuelle Freiraum im Leben der nordnigerianischen Muslime erheblich vergrößert, zum anderen haben sich die materiellen Lebensbedingungen keineswegs verbessert. Bittere Armut und endemische Korruption sind auch unter dem Dach der *Scharia* fester Bestandteil des politischen Systems, und Nordnigeria gilt auch zehn Jahre nach Einführung des islamischen Rechts als das Armenhaus der Föderation. So merkte Obasanjo bei einem offiziellen Gouverneurstreffen während seiner Amtszeit gegenüber dem damaligen Gouverneur von Zamfara auf dessen Hände zeigend süffisant an, dass er sich wundere, ihn noch körperlich unversehrt anzutreffen. Jeder im Raum verstand die Anspielung, die aber mit einem verhuschten Lächeln aller Anwesenden kommentarlos hingenommen wurde.

Nach islamischem Rechtsverständnis müssen bei einem strafwürdigen Sexualdelikt wie Ehebruch, vorehelichem Geschlechtsverkehr, Prostitution oder Homosexualität vier Personen die Handlungen vor Gericht bezeugen. Nur dann ist eine Verurteilung möglich, es sei denn, der oder die Beklagte legt ein Geständnis ab. In der Realität ist dies jedoch für die Zeugen fast unmöglich, was heißt, dass diese Delikte faktisch nicht geahndet werden können. Deshalb sind sie auch weit verbreitet, trotz drohender Sanktionen, die sich jedoch innerhalb dieses Systems als Leerformeln erweisen. Dessen sind sich alle bewusst, und sollte eine Frau ein Kind gebären, obwohl der Ehemann auf Grund seiner langen Abwesenheit nicht der Vater sein kann, tritt das Prinzip des »Schlafenden Kindes« in Kraft, das mehrere Jahre im Mutterleib ausharren kann. Einst erfunden zum Schutz der Frauen, deren Männer als Händler, Krieger oder Arbeitsmigranten Monate oder Jahre unterwegs waren, findet dieses Prinzip auch heute noch allgemein Anwendung in der islamischen Rechtssprechung. Die Beispiele ließen sich beliebig erweitern, um die vielfältigen Möglichkeiten der individuellen Lebensgestaltung auch für Frauen im Kontext der *Scharia* zu illustrieren.

Die beachtenswerteste Bejahung und Unterstützung des islamischen Rechts stammt aber von Homosexuellen und Prostituierten, die geradezu euphorisch reagierten. Denn noch nie hätten sie ihre Neigungen, Vorlieben und Interessen so frei ausleben können wie unter der *Scharia*, die es ihnen erlaubte, sich von den normativen Zwängen einer islamisch geprägten Gesellschaft zu befreien. Jetzt seien sie am Zuge, lautete ihre Sprachregelung, der niemand ernsthaft widersprach. Das gilt tendenziell auch für die Jugendkultur im Haussa-Fulani-Land, wo unter den Augen der *Hisbah*, einer Art Religionspolizei, und Puristen Rap und Techno gedeihen, angereichert mit Lokalkolorit und Anleihen bei *Bollywood*. Die digitale Technik öffnet dabei den Blick für globale Trends, die wiederum Eingang in die Musik- und Videoproduktion finden und auch Themen wie Liebe, Sex und Frauen aufnehmen und adaptieren, trotz Verboten und Strafandrohungen.

Vor mehr als 1.000 Jahren begann der sunnitische Islam seinen Siegeszug auch in Afrika südlich der Sahara, so auch im heutigen Nigeria, und etablierte sich binnen weniger Generationen als Religion der Eliten. Verbreitet von muslimischen Händlern, die seit Menschengedenken auf den transsaharanischen Karawanenwegen und den Küstenrouten entlang der Häfen am Indischen Ozean Nordafrika und die arabische Welt mit West- und Ostafrika verbanden, übte diese neue Religion auf viele Herrscher eine magische Anziehungskraft aus. Zu den Karawanen gehörten *Heilige Männer*, die die Händler seelsorgerisch betreuten und denen man nachsagte, über übernatürliche Fähigkeiten zu verfügen. Die Verbindung von Monotheismus, schriftlich kodifiziertem Rechtssystem und Spiritualität erwies sich gegenüber den traditionellen Religionen und ihren Gottheiten deutlich überlegen. Diese neue religiöse Struktur befriedigte Intellekt, Körper und Seele und verschaffte der Herrschaft, in der der Islam eine zentrale ideologische Funktion übernahm, eine höhere Legitimation. Die *Heiligen Männer* übernahmen denn auch Kraft ihrer besonderen Fähigkeiten Schlüsselfunktionen in der Verwaltung und stärkten somit die jeweiligen Herrschaftsstrukturen, mussten als Gegenleistung aber traditionelle »heidnische« Sitten und Gebräuche als festen Bestandteil im Leben der herrschenden Schichten akzeptieren.

Die Unterwerfung des sich bereits im Niedergang befindlichen Kalifats unter britische Herrschaft 1903, die gewaltsame Eingliederung des Reiches Borno[151] 1906 und die Umsetzung der *indirect rule* erzeugten enorm kraftvolle Strukturen, die auch nach mehr als 100 Jahren unvermindert nachwirken. Denn einerseits revitalisierte und stabilisierte die Kolonialmacht das traditionelle Herrschaftssystem der Emire und des Sultans und erweiterte deren Autorität auf die nichtislamischen Gebiete des Middle Belt, was katastrophale Folgen für die dortigen ethnischen Minderheiten hatte. Andererseits konnten sich der Islam und sein Rechtssystem, fern von säkularem und christlichem Gedankengut, fast drei Jahrzehnte lang unbehelligt entfalten und neu positionieren. Aber so wenig der Kalifatsgründer Usman dan Fodio einen integrativen Islam durchsetzen konnte, so wenig vermochten seine Nachfolger bis in die Gegenwart hinein das Ziel eines *Nationalen Islam* zu verwirklichen. Vielmehr bewirkten alle Integrationsbemühungen letztendlich das Gegenteil und schufen ungewollt pluralistische Strukturen. Denn die Kategorien Ethnie, Nation und *Umma* ließen sich weder im Vielvölkerstaat Nigeria noch in anderen Staaten südlich der Sahara politisch zusammenführen.

Schon bevor die Briten Nordnigeria eroberten, waren die beiden miteinander konkurrierenden großen Sufi-Bruderschaften der in Nordafrika entstandenen Tijaniyya und der in Bagdad gegründeten Quadiriyya die einflussreichsten islamischen Verbände. Im Gegensatz zu diesen weithin bekannten, grenzüberschreitenden Bruderschaften, besaß der Islam des nordnigerianischen Establishments, repräsentiert durch Sultan, die Emire und die traditionellen religiösen Führer, keine eigene Verbandsstruktur, sondern vertrat sich organisatorisch selbst durch das Emiratssystem. Traditionelle vorislamische Elemente wie der Bori-Kult waren problemlos integriert worden, und trotz aller Reformbewegungen leben diese Elemente bis zum heutigen Tag fort. So üben den Bori-Kult vornehmlich Frauen aus. Das eintönige, aber intensive Spiel der Musiker und der Genuss von Marihuana versetzen dabei die Teilnehmerinnen in einen Trancezustand, in ekstatischen Tanzbewegungen dem Diesseits weit entrückt, dafür aber Allah und den Geistern ganz nahe. Dutzende von rauchenden Frauen berauschen sich an diesem Schauspiel, das die ganze Nacht hindurch andauert und bei dem die Männer nur noch Statisten sind.

Die islamisierten Yoruba im Südwesten des Landes gründeten in den zwanziger Jahren die Ansar-ud-Deen Society, die westliche Organisationsformen und Bildungsinhalte adaptierte. Deren Mitglieder betrachteten es als unabdingbar, den von ihnen praktizierten Islam zu reformieren, um ihn gegenüber den massiven kolonialen Einflüssen in ihrem Gebiet zu stabilisieren und für die beginnenden Modernisierungsprozesse konkurrenzfähig zu machen. Ihr Wirkungsbereich blieb aus ethnisch-strukturellen Gründen aber auf Südwestnigeria beschränkt. Die von Yoruba-Studenten Mitte der fünfziger Jahre in Lagos gegründete Muslim Student Society (MSS) sollte allerdings auch eine nationale Ausrichtung verkörpern. 20 Jahre später radikalisierte sich die Gruppe an nordnigerianischen Universitäten, insbesondere an der Ahmadu Bello Universität in Zaria.

Einigungsversuche der Muslime

Die politische Führung Nordnigerias unternahm kurz nach der Unabhängigkeit mit der Schaffung eines islamischen Dachverbandes Jama'atu Nasril Islam (»Organisation für den Sieg des Islam«) einen erneuten Versuch, die verschiedenen und zum Teil gegensätzlichen Strömungen zu einen. Massive Finanzhilfen der islamischen Kernländer bewogen zahlreiche kleinere, zuvor autonome Institutionen, Organisationen und Gruppen, dem Verband beizutreten. Schon bald avancierte er zum Hauptagenten islamischer Erziehung in Nigeria, der eine rasche Modernisierung der Muslime Nordnigerias blockierte und langfristig den sozioökonomischen Rückstand zu den südlichen Landesteilen zementierte. Die politische Führung Nordnigerias versuchte zwar, mit der Gründung von *Islamiyya Schools* einen Kompromiss zwischen islamischer und westlicher Bildung zu finden. Dies gelang aber nur sehr unzureichend. Die Unterrichtssprachen waren Haussa und Arabisch, während Englisch nur nachrangig gelehrt wurde, was erhebliche Konsequenzen für den allgemeinen Bildungsstand in dieser Region nach sich zog. So gab es am Vorabend des Bürgerkrieges fast 2.800 *Islamiyya Schools* mit etwas mehr als 36.000 Schülern. Zugleich gingen aber mehr als 400.000 Schüler in die annähernd 28.000 Koranschulen. Die extrem unterschiedlichen Bildungsvorstellungen im Norden und Süden zeigten sich aber repräsentativ am Beispiel der Großstadt Kano. Dort besuchten nur 5 Prozent der Kinder aus Kano City, dem klassischen Zentrum der alten Handelsmetropole, eine Schule mit westlichem Bildungskanon. Dagegen gingen 98 Prozent der Kinder in der von Migranten aus dem Süden bewohnten Neustadt Sabon Gari in diese Schulen.

Die inneren Widersprüche im islamischen Dachverband Jama'atu Nasril Islam aber blieben, und es gelang seinen Vertretern nicht, wie versprochen, Schirmherr aller nigerianischen Muslime zu sein. Nach dem Bürgerkrieg und im Vorfeld der Redemokratisierung Ende der siebziger Jahre verlor dieser Verband an Bedeutung, und neue Organisationen traten vermehrt auf den Plan. Der 1973 in Kaduna entstandene Nigerian Supreme Council of Islamic Affairs (NSCIA) ist bis heute die wichtigste Vertretung des Mainstream-Islam, der der Sultan Kraft seiner exponierten und historisch legitimierten Position automatisch vorsteht. Doch hat der Islam in den siebziger Jahre insbesondere in Nordnigeria eine spürbare Veränderung und Radikalisierung erfahren. Zum einen gründete sich der Council of the Ulama, der als radikaler Reformislam dem NSCIA den Alleinvertretungsanspruch streitig machte und sich auf ideologischer Ebene als führendes Sprachrohr reformistischer Bewegungen behauptete. Zum anderen etablierten sich in seinem ideologischen Windschatten die Izala[152] (»Gemeinschaft für die Entfernung von Neuerungen und die

Errichtung der *Sunna«*), deren Anhänger oftmals westlich gebildet sind, und die radikalisierte MSS. Beide Gruppierungen verweigern jeder säkularen Regierung die Anerkennung, und ihre gewaltsamen Aktionen richten sich ebenso gegen Mainstream-Muslime wie gegen die beiden großen Sufi-Bruderschaften und christliche Vertretungen. Neben diesen großen Organisationen gibt es inzwischen noch etwa 200 kleinere islamische Gruppen und Splittergruppen, deren Strahlkraft auf das Lokale begrenzt ist.

Theologische Unübersichtlichkeit im Islam und im Christentum Nigerias

Zur schillerndsten Gruppierung im radikalisierten Spektrum zählt inzwischen das Islamic Movement, auch bekannt als *Muslim Brethren* oder *Nigerian Muslim Brothers*, die den säkularen Staat zur Gänze ablehnen. Ideologisch orientiert an der islamischen Revolution im Iran, betrachtet ihr Gründer und einstiger Vorsitzender des MSS an der Universität in Zaria, Ibrahim El-Zakzaky, auch den gewaltsamen Umsturz als legitim. Dies wiederum hat der Organisation fälschlicherweise die Bezeichnung »Schiiten« eingebracht. Viele Male stießen Zakzaky und seine Anhänger mit der Staatsmacht zusammen, auch während der Militärherrschaft in den achtziger und neunziger Jahren, und Dutzende seiner Anhänger kamen dabei zu Tode. Er aber überlebte alle gewalttätigen Auseinandersetzungen, und auch mehrere längere Gefängnisaufenthalte konnten den Eiferer nicht in die Schranken weisen.[153] Vielmehr ist seine Organisation stärker denn je und verfügt inzwischen über ein weitverzweigtes Netzwerk in Nordnigeria.

Während Zakzaky und seine Muslim Brethren inzwischen eine eigene politische Machtbasis aufbauen konnten, scheiterten die »Maitatsine« unter dem begnadeten Prediger Muhammadu Marwa alias Maitatsine (»Derjenige, der verdammt«). Als selbsternannter *Mahdi,* dessen eigenwillige Islaminterpretation ihn tatsächlich außerhalb des Islam stellte, verfügte er Ende der siebziger Jahre über mehrere tausend Mitglieder. Zu seinen Gefolgsleuten zählten auch Angehörige der Kano-Elite, doch größer noch war die Zahl derjenigen, die er aus den untersten Schichten der stark feudalistisch geprägten Stadt rekrutieren konnte. Analphabeten, Koranschüler, perspektivlose Jugendliche und rudimentär gebildete Muslime, alles erste Opfer des neuen Reichtums in der nördlichen Metropole Kano und anderen Städten Nordnigerias, stellten das Gros seiner Gefolgschaft. Marwas Botschaft, eingebettet in mahdistisch-millenaristischer Endzeiterwartung, war klar und unmissverständlich: die Neureichen, die saturierten Gelehrten und die islamischen Verbände sind für die bittere

Oben: Zentral-Moschee in Abuja

Unten: Ecumenical Centre

Armut der Massen verantwortlich, und deswegen sind sie mit allen Mitteln zu bekämpfen. Die Staatsmacht antwortete mit geballter Feuerkraft, der mindestens 4.000 Menschen, zumeist Sektenmitglieder, zum Opfer fielen, darunter auch der Prediger.[154] Einige seiner Getreuen entkamen dem Gemetzel und zettelten in den Folgejahren an anderen Orten weitere Aufstände an, die wiederum Hunderte von Opfern forderten. Maitatsine war zwar ausradiert, aber das mahdistische Gedankengut blieb. Die bislang jüngste Variante tauchte 2009 in Form der »Boko Haram« auf, die die Polizei und Militärs in Maiduguri und anderen Städten im Norden nach einem mehrtägigen Feuergefecht physisch weitgehend auslöschte. Ihr 39-jähriger Anführer Mohammed Yusuf und einer seiner engsten Vertrauten wurden kurz nach ihrer Festnahme von der Polizei regelrecht hingerichtet, nachdem bereits etwa 700 Mitglieder und Dutzende Sicherheitskräfte ihr Leben gelassen hatten.

Mehr als 200 Jahre islamische Reformbewegungen auf dem Territorium des heutigen Nigeria und permanente Versuche, die Einheit der Muslime herzustellen, hat sich beständig ins Gegenteil verkehrt und eine manchmal verstörende theologische wie politische Unübersichtlichkeit erzeugt. Ein wesentliches Ergebnis dieser Unübersichtlichkeit und Fragmentierung ist die unübersehbar aggressive Dynamik seit Ende der siebziger Jahre, die sich in wachsender Intoleranz und Gewaltbereitschaft äußert. Zugleich setzte ein regelrechter Bauboom von Moscheen ein, der sich nicht nur aus Geldern der arabischen Halbinsel speiste. Denn die neureiche nigerianische Elite, die über gewaltige finanzielle Ressourcen verfügt, setzte ihr leicht verdientes und vielfach leicht gestohlenes Geld auch für den Bau von Moscheen und Kirchen ein, ein deutliches Zeichen für den wachsenden Stellenwert von Religion als politischem Instrumentarium in diesem Land. Nichts verkörpert dies überzeugender als die beiden gigantischen Prestigebauten der beiden Religionsgemeinschaften, die Zentral-Moschee und das National Ecumenical Centre in der Mitte Abujas, die eine gewaltige Kraft ausstrahlen und dabei wirken, als würden sie sich ständig beobachten und belauern.

Im Kontext der Papstwahl 2005 tauchte erstmals die Idee eines schwarzen Papstes auf. Die Gedankenspiele zielten auf den nigerianischen Kardinal Francis Arinze, der als konservatives Mitglied zum engsten Führungskreis von Papst Johannes Paul II. im Vatikan zählte. Die Zeit scheint noch nicht reif, einen schwarzen Papst zum Oberhaupt der katholischen Kirche zu wählen. Dennoch weist die Diskussion auf die enorme Rolle hin, die sie in Afrika und in Nigeria spielt. Im Vielvölkerstaat ist sie quantitativ wie qualitativ nach wie vor die stärkste Kraft der vielfältigen christlichen Denominationen. Und wenn alljährlich die Bischofskonferenz die Vertreter der mehr als 50 Diözesen versammelt, entfaltet der katholische Klerus für alle sichtbar seine ganze Kraft und stellt sie auch öffentlichkeitswirksam zur Schau. Jede Äußerung eines hohen nigerianischen Kirchenvertreters, gleich welcher Konfession, ist nicht nur eine theologische, sondern immer auch eine politische. Dabei repräsentiert das Christentum in Nigeria ein Profil, das europäische Augen auf den ersten Blick irritieren mag. Es ist ökumenisch, evangelikal, indigen und tendenziell auch fundamentalistisch, was weitreichende Auswirkungen auf das Verhältnis untereinander hat, aber auch direkte Einflüsse auf die christlich-islamischen Beziehungen im weltweit größten christlich-islamischen Staat.

Das Christentum kann in Nigeria nur auf eine kurze Geschichte zurückblicken, denn eine flächendeckende Missionierung begann erst nach 1840 in Südnigeria. Zwar waren die Portugiesen bereits gegen Ende des 15. Jahrhunderts an der nigerianischen Küste gelandet und mit ihnen die ersten katholischen Priester. Aber deren erste Missionserfolge im Königreich Benin hinterließen kaum Spuren. Der entscheidende Ausgangspunkt der Christianisierung Westafrikas war dagegen Sierra Leone, wo sich eine Priester- und Pastorenschaft entwickelte, die sich der Missionierung verschrieben hatte und ihre Landsleute mit den Mitteln moderner Bildung zu afrikanischen Briten und Europäern erziehen wollte. Für die Christianisierung Nigerias war die Yoruba-Kultur in Sierra-Leone von entscheidender Bedeutung, denn sie legte den Grundstein für die neu entstehenden christlichen Identitäten afrikanischer Provenienz. Die Mehrzahl der befreiten Sklaven stammte aus dem Yoruba-Land, und ihre Rückkehr in ihre Heimatregion als Christen öffnete ihnen genügend Türen, um die neue Religion unter ihren Landsleuten zu verbreiten, auch wenn die sie gar nicht mehr als Yoruba, sondern als Remigranten betrachteten. Dennoch bleibt bemerkenswert, dass es nirgendwo sonst in Afrika zu dieser Zeit vergleichbar viele gut gebildete Einheimische gab, die – erfüllt von missionarischem Geist und zivilisatorischem Sendungsbewusstsein – das Wort Gottes verbreiteten und weitgehend selbständig die Grundlagen afrikanisch geprägter Kirchen legten.

Streit unter nigerianischen Christen um den rechten Weg

Vor allem anglikanische, Yoruba-stämmige Christen bestimmten in dieser frühen Phase die Kirchengeschichte im Yoruba-Land. Zunächst in Badagry, Abeokuta und Lagos im Westen, dann in Calabar im entfernten Osten gründeten Anglikaner, Methodisten, Baptisten, Presbyterianer, Reformierte und Katholiken Missionsstationen. Bis zum I. Weltkrieg war der Süden des Landes weitgehend christianisiert, während dieser Prozess in Zentral- und Nordnigeria erst nach diesem Krieg und dann auch nur langsam voranschritt. Zugleich zeichneten sich eine fast unüberbrückbare Kluft und ein scharfer Konkurrenzkampf zwischen katholischen und protestantischen Kirchen und Missionen ab, der sich insbesondere im Bildungssektor abspielte und bis in die siebziger und achtziger Jahre andauerte. Erst das *Zweite Vatikanische Konzil* und die wachsende Herausforderung durch den Islam entspannten schrittweise das problematische Verhältnis, was schließlich sogar zum großen ökumenischen Projekt der Christian Association of Nigeria (CAN) führte.

Hinsichtlich Nordnigerias hatte der nigerianische Bischof Samuel Ajayi Crowther, bereits 1843 in London zum Priester geweiht, durch seine Teilnahme an der Niger-Expedition 1841 den Grundstein für das Christentum in der Region gelegt. Er hegte keinerlei Illusionen, Muslime zum Übertritt bewegen zu können, und seine respektvolle Haltung gegenüber dem Islam diente in erster Linie dazu, die nichtislamische Bevölkerung ungehindert mit Gottes Wort zu beglücken. Die Erfolge waren bescheiden, und erst die Vereinigung Nord- und Südnigerias 1914 ebnete den Weg zu einem raschen Vordringen der verschiedenen Konfessionen bis an den nördlichen Rand der Minoritätengebiete des Middle Belt. Dabei hatten manche Emire durchaus ein gewisses Interesse an der Missionstätigkeit, erhofften sie sich doch damit eine behutsame Heranführung an die Moderne. Exemplarisch dafür steht der Emir von Zaria, der dem Missionar Walter Miller[155] von der anglikanischen Church Mission Society schon 1905 erlaubte, sich im Einzugsbereich der historischen Stadt Zaria niederzulassen und zu arbeiten. Ansonsten war die Kolonialverwaltung peinlichst darauf bedacht, eine Missionierung im islamischen Hoheitsgebiet der Emire zu unterbinden. Denn sie betrachtete aus dem Blickwinkel eines romantisierenden Paternalismus die afrikanisch-islamische »Herrenrasse« der Haussa-Fulani im unterworfenen Kalifat Sokoto als eindrucksvolles Zeugnis einer hoch stehenden einheimischen Kultur, die vor christlicher Missionierung geschützt werden müsse. Die daraus abgeleiteten Spannungen zwischen Kolonialverwaltung und Missionen hielten Kirchen und Missionsgesellschaften jedoch nicht davon ab, ihre Arbeit in Nordnigeria von Beginn an im Wesentlichen unter dem Aspekt der strategischen Gegeneroberung islamischer und islamisch dominierter Gebiete zu betrachten. Die Konsequenz des kolonialen Paternalismus war somit ein eklatanter Entwicklungsrückstand des Nordens, von dem er sich bis zum heutigen Tag nicht erholt hat und der wesentlich zu den regelmäßig aufflammenden Konflikten insbesondere im Middle Belt beiträgt.

In den vierziger Jahren fielen die Restriktionen, und alle Gebiete Nigerias waren nun für die christliche Mission zugänglich, was in den folgenden Jahren und Jahrzehnten zu einem regelrechten Bauboom von Gotteshäusern führte. Das Wort der Bibel und Bildung gingen Hand in Hand, und innerhalb weniger Jahre wuchs eine Schicht einheimischer Christen nach, die frühzeitig eine starke Indigenisierung der Missionsarbeit bewirkte. Daraus entwickelten sich lokale Varianten, die insbesondere in Südnigeria zu einer Ausweitung der Afrikanischen Unabhängigen Kirchen führten, die ihren Ursprung bereits um die Jahrhundertwende im Südwesten hatten. Am Vorabend der Unabhängigkeit war das Christentum in Nordnigeria fest etabliert, ohne dass sich das islamische Establishment dessen bewusst war. Erst gegen Ende der achtziger Jahre, als nach schweren Unruhen in Kaduna Dutzende von Kirchen auch im 80 Kilometer entfernten Zaria in Schutt und Asche lagen, musste die geistliche Führung langsam anerkennen, dass die Rede vom »islamischen Norden« ein mehr als zweifelhafter Mythos war. Denn infolge der kolonialen Expansion in die islamischen Kerngebiete der Savanne waren zahllose Christen aus dem dichtbevölkerten Süden emigriert und hatten sich in den Städten auf Dauer niedergelassen. Getrennt von der muslimischen Gesellschaft siedelten sie in neu entstandenen Stadtteilen, die als *Sabon Gari* (Neustadt) firmierten und bis in die Jetztzeit ihren Charakter als Viertel der Zugewanderten erhalten haben. Kirchen, Garküchen, Märkte, Hinterhofmoscheen für Muslime aus den südlichen Landesteilen, Kneipen, Wechselstuben, Werkstätten aller Art und einfache Wohnsiedlungen prägen diese Viertel, die sich weitgehend planlos und unstrukturiert jenseits der alten Stadtmauern ausbreiteten und schon rein äußerlich ein Gegenmodell zur klassischen Lehmarchitektur des Sahel schuf. Aber auch in Südnigeria setzte erst in den späten achtziger Jahren ein langsames Umdenken ein, denn für die Bewohner dieser Gebiete galt der gesamte Norden als islamisch. So erfuhren zum Beispiel Presbyterianer erst 1990 auf einer Synode in Calabar im äußersten Südosten anlässlich eines Vortrages, dass es im angeblich islamischen Norden so viele einheimische Christen gab, was ungläubiges Erstaunen hervorrief.

Aber auch Haussa-Fulani waren im Windschatten der islamischen Revolution und der Errichtung des Kalifats in die südlicheren Teile des neuen Reiches gezogen. Zumeist als Händler unterwegs, gründeten sie kleine Niederlassungen, die sogenannten *Zangos*, die zu Dörfern, Kleinstädten und Stadtvierteln wuchsen. Und inmitten der Minderheitenvölker gründete das Kalifat an strategischen Stellen mehr als zwei Dutzend Emirate, die erst unter der Kolonialherrschaft durch die *indirect rule* und durch die Anwendung des islamischen Rechts ihre eigentliche Legitimität erhielten und die auch heute noch bestehen. Dazu zählen unter anderem Jema'a, Mubi, Kontagora, Bauchi, Gombe, Suleja, Keffi, Jama'are, Nasarawa und Ilorin.

Die Entwicklung zweier Lebenswelten war nicht auf den Gegensatz zwischen dem islamischen Norden und dem weitgehend christlichen Süden Nigerias beschränkt. Vielmehr strukturierten sie im Middle Belt den Alltag der dortigen Bewohner, die diese verschiedenen Lebenswelten extrem verdichtet, Tür an Tür mit ihren Nachbarn täglich und zunehmend schmerzlich erfuhren. Denn in beiden großen Glaubensgemeinschaften hatten seit den siebziger Jahren fundamentalistische Strömungen beträchtlich an Einfluss gewonnen. So haben evangelikale Strömungen zumeist amerikanischen Ursprungs die Tendenz zu fundamentalistischem Gedankengut. Auch die neuen, unabhängigen Bewegungen innerhalb des nigerianischen Christentums wie *Church of God Mission*, *Celestial Church of Christ*, *Mountain of Fire and Miracle Ministry* oder *Deeper Life Bible Church* neigen zum Fundamentalismus und zeichnen sich durch eine äußerst aggressive Missionstätigkeit aus. Zumeist im Süden Nigerias entstanden, haben sich diese Kirchen inzwischen über das ganze Land ausgebreitet, und nicht wenige missionieren inzwischen auch in zahlreichen anderen afrikanischen Staaten und in der afrikanischen Diaspora in Übersee. Deren geistige Haltung wird zunehmend von den großen Kirchen, den *Mainstream-Churches*, einschließlich der katholischen Kirche übernommen, was sowohl den innerkirchlichen Diskurs wie auch den christlich-islamischen Dialog erschwert, wenn nicht sogar tendenziell verunmöglicht. Darüber hinaus ist der weltweite Siegeszug pfingstlerischen Christentums auch in Nigeria wie im übrigen Afrika zu beobachten, ein Phänomen, das in Afrika offensichtlich auf besonders günstige Rahmenbedingungen zu stoßen scheint. Denn das enorme Kirchenwachstum in den vergangenen zwei Jahrzehnten geht zum großen Teil auf das Konto der *Pfingstkirchen*, die sich von der überragenden Kraft des *Heiligen Geistes* angefeuert fühlen. In diesem Kontext bewegen sich die *Mainstream-Churches*, die emanzipatorischen Formen wie homosexuelle Priester oder weibliche Pastoren strikt ablehnen. Die in Afrika tief verankerte anglikanische Kirche ist sogar bereit, sich gegebenenfalls von der Mutterkirche im Vereinigten Königreich zu trennen.

Der deutsche Prediger Reinhard Bonnke mit seiner weltweit operierenden Kirche Christ of all Nations gehört zu den markantesten fundamentalistischen Vertretern, und er zieht seit Jahrzehnten seine Kreise vorzugsweise in Afrika und dort in Nigeria. Besonders hier kommen seine Kreuzzüge bei den Massen an, die Heilung erwarten und Heilung erfahren, zumindest glauben sie, was sie oben auf der gigantischen Bühne sehen. Bonnke, der eher aussieht wie ein Versicherungsvertreter, hatte die Vision eines Kontinents vor Augen, gewaschen im Blute Jesus Christus. Und er sagt, Gott habe ihn zur Mobilmachung aufgerufen, denn es herrsche ein weltumspannender Krieg. Aber nun sei die Ernte reif, und er, der sich als »Mähdrescher Gottes« bezeichnet, wird nun mit dem Segen des Herrn diese Ernte einfahren.[156] Was Bonnke seit nunmehr drei Jahrzehnten praktiziert, hat inzwischen viele Nachahmer gefunden, die sein Missions- und Geschäftsmodell übernommen und erfolgreich weiterentwickelt haben. Mittlerweile ist das Geschäft mit der Religion zum zweitwichtiges Wirtschaftszweig Nigerias aufgestiegen und setzt zugleich die *Mainstream-Churches* erheblich unter Zugzwang. Denn Kirchen wie Bonnkes oder auch die unglaubliche Erfolgsgeschichte der »David Oyedepo Ministries« in »Canaan-Land« in Ota vor den Toren von Lagos dokumentieren eines: Gottes Wort und materieller Reichtum sind eins.

Bonnke ist ständig unterwegs, und sein Kreuzzug ähnelt dem einer riesigen Karawane, der sich immer mehr Gläubige anschließen und dafür bereitwillig ihren finanziellen Beitrag leisten. Er ist aber bei weitem nicht der einzige. So gibt es in der Kleinstadt Ikare, einer 15.000 Seelenstadt im Südwesten, allein 80 Kirchen. Diesem Ort stattete der Bonnke-Tross 2003 einen mehrtägigen Besuch ab und versetzte den ganzen ländlichen Bezirk in einen mehrtägigen Ausnahmezustand. Das großflächige »Canaan-Land« dagegen erscheint wie das Paradies auf Erden, in dem Bischof Oyedepo das Wort Gottes predigt und an einer eigenen Universität der intellektuelle Nachwuchs geschult wird, während es umzingelt ist von Armut und Kriminalität. Der Bischof beherrscht das mehr als dreistündige Spiel mit der willfährigen Masse, fordert Gehorsam und Bereitschaft zum Dienen, setzt gezielt und professionell modernste Technik ein, um allsonntäglich mehreren zehntausend Gläubigen im größten Gotteshaus Afrikas die Botschaft des Herrn zu unterbreiten. Generalstabsmäßig organisiert, sammelt eine große Flotte weißer Busse die Gläubigen während der Nacht und am frühen Morgen im Großraum Lagos ein, um rechtzeitig in die in Kreuzform erbaute »Winners Chapel« zu gelangen. Und wer keinen der 35.000 Plätze ergattert, harrt vor den Kirchenpforten aus und nimmt den Segen über Großleinwände entgegen. Der Spendenbereitschaft tut dies keinen Abbruch, denn am Ende der seelischen Erbauung transportieren mehrere Lkws die verschlossenen Briefumschläge ab, in denen sich immer mehrere Millionen Naira befinden.

Einigungsbemühungen der Christen

Schon in den sechziger Jahren hatten christliche Kirchen versucht, analog der islamischen Dachorganisationen JNI und NSCIA mit der Gründung der Northern Christian Association (NCA) die vielzähligen Spaltungen zu überwinden. Doch erst 1976 erwuchs daraus die Christian Association of Nigeria (CAN), die sich aus katholischen, protestantischen und unabhängigen afrikanischen Kirchen zusammensetzt und sich weniger theologischen als vielmehr politischen Fragen widmet. Seit dem Ausbruch religiös gefärbter Unruhen im Middle Belt in den späten achtziger Jahren besitzt CAN ein weit reichendes politisches Mandat, das die politische Mobilisierung der Christen, die kirchliche Interessensvertretung gegenüber der Staatsführung und den politischen Dialog mit islamischen Verbänden umfasst. Lange Zeit war die katholische Kirche, vertreten durch den eloquenten Erzbischof von Abuja, John Onaiyekan, zusammen mit den Anglikanern und Methodisten, das eigentliche Sprachrohr der CAN. Doch relativierte sich diese dominante Position, nachdem ein Vertreter der Pfingstkirchen, Pastor Ayo Oritsejefor, den Vorsitzenden Onaiyekan in einer Kampfabstimmung im Juli 2010 ablöste. Erst seit Mitte der neunziger Jahre schärfte CAN ihr Profil, indem sie endlich Demokratie und Menschenrechte einforderte und ihre offene Gegnerschaft zur Militärherrschaft erklärte. Zuvor war ihr Beitrag zum christlich-islamischen Dialog nur wenig hilfreich gewesen. Denn der klandestine Beitritt Nigerias zur Organization of Islamic Conference (OIC)[157] 1986 ließ die Kirchen lange Zeit an eine große islamische Verschwörung glauben, was für geraume Zeit zu einer fahrlässigen Fehleinschätzung der gesamtpolitischen Entwicklung führte. So trübte die religiös determinierte Sichtweise den Blick auf die zentralen Konfliktlinien, was es den Militärregimen wiederum leicht machte, ihr zunehmend intelligenteres Spiel mit Macht und Korruption ungestört auszuüben. Dennoch versucht das seit 1959 bestehende christlich-islamische Dialogprogramm PROCMURA (*Programme for Christian-Muslim Relations in Africa*) trotzt aller Vorurteile und Kritik gerade auch in Nigeria, Wege zu einem friedlichen Neben- und Miteinander unterschiedlicher Religionsgemeinschaften aufzuzeigen.

Jenseits der politischen Herausforderungen christlicher Gruppierungen hat sich in den zurückliegenden Jahrzehnten eine afrikanische Theologie entwickelt und entfaltet, die Leidenschaft spiegelt und auf ein authentisches Christentum zielt. Die Kraft der Prophezeiung und die Macht der Geister sind zentrale Kategorien, die nicht auf das Spirituelle beschränkt sind und Folgen zum Bösen wie zum Guten haben können. Dies zu erkennen, ist eine der Hauptaufgaben der afrikanischen Theologie, auch Realitäten jenseits der Spiritualität anzuerkennen und zu verarbeiten. Das Christentum in Nigeria nimmt jedenfalls auf Grund seiner besonderen Dynamik eine Vorreiterrolle in Afrika ein, wo Vielfalt und Einheit keinen Widerspruch darstellen, sondern als Stärke empfunden werden und autonome Theologen fähig und bereit sind, an theologischen Diskussionen auf globaler Ebene teilzunehmen. Dabei sind sie in der Lage, die »Erdung«, den gelebten Glauben als zentrales Kennzeichen des afrikanischen Christentums im Alltagsleben, aufzugreifen und ihre unmittelbare christliche Botschaft intellektuell zu reflektieren. Dieser signifikante Unterschied zu Kategorien und Formen europäisch geprägter Theologie mündet in dem Bemühen, eine Theologie der Praxis und für die Praxis zu sein, was zur Entwicklung einer »afrikanischen Hermeneutik« führt. Dies wiederum hat erhebliche Auswirkungen auf transkulturelle Prozesse im Allgemeinen und christliches Denken und die Theologie in der afrikanischen und nigerianischen Diaspora im Speziellen.

Rechtspluralismus: Ein Exkurs

Nigeria ist formal ein säkularer Staat. Dennoch werden politische und wirtschaftliche Entscheidungen und Prozesse in hohem Maße in religiösen, das heißt in christlichen und islamischen Zusammenhängen gedacht und umgesetzt. 1000 Jahre Islam im Kanuri-Gebiet des Nordostens, 500 Jahre in der Haussa-Fulani geprägten Region im hohen Norden und eine islamische Revolution Anfang des 19. Jahrhunderts, die sogar langlebige Spuren im Yoruba-Land hinterließ, haben die Lebens- und Denkweise der Muslime geprägt. 200 Jahre Christentum im Süden des Landes, eine gezielte Ausdehnung der Missionsarbeit unter den Minoritäten im Middle Belt und 100 Jahre Afrikanische Unabhängige Kirchen haben zu deutlich anderen Weltanschauungen geführt als im Norden. Islam und Christentum haben somit zur Entstehung fast gegensätzlicher Lebenswelten beigetragen, deren Geschichte sich in Abgrenzung, Kooperation, Konflikt und Rechtsentwicklung spiegelt.

Der in Nigeria praktizierte Rechtspluralismus[158] ist keineswegs auf dieses Land beschränkt, sondern findet sich weltweit in vielen Staaten wieder. Nachdem die Briten das Territorium des heutigen Nigeria unterworfen hatten, übernahmen sie große Teile der vorgefundenen Rechtssysteme, so lange sie ihren eigenen Interessen nicht zuwiderliefen. Damit neutralisierten sie in weiten Teilen des Landes den erheblichen Widerstand gegen die Einführung des englischen Rechts und setzten ihre rechtspluralistischen Vorstellungen zur kostengünstigen Durchsetzung der *indirect rule* recht erfolgreich ein. So bestanden in der Kolonialzeit drei Rechtssysteme nebeneinander: Islamisches Recht, verkörpert durch *Sharia Courts* in Nordnigeria, traditionelles Recht, verkörpert durch *Customary Courts* in weiten Teilen Südnigerias und im Middle Belt, und englisches *Common Law* als übergeordnetes Recht für Gesamtnigeria, das im Zweifelsfall als Maßstab diente. So durften weder *Sharia* noch *Customary Courts* höhere Strafen verhängen, als des as Strafrecht im *Common Law* vorsah.

Mit der Unabhängigkeit 1960 übernahm Nigeria im Prinzip diese drei Rechtssysteme, kodifiziert in den verschiedenen Verfassungen. Doch spielt das *Customary Law* in seinen vielfältigen Facetten bis zum heutigen Tag nur auf lokaler Ebene eine wichtige Rolle. Das gilt für die Machtkompetenz und Besetzung von *Chiefs* und Königen, für den Umgang mit traditionellen Gottheiten und religiösen Praktiken und im Privatrecht. Noch immer bieten Götter, Schreine, Zauberei, Magie und Heiler den Gläubigen zusätzliche Möglichkeiten, Ängste, Sehnsüchte, Wertewandel und Identitätskrisen in einer immer schwerer zu durchschauenden Welt zumindest teilweise seelisch-körperlich zu verarbeiten. Die traditionellen Herrscher bieten sich als Medium an und schlichten zugleich Streitigkeiten auf kommunaler Ebene. Außerdem erlaubt das *Customary Law* den Männern jenseits des säkularen nigerianischen Rechts je nach Gemeinde, Bezirk oder Bundesstaat eine jeweils unterschiedlich große Anzahl von Frauen zu ehelichen, wobei die Kinder aus diesen Ehen alle legitim sind.

Von zentraler politisch-rechtlicher Bedeutung für das Gesamtsystem ist jedoch das Nebeneinander nigerianischen Rechts, das im Wesentlichen auf englischem Recht, dem *Common Law* basiert, und dem bis Ende 1999 in Teilen Nordnigerias gültigen islamischen Recht, das auf das Personenstandsrecht beschränkt war, wenngleich sich das Strafrecht in Nordnigeria bei der Strafzumessung auch an islamischen Vorstellungen orientierte.[159] Die Koexistenz von islamischem und nigerianischem Recht wurde aber nie ernsthaft infrage gestellt, solange das Haussa-Fulani-Establisment Nordnigerias die von den Briten verliehene politische Führungsrolle besaß. Es wurde sogar tunlichst vermieden, den Anschein zu erwecken, den Islam als Instrument zur Herrschaftsausübung über ganz Nigeria einzusetzen. Dennoch stand bei Nichtmuslimen Nordnigerias und Politikern und Intellektuellen christlichen Glaubens aus dem Süden seit der Unabhängigkeit der Verdacht im politischen Raum, genau dies sei das langfristige politische Ziel, abgeleitet aus der Gründung der beiden islamischen Dachverbände JNI und NSCIA. Beide sollten dazu dienen, den Führungsanspruch der Muslime Nordnigerias gegenüber Muslimen anderer Regionen festzuschreiben und den Mythos eines geeinten Nordnigerias zu propagieren, in dem Muslime und Nichtmuslime verschiedenster ethnischer Gruppen friedlich zusammenleben und den Vielvölkerstaat Nigeria regieren könnten.

Am Vorabend zur II. Republik 1979 gab es innerhalb der verfassunggebenden Versammlung erstmals heftige Auseinandersetzungen um die Einführung der *Scharia*, was kurzfristig sogar zum Eklat führte. Denn als der Vorsitzende die Debatte zum islamischen Recht kurzerhand für beendet erklärt hatte, boykottierten muslimische Delegierte die Versammlung für zwei Wochen. Die Militärjunta intervenierte und erzwang eine Kompromissformel, die den Bundesstaaten der Föderation gestattete, *Scharia*-Gerichte einzurichten. Darüber hinaus konnten Rechtsfälle, die nach islamischem Recht verhandelt worden waren, im Falle einer Berufung an den Supreme Court verwiesen werden. Die Schaffung einer *Scharia*-Berufungsinstanz auf Bundesebene lehnte die verfassunggebende Versammlung ab. Dennoch hatte der Kompromiss dazu geführt, die *Scharia* als festen Bestandteil des nigerianischen Verfassungsrechts zu verankern, das sich sonst seit der Verfassung von 1979 zumindest formal eng am US-amerikanischen System orientiert.

Auch 20 Jahre später, zu Beginn der IV. Republik 1999, war diese Verfassung für die Eliten noch akzeptabel und wurde weitgehend unverändert übernommen. Damit bestand verfassungsrechtlich weiterhin die Möglichkeit, *Scharia*-Gerichte auf der Ebene der Bundesstaaten einzurichten, was in zwölf Gliedstaaten Nordnigerias auch geschah. Des Weiteren galt nun islamisches Recht in unterschiedlich adaptierten Varianten in den jeweiligen Gliedstaaten als allgemein bindendes Recht sowohl im Zivil- wie auch im Strafrecht. Dabei beriefen sich die Protagonisten auf die Verfassung der USA, die den Bundesstaaten ein hohes Maß an Autonomie in Fragen von Rechtsnormen und Rechtspraxis zusichert. In Rechtsstreitigkeiten verwickelte Nichtmuslime können jedoch nicht gezwungen werden, ihre Fälle vor den *Scharia*-Gerichten zu verhandeln, es sei denn, sie stimmen dem ausdrücklich zu. Ansonsten finden Verfahren, in denen Nichtmuslime involviert sind, vor den »normalen« Gerichten statt. Die Kompetenz der *Scharia*-Gerichte endet jedoch bei der obersten Berufungsinstanz im jeweiligen Bundesstaat, so dass die Frage nach der Verfassungsmäßigkeit des islamischen Rechts in Zivil- und Strafrecht so lange unbeantwortet bleibt, so lange niemand die Möglichkeit erhält oder Willens ist, einen Fall vor die beiden obersten Gerichtsinstanzen des Landes – *Court of Appeal* und *Supreme Court* – zu bringen. Die Erfahrung mit zehn Jahren islamischer Gerichtsbarkeit hat inzwischen selbst die schärfsten Kritiker verstummen lassen, so dass das islamische Recht in der Rechtspraxis und Verfassungswirklichkeit bis auf weiteres als Teil des Rechtspluralismus und Elitenkonsenses etabliert ist.

Abuja: Symbol der Einheit und des neuen Luxus und ein Hort der Widersprüche

Der Gründungsakt zum Bau einer neuen Hauptstadt in Zentralnigeria 1976 stieß auf breite Zustimmung innerhalb der Eliten, und die Planung sah die städtebauliche Umsetzung der hochfliegenden Pläne einer aufstrebenden Regionalmacht vor, die sich anschickte, im internationalen Konzert der Großen mitzuspielen. Das mehr als 7.000 Quadratkilometer große Gebiet wurde drei Bundesstaaten entzogen, wobei das Emirat Abuja als Namensgeber des Federal Capital Territory Abuja diente, in dem die Ethnien Gwari (Gbagyi) und Koro und weitere kleinere Völker lebten. Sie wurden umgesiedelt, doch blieben die versprochenen staatlichen Entschädigungszahlungen weitgehend aus, und der ursprüngliche Ort Abuja wurde in *Suleja* umbenannt. Doch blieb der verfassungsrechtliche Status Abujas lange in der Schwebe, wobei christliche und islamische Wahrnehmungen hinsichtlich des säkularen Charakters der Hauptstadt ein bedenkliches Konfliktpotential anhäuften. Doch letztlich erhielt Abuja den Status eines Bundesterritoriums, unterteilt in sechs Verwaltungsbezirke und regiert von einem Bundesminister.

Alles erscheint riesig, und der neue Reichtum aus den Erdöleinnahmen förderte den Gigantismus, der sich in dieser am Reißbrett entstandenen Stadt widerspiegelt. Alles ist überdimensioniert, großzügig und weitläufig angelegt, alles für das Leben mit dem Auto konzipiert, und die Automodelle auf den Straßen Abujas verweisen auf den Reichtum und das Lebensgefühl dieser jungen Großstadt. Die Hauptstraßen gleichen Autobahnen, die sich schneisengleich mit Über- und Unterführungen durch die Regierungs-, Diplomaten-, Geschäfts- und Wohnviertel ziehen, und die Außentangenten umschließen das Bundesterritorium wie eine entlang des Horizonts verlaufende unsichtbare Stadtmauer, wo diesseits inzwischen mehr als eine Million Menschen leben. Das Parlamentsgebäude vermittelt einen Eindruck vom Denken jener Zeit, denn es ist eine getreue Abbildung des US-Kongresses in Washington, und der Präsidentenplast im Schatten des riesigen Inselberges Aso Rock, dem der Palast seinen Namen verdankt, wirkt wie eine moderne Trutzburg, deren Insassen Macht und Entschlossenheit zur Schau stellen wollen.

Doch jenseits der unsichtbaren Stadtmauer hat sich bereits ein slumartiger Ring gebildet, wo im beständigen Zufluss menschliches Strandgut anlandet, das niemals die hohen und dauernd steigenden Mieten wird aufbringen können. Inzwischen konkurrieren Grundstückspreise und Mieten in Abuja sogar mit den Fantasiepreisen in Lagos, und die Hauptstadt am Aso Rock ist aufgestiegen in die Kategorie Eins der teuersten Städte Afrikas, wo sich inzwischen eine lokale Schickeria etabliert hat, die wie die Regierung über gewaltige finanzielle Ressourcen verfügt und damit das gesamte Preisgefüge der Region gesprengt hat. Überteuerte Immobilien, teure Hotels und Restaurants, Partys und Empfänge in den besten Häusern am Platze, im Hilton, Sheraton oder Sofitel, wo sich die Reichen und Neureichen allabendlich ein Stelldichein geben, wo professionell arbeitende Prostituierte ihre vielfältigen Dienste anbieten, prägen inzwischen das Gesicht der Stadt. Auch der Kokainkonsum gehört inzwischen zum festen Ritual einschlägiger Privatveranstaltungen, ein indirekter Beweis, dass Unmengen an Dollar, Euro und Schwarz- und Bestechungsgeld im Umlauf sind. Selbst eingefleischte Lagosianer können die Hauptstadt nicht mehr ignorieren, wollen sie geschäftlich und gesellschaftlich reüssieren. Die Auftritte der neureichen politischen Elite samt ihrer Nachkommen in Hotels und Clubs, Dutzende von Freunden im Schlepptau und Tausende von Dollar unter der Agbada oder Riga, sind berüchtigt und zeichnen das Bild einer neuen Elite, die jeden Maßstab verloren zu haben scheint. Zugleich bietet das politische Machtzentrum Abuja aber im Gegensatz zu Lagos mehr Luft zum Atmen und ein Lebensgefühl, im Lichte der Macht zu stehen, wo alles möglich ist, um das ganz große Rad zu drehen.

Als General Babangida und seine Militärjunta Abuja 1991 zur Hauptstadt dekretierten und mit dem Umzug unumkehrbare Fakten schufen, war der Streit um den säkularen Charakter bereits voll entbrannt. Denn die Regierung hatte großzügige finanzielle Zuwendungen zum Bau der Zentralmoschee geleistet, die deshalb bereits 1989 fertig gestellt werden konnte. CAN dagegen musste mit vorsätzlichen bürokratischen Hemmnissen hadern, die die staatlichen Zuwendungen und den Baubeginn des ökumenischen Zentrums nicht nur verzögerten, sondern die Bauphase um viele Jahre verlängerten. Dies wiederum trieb die Kosten auf Grund der inzwischen eingesetzten galoppierenden Inflation in astronomische Höhen und verursachte beträchtliche Verstimmungen zwischen den Militärregierungen und dem Klerus. Erst nach 16-jähriger Bauzeit und massiver Unterstützung der Regierung Obasanjo konnte das futuristisch anmutende Einheitssymbol der nigerianischen Christenheit 2005 schließlich seiner Bestimmung übergeben werden. Und kirchliche Kreise feierten still und leise einen Triumph, der sie die vielen Hindernisse vergessen ließ, die ihnen die Militärs, aber auch interne Streitigkeiten in den Weg gelegt hatten. Denn schlussendlich überragte der Kirchturm die Minarette der Zentralmoschee, was als Sieg der Kirche über die Moschee betrachtet wurde.

Dieser lächerlich erscheinende Triumph, der sich bereits Anfang der neunziger Jahre abzuzeichnen begann, relativierte sich 2002, als sich anlässlich der Miss-World-Wahl erneut die Frage nach dem säkularen Charakter des Staates Nigeria und seiner Hauptstadt Abuja stellte. Die Veranstaltung endete mit einem Eklat, den Regierung und Veranstalter auf Grund ihrer unsensiblen Handhabung religiöser Gefühle und mangelndem Krisenmanagement mit zu verantworten hatten. Da die vorjährige Miss World aus Nigeria kam, war dem Land für das Jahr 2002 die Gastgeberrolle für die Kandidatinnen aus 100 Ländern zugefallen, was die Öffentlichkeit zumindest im Süden Nigerias überwiegend positiv aufnahm. Trotz dieses positiven Echos hat es seit Jahrzehnten in Nigeria wie auch im übrigen Afrika immer wieder Kontroversen um Miss-Wahlen gegeben, die Muslime wie auch viele Christen als dekadent und kulturimperialistisch betrachten.

Die Regierung von Staatspräsident Olusegun Obasanjo und die Veranstalter sahen aber nun eine günstige Gelegenheit gekommen, das Image des Landes zu verbessern, internationale Aufmerksamkeit auf Nigeria zu ziehen und einem weltweiten Publikum die ersten erfolgreichen Demokratisierungsschritte zu präsentieren. Die Gattin des Staatspräsidenten übernahm die Schirmherrschaft über den Schönheitswettbewerb, deren Federführung beim staatlichen Fernsehen und einer professionellen lokalen Werbeagentur lag. Um ständig positive Nachrichten aus Nigeria zu produzieren, sollte sich der Wettbewerb über mehrere Wochen an ausgewählten Standorten hinziehen und die Endausscheidung schließlich in Abuja stattfinden. Doch kollidierte die Terminplanung mit dem Fastenmonat *Ramadan*, worauf muslimische Gruppen schon einige Monate zuvor hingewiesen und gefordert hatten, den Schönheitswettbewerb aus moralischen Erwägungen abzusagen, was die Regierung als politische Attacke auf den Staatspräsidenten wertete. Zugleich drohten einige Kandidatinnen aus Übersee wegen der Steinigungsurteile in verschiedenen *Scharia*-Bundesstaaten mit Boykott, woraufhin die Regierung versicherte, dass die Urteile keinen Bestand hätten. Des Weiteren schlossen muslimische und christliche Würdenträger ein Abkommen, das beitragen sollte, unter allen Umständen Unruhen zu vermeiden. Als jedoch einige Bundesstaaten im Norden ankündigten, sich aus der nationalen Fernsehübertragung auszuklinken, spitzte sich die Lage zu. Und ein Artikel in einer überregionalen Tageszeitung läutete unbeabsichtigt das vorzeitige Ende der Miss-World-Wahlen ein. Eine junge, in Großbritannien ausgebildete Redakteurin in Kaduna hatte in einem essayistischen Beitrag die Vermutung geäußert, dass der Prophet Mohammed sicherlich keinerlei Einwände gegen den Schönheitswettbewerb gehabt und vielleicht sogar eine der Schönheiten geehelicht hätte.

Wenige Tage später stand das Lokalbüro der Zeitung in Kaduna in Flammen, und die organisierten Unruhen erfassten schnell das Stadtzentrum. Kirchen, Moscheen, Häuser und Autos brannten. Schon bald griff die Gewalt auf die 200 Kilometer entfernte Hauptstadt über, und die dortigen Sicherheitskräfte konnten sie nur unter größten Mühen eindämmen. Zwei Tage später sagten die Organisatoren die Miss-Wahlen ab und brachten die Teilnehmerinnen mit einem Charterflug nach London, wo sie den Wettbewerb zwei Wochen später zu Ende führten. Die Spur der Gewalt hatte mehr als 200 Menschenleben und über 1.000 Verletzte gefordert, mehrere Tausend wurden obdachlos. Die Redakteurin wurde entlassen und entging nach einer *Fatwa* (islamisches Rechtsgutachten) aus Zamfara dem Mob und einer möglichen Strafverfolgung durch Flucht ins Ausland. Der islamische Dachverband NSCIA distanzierte sich eher halbherzig von der *Fatwa*, und der Herausgeber der Zeitung entschuldigte sich in einem ausführlichen Beitrag für die Veröffentlichung des umstrittenen Artikels.

Der politische Imageschaden für Nigeria war immens, sowohl außenpolitisch wie auch innenpolitisch, in Bezug auf den so schwierigen christlich-islamischen Dialog. Was vom Eklat blieb, war die Erkenntnis, dass die Staatsmacht nicht einmal auf ihrem ureigensten Territorium säkulare Prinzipien durchsetzen kann, wenn führende Persönlichkeiten Religion als Mobilisierungsinstrument einsetzen, um diese Prinzipien als zutiefst anti-religiös zu schmähen und damit gezielt Gewalttätigkeiten heraufzubeschwören. Im Fall der Miss-World-Wahlen dienten die durchdachten und organisierten Gewaltaktionen auch dazu, Obasanjo als Staatspräsidenten und Christen bloßzustellen und zu schwächen.

Der Middle Belt als Mikrokosmos Nigerias

Anfang März 2010 sorgte Nigeria weltweit wieder für Negativschlagzeilen, die mehrere Tage sogar die deutschen Medien beschäftigten. Die Welt versuchte, etwas Licht in das Dunkel einer Region zu bringen, die selbst für viele Nigerianer noch immer als Terra inkognita gilt. Mit modernen Waffen und traditionellen Macheten hatten Fulani-Hirten einige Birom-Dörfer wenige Kilometer südlich der regionalen Metropole Jos geschleift und mehrere hundert Dorfbewohner niedergemetzelt. Nur massiver Einsatz von Polizei und Militär verhinderte zum wiederholten Male einen Flächenbrand in einer Region, die seit den späten achtziger Jahren Schauplatz eines grausamen Kampfes um Macht und Einfluss ist. Bislang verloren bei den schwersten Unruhen in Kaduna (1987, 2000), Bauchi (1990/91, 2009), Jos (2001, 2004, 2008, 2010) Tausende ihr Leben, und mehrere Hunderttausend hausen seit vielen Jahren als Flüchtlinge im eigenen Land in notdürftig hergerichteten Camps.

Jener Vorfall im März war die direkte Fortsetzung der blutigen Unruhen in der Großstadt Jos im Januar 2010, als organisierte Banden die Bevölkerung mehrere Tage lang in Atem hielten und Kirchen, Moscheen und ganze Straßenzüge in Brand setzten. Mindestens 400 Menschen starben und mehrere Tausend wurden obdachlos. Vordergründig erscheinen diese Gewalttätigkeiten religiös inspiriert, ausgelöst und getragen von muslimischen und christlichen Eiferern, die Gott und Allah, Bibel und Koran missbrauchen, um ihre Anhängerschaft zu mobilisieren und den »Andersgläubigen« in die Schranken zu weisen und ihm Straflektionen zu erteilen. Dabei handelt es sich um mehrdimensionale Konfliktlinien, die sich überlappen und zu einer komplexen, unübersichtlichen Gemengelage führen, deren gemeinsamer Nenner schließlich als religiös wahrgenommen wird.

Die eigentlichen Konfliktursachen aber liegen in umstrittenen Land- und Weiderechten, im Kampf um politische Macht auf der Bezirks- und Gemeindebene, um Zuwanderer und Einheimische und um die Perspektivenlosigkeit einer extrem jungen Gesellschaft. Es geht aber auch um Religion und Ethnizität, die bei der Interpretation politischer und sozioökonomischer Entscheidungsprozesse oft als Lunte dienen, um Streitpunkte in gewalttätige Aktionen zu verwandeln. Der gut dokumentierte Konflikt um Zango-Kataf im Süden des Bundesstaates Kaduna, nur 70 Kilometer westlich von Jos, liefert eine Blaupause zum tieferen Verständnis der prekären Lage im Middle Belt, in der schon 1992 all diese Konfliktlinien auf einen explosiven Punkt zuliefen. Und die meisten schweren Auseinandersetzungen in Zentralnigeria gleichen diesem Konflikt oder sind ihm sehr ähnlich.

Ethnisierung und Religionisierung politischer Konflikte

Das *Local Government* (Bezirk) Zango-Kataf mit der Bezirkshauptstadt Zonkwa hat etwas mehr als 300.000 Einwohner, darunter viele muslimische Haussa-Fulani und christianisierte Kataf[160], die aber als Minderheitenvolk in dieser Stadt den größten Bevölkerungsanteil stellt. In den meisten Berichten gelten die Haussa-Fulani als zugezogene Siedler und die Kataf als Einheimische. Die Haussa-Fulani bestehen aber darauf, dass Haussa schon in grauer Vorzeit eine Siedlung (*Zango*) errichtet hätten, lange bevor die Kataf zu ihnen stießen, die aus den umliegenden Gebieten vertrieben worden waren. Die Kataf ihrerseits reklamieren das Land für sich, das sie den zugezogenen siedelnden Haussa lediglich verpachtet hätten. Somit gehen in der subjektiven Darstellung über Herkunft und Identität die Darstellungen diametral auseinander, ein Phänomen, das sich wie ein roter Faden durch die nigerianische Geschichte zieht. Denn das Umschreiben von Geschichte und die Schaffung von Identitäten sind wirksame Mittel im politischen Kampf, den Aufbau lokaler Machtstrukturen voranzutreiben und den Zugang zu finanziellen und natürlichen Ressourcen abzusichern.

Historisch weitgehend gesichert kamen die ersten Haussa-Händler Mitte des 17. Jahrhunderts aus dem Norden in das Gebiet des heutigen Zango-Kataf und gründeten kleine Handelsniederlassungen. Die Zustimmung der lokalen Bevölkerung erkauften sie sich mit jährlichen Tributzahlungen. Die ersten Konflikte entstanden jedoch, als die beiden mächtigen Haussa-Staaten Daura und Zaria die Händler massiv dabei unterstützten, die politische und wirtschaftliche Kontrolle über die Orte entlang der Handelsrouten zu gewinnen. Dieses Vorhaben scheiterte, und auch der *Jihad* des Usman dan Fodio Anfang des 19. Jahrhunderts vermochte nur Teile dieses unwegsamen, bergigen Gebietes dem Kalifat einzuverleiben. Erst als die britischen Kolonialherren ganz Nigeria unterwarfen, war auch das Schicksal der Kataf besiegelt, die nun der Provinz und dem Emirat Zaria zugeschlagen wurden, dessen Machtbefugnisse die ökonomischen Spielregeln zugunsten der Haussa-Fulani-Händler bis in die achtziger Jahre bestimmten. Die vor Jahrzehnten erhobene Forderung der Kataf nach einem eigenen *Chiefdom* blieb ungehört, denn die Händler fürchteten, die Kontrolle über den Zentralmarkt des Bezirkes Kachia zu verlieren, dem Zango-Kataf angehörte. Erst im Zuge der föderativen Neuordnung Nigerias 1987 erfüllte sich der Traum der Kataf, die endlich ihr eigenes *Local Government* erhielten. Schon bald zeichnete sich ab, dass die Haussa-Fulani ihr Marktmonopol nicht würden aufrechterhalten können und somit ein ernster Konflikt vorprogrammiert war. Anfang 1992 war es soweit: Jugendliche beider ethnischen Gruppen brachen gezielt einen Streit vom Zaun, der Streit eskalierte, und als die Polizei nach zwei Tagen die Lage endlich unter Kontrolle hatte, waren fast 100 Tote zu beklagen.

Die Regierung des Bundesstaates Kaduna setzte in dieser spannungsgeladenen Atmosphäre einen Untersuchungsausschuss ein, doch brach nur wenige Monate später, im Mai, noch vor der Veröffentlichung der Berichtes, eine zweite Welle von Gewalt und Zerstörung aus, die auch die gleichnamige Hauptstadt des Bundesstaates erfasste. Über den Auslöser gab es extrem widersprüchliche Aussagen, denn Bauern der Kataf wie der Haussa-Fulani beschuldigten sich gegenseitig, ihre Äcker beschädigt zu haben. Aus Anschuldigungen entwickelte sich binnen Stunden Gewalt, die innerhalb von drei Tagen Zango-Kataf in Schutt und Asche legte und dann in das 140 Kilometer entfernte Kaduna Stadt überschwappte. Sicherheitskräfte hatten Tote und Verletzte nach Kaduna transportiert, deren Anblick, angereichert durch Nachrichten und Gerüchte über Massaker an Haussa-Fulani in Zango-Kataf, in Kaduna Stadt und anderen Städten des Bundesstaates, insbesondere im historischen Zaria, eine neue Welle der Gewalt erzeugte. Häuser, Kirchen, Moscheen, Geschäfte, Kneipen und Autos standen in Flammen. Richtete sich die Gewalt marodierender Haussa-Fulani-Jugendlicher in Kaduna Stadt anfangs noch gegen ansässige Kataf und weitere Minoritäten der Region, so zielte sie schon bald auf alle »Fremden«, zumeist zugezogene Christen aus anderen Landesteilen.

Erst in diesem Stadium rückte die religiöse Dimension der Gewalttätigkeiten ins Zentrum der Aufmerksamkeit. Entstanden aus einem sich aufschaukelnden lokalen Machtkampf um wirtschaftlichen und politischen Einfluss nahm dieser im Laufe der Auseinandersetzung neue Formen und Inhalte an. Denn die ethnischen und religiösen Grenzlinien, hier die christlichen Kataf und dort die muslimischen Haussa-Fulani, trübten den Blick für die Hintergründe und den Ausgangspunkt der Gewalttätigkeiten. Von hier aus war es dann nur ein kleiner Schritt für die Betroffenen, in ihrer persönlichen Wahrnehmung einen politisch-soziökonomischen Konflikt in einen religiösen umzudeuten, der mehrere hundert, vielleicht auch mehr als tausend Opfer forderte.

Trotz aller Mängel des nigerianischen Rechtssystems gab es zumindest den Versuch, diesen Gewaltkonflikt vor einem Sondertribunal juristisch aufzuarbeiten, was aber hinsichtlich der politisch-ethnischen und politisch-religiösen Konstellation völlig misslang. Die angeklagten Kataf, unter ihnen der ehemalige Generalmajor Zamani Lekwot, wurden zunächst freigesprochen, aber unmittelbar nach dem Urteil, angeblich aufgrund der Intervention des Haussa-Fulani-Establishments, erneut verhaftet und schließlich nach einer weiteren Anklage Anfang 1993 zum Tode verurteilt. Die Verfahren gegen die ebenfalls angeklagten Haussa-Fulani endeten allesamt mit Freispruch, was das bereits tiefe gegenseitige Misstrauen noch steigerte. Lekwot und seine Mitangeklagten entkamen allerdings in letzter Sekunde dem Schafott, als Juntachef Babangida kurz vor seiner Entmachtung die Todesurteile in eine mehrjährige Haftstrafe umwandelte. Lekwot verbüßte die Strafe in Port Harcourt, wo er bis zur Inhaftierung und Hinrichtung Ken Saro-Wiwas als prominentester Häftling galt.

Kaduna – eine geteilte Stadt

Die zunehmenden Konflikte im Middle Belt veränderten nachhaltig die Siedlungsmuster in der Region, aber auch in den zahlreichen Städten und Großstädten der übrigen Landesteile. Abgrenzung wurde en vogue, und viele Stadtteile in Kano, Lagos, Warri, Jos und anderen urbanen Zentren spiegeln im wachsenden Maße fern der Heimat die ethnisch-religiösen Strukturen der Herkunftsgebiete wider. Doch keine Stadt Nigerias ist inzwischen so geteilt wie die von den Briten gegründete Stadt Kaduna, bis zum Beginn des Bürgerkrieges Hauptstadt der Nordregion. Jahrzehntelang galt diese multi-ethnische und multi-religiöse Stadt am Ufer des gleichnamigen Flusses im feudalen, konservativen und wirtschaftlich rückständigen Norden als Hort der Liberalität, Offenheit und Toleranz. Hier ließen sich viele pensionierte und reiche Militärs, aber auch Geschäftsleute aus allen Landesteilen nieder. Denn die geografische Nähe zum politischen Machtzentrum Abuja garantierte weiterhin enge Kontakte zur politischen Führung des Landes und zu einer Vielzahl von Interessensgruppen in der Hauptstadt. Oberschicht und der Geldadel hatten aber ebenso wie die Regierungen in Abuja und Kaduna die Dynamik der *Scharia*-Debatte 1999/2000 völlig unterschätzt. In den zurückliegenden Jahren hatten sich die verschiedenen Stadtviertel zunehmend in ethnisch homogene Haussa-Fulani-Viertel und Stadtteile der Minderheiten verwandelt, denn beide Seiten erwarteten nach den blutigen Unruhen 1992 weitere inter-religiöse und inter-ethnische Konflikte, was sich im Jahre 2000 auch bewahrheiten sollte. Doch entpuppten sich diese gewalttätigen Auseinandersetzungen infolge der

Debatte zur Einführung der *Scharia* im Bundesstaat Kaduna als vornehmlich inter-religiös, die jedoch schmerzhaft Gedanken an das erste große inter-religiös begründete Gemetzel 1987 wachriefen.

In Kafanchan, nur wenige Kilometer von Zango-Kataf entfernt, war in jenem Jahr ein Disput über ein Werbeplakat für eine Evangelisationsveranstaltung zu einem Handgemenge zwischen christlichen Studenten und Mitgliedern der radikalen muslimischen Studentenvereinigung MSS ausgeartet. Zwar musste das Plakat entfernt werden, doch entwickelte sich das Handgemenge auf dem Campus zum Scharmützel und wenig später in den Stadtgebieten zu offener Gewalt. Moscheen brannten und mehrere Muslime kamen zu Tode. Die staatliche lokale Radiostation in Kaduna Stadt griff die Zwischenfälle in Kafanchan auf, reicherte sie aber in den stündlichen Nachrichten in Englisch und Haussa mit Vermutungen und Unterstellungen an. Angeblich hätten Christen begonnen, wahllos Muslime abzuschlachten, Moscheen und Koranausgaben zu verbrennen und den Namen des Propheten in den Schmutz zu ziehen. Fünf Tage nach einem Handgemenge auf einem kleinen Campus in der mittelgroßen Stadt Kafanchan ging der Bundesstaat Kaduna in Flammen auf. Mehrere Hundert Menschen starben, und mehr als 150 Kirchen lagen in Schutt und Asche. Mehr als 70 Personen, zumeist Muslime, wurden zu mehrjährigen Haftstrafen verurteilt, kurz darauf jedoch, von der Öffentlichkeit weitgehend unbemerkt, begnadigt. Die letzten überführten Täter durften drei Jahre nach dem Desaster vorzeitig die Gefängnisse verlassen.

Im Jahre 2000 forderte der Versuch des Bundesstaates Kaduna, die *Scharia* als bindendes Recht einzuführen, mehr als tausend Opfer. Gut organisiert zogen Befürworter mit Spruchbändern durch die Landeshauptstadt, unterstützt von zahlreichen Demonstranten, zumeist Analphabeten und Angehörige des wachsenden Lumpenproletariats, die eigens für die Demonstration per Lkw aus den ländlichen Gegenden nach Kaduna gebracht worden waren. Diese logistische Leistung legt nahe, dass finanzstarke, radikalen muslimischen Gruppen nahestehende Politiker und Geschäftsleute hinter dieser Demonstration standen. Christliche Gruppierungen ihrerseits reagierten auf den Demonstrationszug mit einer großen Gegendemonstration, was erste Zwischenfälle provozierte. Als Sicherheitskräfte tatenlos zusahen, eskalierten die gegenseitigen Provokationen. Wiederum brannten Kirchen und Moscheen, und die Anführer bliesen zur Jagd auf die jeweils Andersgläubigen. Die dann eiligst verhängten totalen Ausgangssperren in Kaduna Stadt und anderen Orten wie Kafanchan zeigten jedoch wenig Wirkung. Denn die Lagebeurteilung seitens der Regierung, in der sich Gegner und Befürworter der *Scharia* fanden, war extrem widersprüchlich und bot den marodierenden Gruppen Zeit und Raum, Schneisen der Gewalt in die südlichen Gebiete des Bundesstaates zu schlagen. Zugewanderte Igbo und

Yoruba flüchteten Hals über Kopf, und am Ende der blutigen Woche im Februar waren Kadunas Straßen mit Leichen übersät. Angesichts der Ereignisse sah sich die Regierung in Kaduna gezwungen, das *Scharia*-Projekt weitgehend auf Eis zu legen und eine stark verwässerte Version zu verabschieden. So besteht lediglich die Möglichkeit, *Scharia*-Gerichte in dominant muslimischen Kommunen einzurichten, die nur in erster Instanz islamische Rechtsauffassungen in Religions- und Familienangelegenheiten anwenden dürfen. Seitdem trennt eine unsichtbare Mauer entlang ethnisch-religiöser Linien den Bundesstaat Kaduna und die gleichnamige Stadt am gleichnamigen Fluss.[161]

Nigerias Medien im Informationszeitalter

In der kolonialen und post-kolonialen Geschichte Nigerias garantierten der Journalistenberuf und die Jurisprudenz den sozialen und politischen Aufstieg. Noch heute verweisen Nigerianer stolz auf die 1859 in Abeokuta auf Yoruba erschienene Zeitung *Iwe Irohin fun awon ara Egba ati Yoruba* (Zeitung für die Egba und die Yoruba), bekannter unter dem Kürzel *Iwe Irohin*, die zwei Mal monatlich und schon bald auch in Englisch erschien. Allerdings existierte sie nur acht Jahre in der von schweren politischen Unruhen erfassten Yoruba-Region, welche erst die gewaltsame Intervention der Briten in den Folgejahren beendete. Dennoch galt die Zeitung als Meilenstein, brisante Themen wie den Kolonialismus, Sklaverei und andere Missstände journalistisch aufzugreifen, um Öffentlichkeit herzustellen und gegebenenfalls den Standpunkt der Egba medial zu vermitteln. Synchron zur kolonialen Machtergreifung entstanden im Großraum Lagos in kürzeren Abständen neue Printerzeugnisse, die zumeist aber nur wenige Jahre überlebten. Dennoch war zum Zeitpunkt der Zwangsvereinigung von Nord- und Südnigeria 1914 das Medium etabliert. Seine erste wahre Blütezeit erlebte der Journalismus dann in den zwanziger und dreißiger Jahren und gilt in Nigeria seitdem als eine der wichtigsten Plattformen des Wandels.[162]

Die Wiedervereinigung Deutschlands und der Zusammenbruch der Sowjetunion 1990/91 sowie das Ende der Ideologie des real existierenden Sozialismus stellten auch für Afrika eine politische Zäsur dar. Seitdem bestimmen zwei unterschiedliche und sich zugleich bedingende Phänomene die Entwicklung der afrikanischen Staaten, die keineswegs einheitlich, geschweige denn linear ablaufen: der technologische Innovationsschub als Folge der »digitalen Revolution« und der politische und wirtschaftliche Wandel hin zu marktwirtschaftlichen und demokratischen Strukturen. Auch Nigeria konnte sich dem Druck des Wandels nicht verschließen. Schon in den repressiven Jahren der Militärdiktaturen gründeten sich neue politische Protestbewegungen, die mit dem Kampfbegriff *Second Wind of Change* Menschen-, Bürgerrechte und Demokratie einforderten. Zugleich boten sich der westlichen Gebergemeinschaft angesichts der gescheiterten Entwicklungspolitik der autoritären Regime ungeahnte Möglichkeiten, im Kontext konditionierter wirtschaftlicher Anpassungsprogramme tief greifende Reformen im Telekommunikationsbereich durchzusetzen, die sich direkt auch auf die Medienstruktur auswirkten. Dies wiederum bescherte Nigeria und den anderen Staaten des Kontinents einen lange überfälligen Modernisierungsschub, der auch erheblichen Einfluss auf anti-autoritäre und pro-demokratische Bewegungen ausübte.

Macht und Einfluss der Medien

Diesen »Zweiten Wind des Wandels« trugen überwiegend Aktivisten, die der Menschen- und Bürgerrechtsbewegung entstammten. Hier sammelten sich junge Anwälte, Schriftsteller und Journalisten, die, vielfach auch unterstützt von westlichen Gebern, die Hauptlast der zweiten Befreiung trugen. Dabei ist es für Persönlichkeiten wie den Literaturnobelpreisträger Wole Soyinka eine Selbstverständlichkeit, sich regelmäßig auch journalistisch zu betätigen, um seine Sicht der Dinge zu Literatur und Politik einem breiteren Publikum zu unterbreiten. Damit befindet er sich in bester Gesellschaft mit Autorenkollegen, Akademikern und Politikern, für die Journalismus oder das, was sie dafür halten, wichtiger Teil ihrer Profession ist. Niemand aber perfektionierte die Nutzung der Medien für seine politischen Ziele so wie Ken Saro-Wiwa, wobei er die Vorteile der digitalen Welt noch gar nicht nutzen konnte. Er wusste aber um die Macht und die Möglichkeiten der Medien. Er wusste, wie der erste Präsident Nigerias, Nnamdi Azikiwe, und der politische Kopf der Yoruba, Obafemi Awolowo, ab den dreißiger Jahren freiheitliche und nationalistische Ideen über die Medien verbreiteten, obwohl die meisten Leser Analphabeten waren, und er kannte die Langzeitwirkung, die die Medien erzielen können, wenn der Fokus deutlich wird. Denn die Zeitungen wurden Dutzenden von Zuhörern vorgelesen, so dass sie insgesamt ein großes Publikum erreichten. Und selbst die Zeitung von Gestern oder der Vorwoche empfanden die Menschen in entlegenen Gebieten wie ein Exemplar frisch aus der Druckerpresse.

Auch heute erreichen die Printmedien in Afrika eine weitaus größere Leserschaft, als der relativ geringe Alphabetisierungsgrad und die weit verbreitete Armut vermuten lassen. Denn im Gegensatz zur Kolonialzeit hat das wenig entwickelte und inzwischen heruntergekommene Bildungssystem in den Jahrzehnten nach der Unabhängigkeit zumindest Grundfertigkeiten des Lesens und Schreibens vermittelt, die zum Lesen einer Zeitung ausreichen. Unter diesen Umständen erreicht eine Zeitung zwischen 20 und 25 Leser, im Vergleich zu Deutschland mit drei bis vier Lesern eine enorme Zahl.

In Nigeria begann sich schon Ende der dreißiger Jahre Zeitungslesen zum Wert an sich zu entwickeln. Die Schülerzahlen in den Grundschulen explodierten, und zum Zeitpunkt der Unabhängigkeit 1960 lag die Zahl der Grundschüler bei fast drei Millionen, wobei der Anteil der Grundschüler der Nordregion lediglich zehn Prozent betrug. Bei den weiterführenden Schulen war der Unterschied zwischen Nordregion und dem Süden noch gravierender, und von den 135.000 Schülern insgesamt besuchten weniger als fünf Prozent diese Schulform in der Nordregion. Entsprechend entwickelte sich die Medienlandschaft vornehmlich im Süden, wo Awolowo in der Westregion noch vor der Unabhängigkeit Nigerias das neue Medium Fernsehen einführte und damit die Überlegenheit der Yoruba unter Beweis stellen wollte, die problemlos Modernität und Fortschritt adaptieren könnten.[163] Dieser Schritt korrespondierte mit der zu dieser Zeit als revolutionär empfundenen kostenfreien Grundschulausbildung in der Westregion. Während sich also in Lagos und in der West- und Ostregion bereits eine lebendige Presselandschaft entwickelt hatte, begann das feudale Haussa-Fulani-Establishment erst 1939, langsam aus seinem Dornröschenschlaf zu erwachen, und gründete die Haussa-sprachige *Gaskiya Ta Fi Kwabo* (»Die Wahrheit ist mehr wert als ein Penny«) und den *Nigerian Citizen.*

Doch erst in der I. Republik unternahm die Elite Nordnigerias gezielte Schritte, ein eigenes mediales Sprachrohr zu schaffen, um die überwiegend privat organisierte Mediendominanz des Südens im Printbereich zumindest zu reduzieren. Es war die Geburtsstunde des in Kaduna erscheinenden *New Nigerian*, den ein britischer Medienexperte 1963 im Auftrag der Regionalregierung aus der Taufe hob und der sich schon bald zu einer machtvollen Gegenstimme entwickeln sollte, die auch auf die staatliche Presse zielte, die die Regionalregierungen im Süden nach der Unabhängigkeit gegründet hatten. Heute aber hat die im Besitz der nördlichen Bundesstaaten befindliche Zeitung infolge der Islamisierung Nordnigerias ihr dortiges Meinungsmonopol verloren und auch den technologischen Anschluss weitgehend verpasst, so dass der *New Nigerian* in der Presselandschaft nur noch eine Nebenrolle spielt. *Daily Trust* dagegen, ein moderat konservatives Blatt, konnte sich als Flaggschiff der *Media Trust* etablieren und repräsentiert auf nationaler Ebene als wichtigstes Printmedium des Nordens dessen Sichtweisen. Dennoch gelten die beiden in Lagos ansässigen und landesweit erscheinenden Tageszeitungen *Guardian* und *This Day* als die politisch einflussreichsten Informationsquellen, wenngleich die in Ibadan ansässige *Nigerian Tribune* auf eine mehr als 60-jährige Geschichte zurückblicken kann. Damit ist dieses Blatt, gegründet von Awolowo 1949, die mit Abstand älteste bestehende Zeitung des Landes. Der *Guardian*, hinter dem das Wirtschaftsimperium der Familie Ibru steht, erschien gegen Ende der II. Republik und *This Day* Mitte der neunziger Jahre während der

Abacha-Diktatur. Nduka Obaigbena, Gründer, Herausgeber und Chefredakteur in einer Person, hat sich inzwischen in einen Medienmogul verwandelt und seinem Verlag weitsichtig einen globalen Anstrich gegeben, mit dem er auch die nigerianische und afrikanische Diaspora in Übersee und Südafrika erreicht. Inzwischen konkurrieren etwa 70 Zeitungen um den quantitativ großen und heiß umkämpften nigerianischen Zeitungsmarkt, wobei die großen Zeitungen in Printform und Online erscheinen und etliche kleinere lediglich im Internet abrufbar sind. Darüber hinaus gründeten zahlreiche Regierungen der Gliedstaaten eigene Zeitungen und Presseabteilungen, um zumindest auf regionaler Ebene der rapide wachsenden national ausgerichteten privaten Presse Paroli bieten zu können.

Radio existiert in Nigeria bereits seit 1933, als die Briten das Programm der BBC ausstrahlten. Wie immer wenn grundlegende technische Neuerungen eine Gesellschaft erfassen, verändern sich kulturelle Normen. So auch in Nigeria, wo die Einführung des Radios einer kulturellen Revolution glich, die Soyinka in seiner autobiographisch geprägten Erzählung *Aké, Jahre der Kindheit* so trefflich beschreibt, als er den II. Weltkrieg und den deutschen Faschismus als Kind am Radio erlebte. Der Siegeszug des Radios in Afrika war nicht mehr aufzuhalten war. Heute ist Afrika der Radiokontinent schlechthin, wo mehr als 100 Millionen Menschen über 15 Jahre mindestens einmal am Tag das Gerät einschalten. Auch für Nigeria ist es trotz Fernsehen, Internet und Video nach wie vor das elektronische Medium Nummer Eins. Denn eine flächendeckende Versorgung mit bewegten Bildern begann erst in den siebziger Jahren, insbesondere während der II. Republik, als die Bundesstaaten ihre eigenen lokalen Radio- und Fernsehsender installierten, um der Vormundschaft des zentralstaatlich organisierten Fernsehsenders NTA und des Radiosenders FRCN zu entgehen.[164]

Liberalisierung der elektronischen Medien

Bis zum »Zweiten Wind des Wandels« existierten die Stationen allesamt als Staatssender, die die Regierungen zusammen mit den Sicherheitsdiensten in erster Linie als Herrschafts- und Propagandainstrument einsetzten. Doch schossen unter den veränderten weltpolitischen Ereignissen und Dank digitaler Technik private Radio- und Fernsehstationen wie Pilze aus dem Boden, die das Informationsmonopol der Staatssender zumindest in den urbanen Gebieten brachen. Aber viele der neuen Manager im deregulierten Medienmarkt sind reiche Geschäftsleute, Politiker und Ex-Militärs, die in der Vergangenheit mit repressiven und korrupten Regimen eng kooperierten, sich bereicherten und denen die Regeln einer informativen Berichterstattung zumeist fremd sind. Der ehemalige Minister in der Abacha-Diktatur, Bashir Dalhatu, gehört in diese Kategorie. Zusammen mit einem pensionierten Luftwaffengeneral finanzierte er 2003 den ersten privaten Radiosender Nordnigerias *Freedom Radio*, der aus Kano überwiegend in Haussa sendet und besonders den Jugendgeschmack der städtischen Haussa-Fulani trifft.[165] Innerhalb weniger Jahre konnte er sich ein eigenes Profil zulegen und die jahrzehntelange Vorherrschaft der Haussa-Programme der großen Auslandssender *BBC* und *Deutsche Welle* brechen. Dabei haben zahlreiche Mitarbeiter und Führungskräfte des Senders in der Vergangenheit mehrere Jahre mit Zeitvertrag im Haussa-Dienst dieser beiden Sendeanstalten gearbeitet und die vielfältigen Möglichkeiten der digitalen Welt kennengelernt.

Obwohl die Eigentümer früher eng mit den Diktatoren kooperiert hatten, erhielten sie von Staatspräsident Obasanjo die begehrte Lizenz. Bis heute hat die Regierung ihr Vergabemonopol nicht aufgegeben und verteilt wie zu den Zeiten der Militärdiktatur die begehrten Rundfunk- und Fernsehlizenzen. Aber seit einigen Jahren liegen Dutzende von Lizenzen brach, da insbesondere Lizenznehmer aus der politischen Elite mangels Kompetenz und Kapital an der komplexen Aufgabe, eine Radio- oder Fernsehstation aufzubauen, scheiterten. Aber für die meisten Lizenzinhaber lohnt sich der Einsatz. Denn neben dem Immobiliensektor eignet sich kaum ein anderer liberalisierter Wirtschaftszweig so gut wie der Mediensektor, Geld zu waschen und gegen üppige Bezahlung zugleich politische Interessen zu lancieren. Boulevard- und Verlautbarungsjournalismus[166] sind denn auch die tragenden medialen Säulen in der IV. Republik, die sich nach den bitteren Erfahrungen der Militärdiktaturen trotz all ihrer strukturellen Schwächen einer liberalen Grundordnung verschrieben hat. So besteht für eine finanzkräftige Person oder Gruppe keinerlei Problem, ihren Bericht oder Kommentar unbearbeitet in regionale oder überregionale Printausgaben unterzubringen. Entsprechend ist das inhaltliche Niveau in den gedruckten wie auch in den elektronischen Medien mit dem Mehr an politischer und persönlicher Freiheit erheblich gesunken. Und so bestimmen fast ausschließlich Unterhaltungsprogramme, Talkrunden, Call-in-Sendungen, Werbung und im Einzelfall auch kurze Nachrichtensendungen die Programmschemata. Entsprechend ähneln die Sendungen zumeist einer rasanten Show und die Moderatoren eher einem Diskjockey in einer Diskothek.

Raymond Dokpesi und die Gebrüder Ben und Guy Murray-Bruce sind die Prototypen der erfolgreichen elektronischen Medienmanager in Nigeria. Dokpesis gute Kontakte zum Juntachef Sani Abacha stellten den Aufbau seines Medienimperiums *Daar Communications* sicher. Zuerst erhielt er eine UKW-Frequenz in Lagos, wo sein Sender *Ray Power* schnell zum Favoriten der jun-

Ben Murray-Bruce

gen Hörerschaft avancierte. Inzwischen besitzt das Unternehmen landesweit ein Dutzend Stationen, ein Privileg, dass ansonsten nur dem staatlichen Sender FRCN zustand. Das Militärregime unter Abacha unterstützte auch Dokpesis Satellitenfernsehprojekt *African Independent Television* (AIT) mit üppigen Zuschüssen aus der Staatskasse. Dessen Sendungen sind inzwischen in ganz Afrika, in Europa, im Nahen Osten, in Teilen Asiens und auf dem amerikanischen Kontinent zu empfangen. Darüber hinaus bietet er über DAARSAT ein breit gefächertes Pay-TV-Programm an. In beiden Fällen zielt das Geschäftsmodell insbesondere auf die nigerianische Diaspora, die auch die vielfältigen Möglichkeiten des Internet-Radios nutzt, um in Echtzeit mit Nigeria verbunden zu sein. Die *Silverbird Group*, gegründet von Ben Murray-Bruce, der das Mediengeschäft in den USA erlernte und nach der Wahl von Obasanjo für mehrere Jahre den nationalen Fernsehsender NTA leitete, ist ein hochprofessionelles Medienunternehmen für Unterhaltungsprogramme. Zum Bestand zählen Radiostationen in Lagos und Port Harcourt, der Fernsehsender *Silverbird Television*, Kinos, Einkaufspassagen und die Veranstaltung von Schönheitswettbewerben. Internationale Aufmerksamkeit erregte die *Silverbird Group*, als sie zusammen mit NTA die Miss-World-Wahlen organisierte, deren Durchführung aber bekanntlich im Desaster endete.

Entwicklung eines eigenständigen Journalistenprofils

Azikiwe hatte nach seiner Rückkehr aus den USA Mitte der dreißiger Jahre seine Karriere als Journalist und Gründer des *West African Pilot* an der damaligen Goldküste[167] in Westafrika begonnen und den Trend vermehrt aufkommender privater Printmedien in Nigeria für sich genutzt. Es gab schon einige herausragende journalistische Persönlichkeiten wie Ernest Ikoli, Awolowo oder Abubakar Imam, aber Azikiwe formulierte die wichtigsten Anforderungen an diesen Beruf darin, einigermaßen gebildet zu sein, halbwegs akzeptables Englisch zu schreiben und etwas bewegen zu wollen. Diese erste Generation der nigerianischen Intelligenzia, sozialisiert während der kolonialen Blütezeit und des kolonialen Niedergangs, verinnerlichte diese Parameter und kreierte ein spezifisch afrikanisches Journalistenprofil, das in seiner Grundstruktur auch die moderne Medienlandschaft prägt. Zugespitzt weist dieses Profil die Form des Pro und Contra auf, wobei Journalisten eine eigene Einheit repräsentieren, die den Kampf für oder gegen etwas führen. Journalisten und die Medien dienen demnach in erster Linie entweder als PR-Agentur und mediale Speerspitze der Regierung, oder sie treten als Sprachrohr und Mitstreiter oppositioneller Gruppierungen und Bürgerrechtsbewegungen auf. Daraus leitet sich ein völlig anderes Rollenverständnis des Journalisten ab, dem es nicht darum geht, sachlich, distanziert und wahrheitsgetreu zu berichten und dazu beizutragen, eine öffentliche Meinung herzustellen. Vielmehr besteht in der Regel das oberste Ziel darin, Partikularinteressen zu verbreiten, was Bezahl- und Verlautbarungsjournalismus Tor und Tür öffnet und bereits fragmentierte Gesellschaftsstrukturen weiter verfestigt. Hinzu kommen aggressive Sprache und Gestik, ein Charakteristikum nigerianischer Medien[168], die in vielen Fällen die Dialogfähigkeit zwischen Oben und Unten wie auch die zwischen Eliten und Entscheidungsträgern unterwandert und auf Dauer das zarte Pflänzchen Demokratisierung ernsthaft bedroht. Dieses Dilemma vergrößert sich in einer zumindest formalen Demokratie, der der Hauptfeind – der Diktator – abhanden gekommen ist, und in der das Gros der Journalisten in den privaten Medien keine Basis mehr hat, von der aus man agieren und berichten könnte. So bleibt nur der Ausweg der Boulevardisierung der Inhalte, was vielleicht kurz- und mittelfristig gute Profite sichern mag. Einen Beitrag zur Demokratisierung und Konfliktbewältigung einer zutiefst fragmentierten Gesellschaft leistet dieser Ansatz aber nicht.

Vom Fetisch Auto zum Fetisch Handy

Seit einigen Jahren hat der Fetisch Auto einen kleinen Bruder, das Handy[169]. Fast 70 Millionen Handys sind in Betrieb[170], und Nigeria zählt seit 2002 zu den wachstumsstärksten und profitabelsten Märkten der Welt, wo jeder, der es sich leisten kann oder es aus Statusgründen für nötig erachtet, mindestens über zwei Geräte mit unterschiedlichen Netzen verfügt. Zwischen 2002 und 2008 investierten verschiedene Telekomanbieter zusammen elf Milliarden US-Dollar, und der Marktführer *MTN*, ein britisch-südafrikanisches Konsortium, setzte jährlich allein schon drei Milliarden um. Telefonieren ist »in« in der einstigen Kommunikationswüste, und an jeder Straßenecke, in den Armen- und Reichenvierteln, in der Stadt wie auf dem Land sitzen die Verkäufer der Pre-Paid Karten weithin sichtbar unter einem leuchtendgelben Sonnenschirm und warten auf ihre Kunden. Und überall stehen Ladestationen, angetrieben durch kleine benzinbetriebene Generatoren, und bieten ihren Service an, denn elektrischer Strom aus der Steckdose ist Mangelware. Und in den Hotels stapeln sich die Handys an eigens angebrachten Steckdosenleisten, um auch am nächsten Tag wieder gesprächsbereit zu sein.

Jahrzehntelang hatte das staatliche Fernmeldeunternehmen *NITEL* Milliarden Dollar zum Aufbau eines landesweiten Festnetzes ausgegeben. Doch verschwand der größte Teil der Investitionssummen in dunklen Kanälen, die Telefonkabel dagegen hingen wie ausgediente alte Wäscheleinen zwischen den Telefonmasten, und es gehörte mehr als Glück dazu, in den Genuss einer funktionierenden Leitung zu kommen. Wie das staatliche Telefonwesen, so starb auch das staatliche Postwesen einen langsamen Tod, trotz der neuen technischen Möglichkeiten, so dass private lokale und internationale Kurierdienste dank der inländischen Flugverbindungen zumindest notdürftig die Grundversorgung aufrechterhalten konnten. Bei wichtigen und eiligen Angelegenheiten war das Flugzeug sogar das Mittel der Wahl, um einen Brief oder Vertrag persönlich von A nach B zu bringen. Ein Flug von Lagos nach Kano dauert lediglich eine gute Stunde, nach Maiduguri, der größtmöglichen innernigerianischen Distanz, deutlich weniger als zwei.

So wenig wie die totale Abhängigkeit von importiertem Benzin, der ständige Benzinmangel und die hohen Schwarzmarktpreise den Autoboom aufhielten, so wenig verhinderte die katastrophale Stromversorgung den Aufbau von Mobilfunknetzen. Es galt lediglich, die politischen Rahmenbedingungen zu ändern, um die Kommunikationswüste Nigeria in eine blühende Handy-Landschaft zu verwandeln. Die digitale Revolution und der 1999 eingeleitete Demokratisierungsprozess vollbrachten für Nigeria ein Wunder, das für alle, Arm wie Reich täglich sichtbar und erfahrbar ist. Aus dem Stand heraus gelang dem britisch-südafrikanischen Konzern *MTN* auf dem Territorium eines der korruptesten Staaten eine Erfolgsgeschichte, die beweist, was in einem potentiell reichen, aber in weiten Teilen unterentwickeltem Land mit Kapital und Know-how alles möglich ist. Eines der wichtigsten Erfolgsgeheimnisse ist die Anwerbung hochqualifizierten Personals nigerianischer Herkunft aus Großbritannien und den USA, die keinen korrupten Netzwerken angehören und die darüber hinaus für ihre Tätigkeit in einem schwierigen Umfeld fürstlich entlohnt werden. Staatspräsident Obasanjos entscheidender Deregulierungsschritt im Telekommunikationsbereich führte so zur paradoxen Situation, dass inmitten von Armut und Elend, von Lehmhütten und Slums modernste Telekommunikation stattfindet und die Menschen auch bereit sind, für diesen Service überproportional viel Geld auszugeben.[171] Denn in einer Gesellschaft, in der das Orale, die verbale Kommunikation eine so zentrale Stellung im sozialen Miteinander einnimmt wie in Nigeria, erscheint das Handy geradezu wie ein Geschenk des Himmels, das inzwischen die gleiche Wertschätzung wie das Auto erfährt.

Nollywood: Kompass für eine bessere Zukunft?

Die digitale Revolution wirbelte weltweit die Medienlandschaft durcheinander und forcierte zugleich die Demokratisierung der Technik. Einer der größten Nutznießer waren nigerianische Filmschaffende im Großraum Lagos, die eigenständig und losgelöst vom internationalen Mediengeschäft die enormen Möglichkeiten dieser extrem kostengünstigen Technik erkannten. So kreierten sie unter dem Markennamen *Nollywood* Anfang der neunziger Jahre innerhalb kurzer Zeit ein bislang einzigartiges afrikanisches Geschäftsmodell, das sich zur weltweit größten Videofilmindustrie und zur drittgrößten Filmindustrie entwickelte und nun Afrika und die afrikanische Diaspora in Übersee bedient. Eine Produktion dieser Low-Budget-Filme dauert höchstens zehn bis vierzehn Tage, und der Etat liegt zwischen 15.000 und 40.000 Dollar. Die Filme sind heißbegehrt, und zeitweise entstanden jährlich bis zu 2.000 Filme. Wenngleich Regulierung und Auflagen der »Zensurbehörde« sowie gestiegene Kosten und gewachsenes Qualitätsbewusstsein die Produktionszahlen inzwischen deutlich gesenkt haben, so garantieren bis zu 50.000 verkaufte Kopien den Produzenten und Geldgebern unter dem Strich üppige Profite. So prüft die Behörde, ob Anspielungen auf ethnische und religiöse Gefühle vorliegen, was ein sofortiges Verkaufsverbot nach sich zöge, und sie versucht auch, die technischen Qualitätsanforderungen zu erhöhen. Damit aber ist der Willkür Tür und Tor geöffnet in einem Staat, in dem nur wenige Regeln greifen und Geschäfte jeglicher Art der Kontrolle des Staates weitgehend entzogen sind. Dennoch kann ohne das Plazet der Behörde kein Film offen vermarktet werden, was aber Produzenten keineswegs daran hindert, in einem unübersichtlichen und kaum zu kontrollierenden lukrativen Markt an der Zensur vorbei Filme im Schnelldurchgang zu drehen, um am großen Videofilmkuchen zumindest ein wenig mitnaschen zu können.

Das Erfolgsgeheimnis der Nollywood-Produktionen liegt in ihrer inhaltlichen Erdung. Und die reicht bis nach Übersee, wo das Herz der riesigen und kaufkräftigen nigerianischen Diaspora im Takte seiner Heimat Nigeria schlägt, wenn sie in London, Washington oder Houston *Nollywood*-Filme anschaut und gleichzeitig die strukturellen Annehmlichkeiten eines Industriestaates mit fließendem Wasser, Strom, Fernsehen, Internet und Gesundheitsversorgung genießt. Die Filme erzählen afrikanische Alltagsgeschichten, Märchen und Mythen mit viel Lokalkolorit und in einer Sprache, in denen sich die Menschen wiederfinden. Pidgin oder ein mit Pidgin angereichertes Englisch ist die Sprache der Wahl, um ein großen Publikum zu erreichen. Aber ebenso beliebt sind Versionen in Haussa, Igbo und Yoruba, die dementsprechend Form und Inhalt auf Geschichten des jeweiligen Volkes fokussieren. Es sind Geschichten über die guten alten Zeiten, über die heile Welt der Dörfer, *Clans*, Familien, der Königshäuser und *Chiefdoms*. Und sollte ein böser Geist oder ein Bösewicht es wagen, diese Idylle zu stören oder zu bedrohen, erhebt sich das Gute und besiegt am Ende das Böse. Das ist der Stoff, aus dem die Filme bestehen, und sie massieren für einige Stunden und wenig Geld die Seelen ihres treuen Massenpublikums, setzen für einige Momente Glücksgefühle frei, die Elend, Gewalt, und Hoffnungslosigkeit vergessen lassen und neuen Mut erzeugen. Und selbst in der Diaspora haben Nigerianer die Möglichkeiten erkannt, die das Erfolgsmodell *Nollywood* bietet, und sie produzieren inzwischen Filme mit brennenden Themen der Wahlheimat wie Immigration, Prostitution und natürlich Religion.[172]

Die Produktionsbedingungen sind in der Regel mangelhaft bis katastrophal, so dass letztlich nur die besten Improvisationskünstler in der Lage sind, den Film entsprechend der engen Vorgaben abzudrehen. Außenaufnahmen geraten dabei zumeist zu abenteuerlichen Unternehmungen, sind aber wichtig, weil sie die Authentizität und Erdung garantieren und maßgeblich sind für den Erfolg. Alles muss in oft abseits gelegene Drehorte verbracht werden, vom Generator bis zu den Nebendarstellern. Unwegsames Gelände, kaum passierbare Zufahrtswege, fehlende Unterkünfte und die extremen klimatischen Bedingungen sind mit Unwägbarkeiten behaftet, die immer mitbedacht werden müssen, dennoch kaum zu kalkulieren sind. Sie bringen ständige logistische und körperliche Risiken mit sich, die den Produzenten, Technikern und Schauspielern zusetzen. Aber das Geschäft blüht, und ein Ende des Booms ist nicht in Sicht. Vielmehr nimmt die Themenbreite hin zu modernen Geschichten um Liebe, Leid, Intrige, aber auch zu Freiheit, Umwelt und Fortschritt, sowie die Professionalität zu, wie Filmfestivaleinladungen an nigerianische Videoproduzenten seit einigen Jahren beweisen.

Der Traum von Entwicklung und breitem Wohlstand zerplatzte in den achtziger Jahren und riss den ganzen Kulturbereich mit in eine tiefe Krise. Kinos und Theater waren zu Kirchen mutiert, übernommen von Gemeinden pfingstlerischer Prägung, die wie Pilze aus dem Boden schossen. Das Theater führte nur noch ein Schattendasein, und die bescheidene Filmindustrie war aufgegangen in billigen Soap-Produktionen, die der nationale Fernsehsender NTA und die neuen regionalen Staatssender verbreiteten und die den Massengeschmack trafen. Dies entsprach durchaus einer nur in Umrissen formulierten Kulturpolitik, die den Anteil nigerianischer Filme gegenüber den importierten indischen und US-amerikanischen deutlich erhöhen wollte. Die Universitäten, deren Zahl inflationär stieg, bildeten inzwischen auch eine stattliche Zahl von Schauspielern und Regisseuren aus, die nun auch beschäftigt werden wollten. Zu dieser Zeit landete auch Ken Saro-Wiwa mit der Politsatire *Basi and Company* seinen großen Erfolg, die sich sofort als Straßenfeger entpuppte. Es waren Serien wie *Village Headmaster*, die schon Jahre zuvor durch ihre Komik und unterhaltsame Abbildung lokaler Ereignisse und Charaktere die Blaupause für das Genre geliefert hatten. Die Erfolgsgeschichte dieser Serien endete aber im Streit um Urheber- und Verwertungsrechte zwischen den Staatssendern und den Produzenten der Telenovelas, die Zusammenarbeit wurde aufgekündigt, und die neue Produzentengeneration drehte nun in Eigenregie, ausgestattet mit Amateurkameras, Soaps im Videoformat.

Eine informelle Allianz von Produzenten, Gerätehändlern und Vertreibern von importierten und illegal kopierten Videofilmen vermarktete dieses neue Genre des *Homevideo* erfolgreich direkt auf den Märkten und auf der Straße. Denn das inzwischen erschwingliche Videogerät hatte sich zum neuen Lieblingsspielzeug entwickelt, das eine willkommene Alternative zum mäßigen und langweiligen Fernsehprogramm bot, das darüber hinaus auch in weiten Teilen des Landes noch unter schlechter Empfangsqualität litt. Die digitale Revolution, die Mitte der neunziger Jahre auch Nigeria erreicht hatte, gab den nachhaltigsten Impuls für diese neue Geschäftsidee und ebnete den Weg für *Nollywood*. Und die neuen preiswerten Kameras, deren technische Qualität den analogen und kostspieligen professionellen kaum noch nachstand, verwirklichte schließlich binnen weniger Jahre die Traumfabrik *Nollywood*. Natürlich darf auch in Nigeria der Glamour nicht fehlen, der die Filmbranche umwehen soll. Der seit 2005 jährlich vergebene *African Movie Academy Award* ist für die nigerianischen Veranstalter der Höhepunkt des Jahres, wenn es trotz aller logistischen und inhaltlichen Probleme heißt *Showtime in Nigeria*, und sich ein typisch nigerianischer Hauch verbreitet, weit weg von Hollywood und den Herzen der Beteiligten doch so nah.[173]

Bildung als strategische Ressource

Quantitativ wie qualitativ begann sich Nigeria nach dem Ende des II. Weltkrieges zur führenden Bildungsnation Afrikas zu entwickeln, abzulesen an den explodierenden Schülerzahlen in den fünfziger Jahren und einer lebendigen, teils sogar radikalen Presselandschaft. Beides war auf den Süden konzentriert, wo die Universität London 1948 im zentralen Yoruba-Land die Dependance University College Ibadan gründete, die für viele Jahre als Kaderschmiede Nigerias diente. Somit verfügte der junge Staat im Unabhängigkeitsjahr 1960 immerhin über 1.000 Akademiker, die in Ibadan und Übersee ausgebildet worden waren, und besaß damit über eine vergleichsweise gute Ausgangsposition, den Wert von Bildung an sich fest in der Gesellschaft zu verankern. Die Gründungen der Universitäten in Nsukka, Zaria, Lagos und Ile-Ife während der politisch unruhigen Jahre nach der Unabhängigkeit spiegeln trotz der sich verschärfenden Gegensätze Aufbruch und enormen Bildungshunger und Bildungswillen wider. Die 1962 gegründete Ahmadu Bello University (ABU) in Zaria, benannt nach dem mächtigsten Politiker der Nordregion, war die direkte Antwort auf die Bildungsdominanz des Südens und die schärfste Waffe einer gezielten Bildungsoffensive im rückständigen Norden. Denn zeitgleich entstanden in der Yoruba-dominierten Westregion in Ile-Ife und in Lagos zwei weitere Universitäten, und die Universität Ibadan wurde unabhängig. Darüber hinaus hatte die Ostregion bereits im Unabhängigkeitsjahr mit der Gründung der University of Nigeria Nsukka (UNN) ein attraktives und eigenständiges Profil vorgegeben.

Die siebziger und frühen achtziger Jahre gelten als goldene Bildungsdekade, in der die Zahl der Universitäten zunahm und Zehntausende von Absolventen gute und lukrative Arbeitsmöglichkeiten im expandierenden Staatssektor fanden. Namhafte Dozenten aus anderen afrikanischen Ländern und aus Übersee fanden den Weg nach Nigeria, wo das Bildungsniveau und die Vergütung internationalen Standards entsprachen. Die nigerianische Bildungselite, angeführt von Literaturgrößen wie Soyinka und Achebe oder Historikern und Geografen wie Ade Ajayi und Akin Mabogunje, die auch die afrikanische Perspektive in

Lehre und Forschung integrierten, unterrichteten an ihren Hochschulen und schufen eine Bildungsschicht, von deren Substanz Nigeria noch heute zehrt. Denn die Alphabetisierungsrate der Erwachsenen über 15 Jahre liegt heute etwa bei 72 Prozent, die Rate der Altersgruppe der 15-24-Jährigen dagegen bei 86 Prozent.[174] Kunst und Kultur florierten in den siebziger Jahre, gespeist durch solide Ausbildungsinhalte, Kreativität, akademische Freiheiten und Experimentierfreudigkeit, die im In- und Ausland breites Interesse an Nigeria weckten. Die Künstlerschulen von Osogbo und Nsukka wie auch das Kulturspektakel *FESTAC 1977* zeugen von einer Phase, in der alle Grenzen und Restriktionen zu fallen schienen und die neue Bildungselite eine rosige Zukunft am Horizont aufgehen sah.

Studenten an der Bayero University Kano

Doch dieser mit Petrodollars erkaufte Traum verwandelte sich innerhalb weniger Jahre in eine Fata Morgana. Zwar verfügte Nigeria um 1990 herum über 29 Universitäten mit etwa 140.000 Studenten, und rund 18 Millionen Schüler erwarteten eine angemessene Ausbildung. Doch ökonomische Zwänge und scharfe Auseinandersetzungen um die politische Macht und den Zugang zu den lukrativen Ressourcen zerstörten große Teile des einst boomenden Bildungssektors. Der Ölpreis brach zusammen, und der Machtkampf um die Führung des Landes nahm zu, ein ideales Umfeld für die grassierende Korruption, die sich nun endemisch ausbreitete und auch bald die Bildungsinstitutionen erfasste. Budgetkürzungen und eine galoppierende Inflation trafen den Lehrkörper aller Bildungseinrichtungen. Gute Noten und Examen konnte man kaufen, Gelder für Bibliotheken und zur Instandhaltung der Gebäude verschwanden in den Taschen der Schul- und Universitätsleitung. Streiks der Dozenten und Angestellten und der Kampf der Studenten um bessere Lehr- und Lebensbedingungen sorgten oft monatelang für verwaiste Lehranstalten. Und jene, die etwas vorzuweisen hatten, konnten relativ leicht in den neureichen Golfstaaten oder in Übersee unterkommen, was in den Folgejahren einen erheblichen *Brain Drain* nach sich zog, der sich wiederum positiv auf die nigerianische Diaspora auswirkte.

Der noch immer andauernde politische, wirtschaftliche und soziale Abstieg Nigerias ab Mitte der achtziger Jahre läutete auch das Ende der überragenden Stellung der nigerianischen Bildungselite in Afrika ein. Immer mehr zog sich der Staat aus gesellschaftlichen Kernbereichen wie Bildung, Infrastruktur und innere Sicherheit zurück, und die jeweilige Staatsführung war im Wesentlichen damit beschäftigt, sich unbehelligt zu bereichern und ihre Klientel großzügig zu bedienen. Die Büchse der Pandora war geöffnet. Der rapide Werteverfall und die weitverbreitete Kriminalität erfassten nun auch staatliche Schulen und Universitäten, wo sich insbesondere in den südlichen Landesteilen Geheimbünde gründeten, die Schüler und Studenten terrorisierten, erpressten und in einigen Fällen auch ermordeten. Diese kriminellen Gangs, vergleichbar mafiösen Familienclans, bekämpften sich bis aufs Messer, um die Kontrolle über einen Campus oder eine Internatsschule zu gewinnen. Der Tiefpunkt scheint aber inzwischen überwunden zu sein, denn der Bildungsbereich entwickelte sich mit staatlicher Genehmigung zu einem lukrativen, privatwirtschaftlich organisierten Geschäftsfeld, auf dem sich inzwischen einflussreiche und kapitalstarke Personen und Organisationen tummeln. Etwa 22 Millionen Grundschüler, drei Millionen Jugendliche an den weiterführenden Schulen und etwa eine Million Studenten bilden angesichts einer weiteren Privatisierung aller Lebensbereiche einen riesigen und einträglichen lokalen Markt. So gründete der ehemalige Staatspräsident Olusegun Obasanjo ein Schul- und Universitätszentrum in Ota im Bundesstaat Ogun, sein ehemaliger Vizepräsident Atiku Abubakar errichtete in Kooperation mit US-amerikanischem Know-how eine Universität in Yola im nordöstlichen Bundesstaat Adamawa, der Businessmagnat Gabriel Igbinedion erbaute seine Hochschule auf dem Gelände seines »Okada Wonderland« nahe Benin City im Bundesstaat Edo, und Bischof David Oyedepo, Gründer einer weltweit operierenden Kirche David Oyedepo Ministries, errichtete die Covenant University auf dem Gelände seines gigantischen Canaan-Landes.

41 private Hochschulen konkurrieren mit den 27 Universitäten des Bundes

und den 36 höheren Lehranstalten der Bundesstaaten[175], und der Trend hin zu privat organisierten Bildungsanstalten auf allen Ebenen ist ungebrochen. Sie versprechen Sicherheit, strikte Curricula, strenge Lerndisziplin und Lebensführung, was mittel- und langfristig deutlichen Einfluss auf eine Neuorientierung hinsichtlich politischer Kultur und Wertesystem in Nigeria ausüben könnte. Zugleich ist eine größere Zahl dieser privaten Universitäten national und international gut vernetzt, insbesondere jene, die inhaltlich und administrativ religiösen Bewegungen nahestehen und enge Beziehungen zur nigerianischen und afrikanischen Diaspora pflegen. Somit eröffnen sich den Absolventen privatwirtschaftlich organisierte transglobale und transkulturelle Arbeitsfelder. Dies aber zwingt die Bildungsinstitutionen, international anerkannte Standards durchzusetzen und gleichzeitig komparative Kostenvorteile anzubieten, um im internationalisierten Bildungsmarkt wohlhabende Interessenten aus Afrika, den Golfstaaten und der Diaspora als Kunden zu gewinnen.

VI Literatur/Referenzen

Ausgewählte Literatur

Sachbuch

1999 Constitution of the Federal Republic of Nigeria (Decree 24, Constitution of the Federal Republic of Nigeria (Promulgation) Decree 1999

Adamu, Abdalla Uba: *Transglobal Media Flows and African Popular Culture, Revolution and Reaction in Muslim Hausa Popular Culture*, Kano, Nigeria, 2007

Africa Yearbook 2004-09, Politics, Economy and Society South of the Sahara, Leiden, Hamburg, Uppsala

dt.: Afrika Jahrbuch 1987-2003, Politik, Wirtschaft und Gesellschaft in Afrika südlich der Sahara, Wiesbaden

Afrika Spectrum 2002/2: Schwerpunkt: Islam in Afrika, Westafrika, Äthiopien, Südafrika, Lehrtraditionen, Hamburg, 2002

Barett, Lindsay: *Danjuma: The making of a general*, Enugu, Nigeria, 1979

Bergstresser H./Tull D.: *Nigeria als regionale Ordnungsmacht in Westafrika, Frankfurt*, 2008

Brunner, Markus: *The Unfinished State. Demokratie und Ethnizität in Nigeria,* Hamburg, 2002

Clark, John: *Yakubu Gowon: Faith in a United Nigeria*, London, 1987

Coleman, James*: Nigeria. Background to Nationalism*, Berkeley, 1986 (Erstausgabe erschienen 1958)

Ehling. H./Ripken P. (Hrsg.): *Die Literatur Schwarzafrikas*, München, 1997

Federal Republic of Nigeria, Official Gazette, *Nigeria* (versch. Ausgaben)

Gieler, Wolfgang (Hrsg.): *Die Außenpolitik der Staaten Afrikas*, Paderborn, 2007

Harneit-Sievers, Axel: *Kriegsfolgen und Kriegsbewältigung in Afrika. Der nigerianische Bürgerkrieg 1967-70*, Hannover, 1992

Hock, Klaus: *Der Islam-Komplex*, Berlin, Münster, Wien, Zürich, London, 1996

Hock, Klaus: *Das Christentum in Afrika und dem Nahen Osten*, Leipzig, 2005

Hock, Klaus: The Omnipresence of the Religious: Religiosity in Nigeria, in: Bertelsmann Stiftung: *What the World Believes*, Gütersloh, 2009

Iliffe, John: *Geschichte Afrikas*, München, 1997

Kirk-Green, Anthony: *Crisis and Conflict in Nigeria: a documentary sourcebook 1966-70*, London, 1971

Loimeier, Manfred: *Africando*, Frankfurt, 2010

Mähler, Annegret: *Nigeria: A Prime Example of the Resource Curse? Revisiting the Oil-Violence Link in the Niger Delta*, Hamburg, 2010

Maier, Karl: *This House has Fallen*, New York, 2000

McIntyre, J.A.: The Writer as Agitator – Ken Saro-Wiwa, in: *Afrika Spectrum* 31, 3: 295-311, Hamburg, 1996

Paden, John N.: *Religion and Political Culture in Kano*, Berkeley, Los Angeles, London, 1973

Proclamation of the Republic of Biafra, 1967, abgedruckt in: *West African Review*, Mai 2001

Trimingham, Spencer: *A History of Islam in West Africa*, Oxford, 1962

Wente-Lukas, Renate (with Assistance of Adam Johns): *Handbook of Ethnic Units in Nigeria*, Wiesbaden, 1985

Zerby, L./Zerby M.: *If I Should Die Before I Wake. The Nsukka Dream*, 1971

Belletristik

Achebe, Chinua: *Things Fall Apart,* London, 1958 (dt. *Onkonkwo oder das Alte stürzt, Frankfurt 1983)*

Achebe , Chinua, *Zwölf Gedichte*, herausgegeben von Ulli Beier, Heinrich Bergstresser, Iwalewa-Haus Bayreuth, Bayreuth, 1990

Adichie, Chimamanda Ngozi: *Purple Hibiscus*, New York, 2003 (dt.: *Blauer Hibiscus*, London, 2005)

Adichie, Chimamanda Ngozi: *Half of a Yellow Sun*, New York, 2006 (dt.: *Die Hälfte der Sonne*, München, 2007)

Afolabi, Segun: *Life Elsewhere*, UK, 2007

Agbaje, Bola: *Gone Too Far* (Play), 2008

Agbaje, Bola: *Off the Endz* (Play), 2010

Amadi, Elechi: *Concubine*, London, 1966

Amadi, Elechi: *Sunset in Biafra*, London, 1973

Atta, Sefi: *Everything Good Will Come*, Northampton, 2007(dt.: *Sag Allen, es wird gut*, Wuppertal, 2009)

Habila, Helon: *Love Poems*, Lagos, 2000

Habila, Helon: *Waiting for an Angel*, New York, 2003

Nwankwo, Nkem: *My Mercedes is bigger than yours,* London, 1975

Okri, Ben: The Famished Road, UK, 1991 (dt.: *Die hungrige Straße*, Köln, 1994)

Osondu, E. C.: *For Ken, For Nigeria, Poems in memory of Ken Saro-Wiwa, 1996*

Osondu, E. C.: *Jimmy Carter's Eyes*, Boston, 2007

Osondu, E. C.: *Waiting*, New York, 2008

Osundu, E.C : *A Letter from Home*, Boston, 2006

Saro-Wiwa, Ken: *A Month and a Day, A Detention Diary*, UK, 1995 (dt.: *Flammen der Hölle,* Reinbek, 1996)

Saro-Wiwa, Ken: *Sozaboy*, London 1985, (dt.: *Sozaboy*, München, 1997)

Saro-Wiwa, Ken: *MR. B. Basi and Company*, Port Harcourt, Nigeria, 1987

Saro-Wiwa, *Prisoners of Jebs*, Port Harcourt, Nigeria 1988

Saro-Wiwa, Ken: *On a Darkling Plain,* Port Harcourt, Nigeria, 1989

Shagari, Shehu: *Nigeria – ein Lehrgedicht*, Stuttgart, 1984

Soyinka, Wole: *The Interpreters*, London, 1965 (dt.: *Die Ausleger*, Freiburg, 1983)

Soyinka, Wole: *The Man died*, New York, 1972 (dt.: *Der Mann ist tot*, Zürich, 1979)

Soyinka, Wole: *The Dance of the Forest,* London, Ibadan, 1963, (dt.: *Tanz der Wälder,* Berlin, 1974)

Soyinka, Wole: *Aké. The Years of Childhood*, London, New York, 1982, dt. : *Aké Jahre der Kindheit*, Zürich, 1986

Soyinka, Wole: *The Beatification of Area Boy* (Play), 1995

Soyinka, Wole: *King Baabu*, (Play), 2001

Soyinka, Wole: *You Must Set Forth at Dawn*, New York, 2006 (dt.: *Brich auf in früher Dämmerung*, Zürich, 2008)

Bild- und Fotonachweis:

S. 10 Stich von Susanne Wenger © Heinrich Bergstresser, S. 21, S. 24 oben, S. 134, S. 267 Foto © Markus Brunner, S. 24 unten, S. 25 oben und unten Fotos ©: Sam Olukoya, S. 28, Foto ©: Jerry Bauer, S. 31, S. 48, S. 51, S. 52, S. 110, S. 115, S. 122, S. 127, S. 157, S. 222 Foto ©: kein Name angegeben, S. 55 Foto ©: BOOKphotoSA Ben Williams, S. 78 Zeichnung von Michael Ayodele © Heinrich Bergstresser, S. 80, S. 99, S. 100, S. 229 Fotos ©: Constanze Schmahling, S. 98, S. 106 oben und unten, S. 155 Fotos © Heinrich Bergstresser, S. 123, Foto ©: Peter Körner, S. 142 Zeichnung von Obiora Udechukwu © Heinrich Bergstresser, S. 149 Foto © 2008 Beowulf Sheehan/ PEN American Center, S. 153 Foto ©: Sybille Pohly-Bergstresser, S. 189, Foto ©: J. A. McIntyre, S. 195 oben und unten, Foto ©: Russ Alexander

Endnoten

[1] Inzwischen hat sich die Stiftung in Friedrich-Naumann-Stiftung Für die Freiheit umbenannt.

[2] Neben Englisch und den drei großen Vernakulärsprachen Haussa, Igbo und Yoruba, hat sich Pidgin-English als wichtigstes Kommunikationsmittel entwickelt, auch wenn es keinen offiziellen Status besitzt.

[3] *Local Government*, von denen es 774 gibt, wobei die sechs Bezirke der Bundeshauptstadt verfassungsrechtlich einen etwas anderen Status haben, aber am Finanzausgleich genauso beteiligt werden wie die *Local Governments*.

[4] Die Zahlenangaben zu Demografie, Erdölproduktion, Energieverbrauch, Fahrzeugen etc. spiegeln in erster Linie Größenordnungen wider, die aber zuverlässig genug sind, um die Probleme und Trends darzustellen.

[5] Zusätzlich gibt es mehr als 200 Millionen Nutzfahrzeuge, die meisten davon in den USA.

[6] So kostet der Liter Benzin in den USA und in China um die 0,75 US-Dollar, in Westeuropa dagegen 1 bis 2 US-Dollar.

[7] 1 Barrel/Fass entspricht 159 Liter

[8] So erhält der Produzent des schwefelarmen und süßen Erdöls einen Preisaufschlag auf das Nordseeöl Brent.

[9] Die Mitglieder der Organization of the Petroleum Exporting Countries produzieren etwa 40 Prozent der Weltproduktion.

[10] Die durchgesetzten Preiserhöhungen der OPEC hängen direkt mit dem Jom-Kippur-Krieg 1973, der Abkopplung des US-Dollar vom Goldstandard und der erheblichen Abwertung der US-Leitwährung zusammen. Nominalpreis und Realpreis beginnen etwa zu diesem Zeitpunkt regelrecht auseinanderzufallen, ein Faktum, das auch heute noch gilt.

[11] 2008/9 hat Angola im Erdölsektor quantitativ aufgeschlossen, was aber den gewaltsamen Konflikten im Niger-Delta geschuldet ist.

[12] Der Alaafin bekleidet den Rang eines Königs der Yoruba und steht in der Tradition des Oyo-Reiches, das im 16. Jahrhundert im nördlichen Yoruba-Land zu einer machtvollen Position aufstieg.

[13] Movement for the Emancipation of the Niger Delta (MEND).

[14] Erst Ende 2008 gaben sich die Mitgliedstaaten eine formale Organisationsstruktur mit Sitz in Doha, Hauptsstadt von Katar.

[15] Dabei handelt es sich um sogenanntes *non-associated* Gas, das direkt verflüssigt werden kann. Associated-Gas fällt bei der Erdölproduktion in Nigeria an. Denn dort befindet sich das Erdöl in mehr und minder großen unter Gasdruck stehenden Blasen und nicht in großflächigen Erdölfeldern wie auf der arabischen Halbinsel.

[16] Nigeria ist nach Trinidad und Tobago und Ägypten der drittgrößte Lieferant von Flüssiggas in die USA.

[17] Erdgas wird auf minus 162 Grad Celsius abgekühlt, so dass das Volumen nur noch 1/600 beträgt.

[18] Zu Beginn soll die 650 km lange Pipeline jährlich 2.5 Millionen m^3 und in einer zweiten Phase die doppelte Menge transportieren.

[19] A Month and a Day, S. 79

[20] Power Holding Company of Nigeria

[21] 28 Kubikmeter entsprechen dem Standardmaß von 1.000 cubic feet. Der stetige Währungsverfall führte dazu, dass zehn Naira im Jahr 2009 nur noch etwa 6.7 US Cent Wert waren.

[22] Die Regierung hat diese Flächenangabe nun als offizielle Größe definiert. In der Vergangenheit schwankte sie zumeist zwischen 20.000 und 30.000 Quadratkilometer.

[23] Von West nach Ost zählen auch die Bundesstaaten Ondo, Edo, Imo, Abia, Akwa Ibom und Cross River State als periphere dazu.

[24] Sein voller Name lautet: Albert Chinualumogu Achebe

[25] Die deutsche Ausgabe heißt *Okonkwo oder das Alte stürzt.*

[26] Benannt nach dem *Secretary for the Colonies* (1910-15) Lewis Vernon Harcourt

[27] Die Willink-Kommission hatte den Auftrag, Vorschläge für eine stärkere Berücksichtigung der Interessen der Minderheitenvölker zu erarbeiten, nachdem der Widerstand dieser Völker gegen die geplante föderative Dreiteilung zunahm. Die Kommission verwarf aber die Petitionen und glaubte mit der Verankerung von Grundrechten in der Verfassung seien die Befürchtungen der Minoritäten obsolet. Im Südosten standen auf der Wunschliste Cross River, Rivers, Ogoja und Calabar-Ogoja-Rivers. Den Minoritätenvölkern im östlichen Teil der Westregion und im Middle Belt der Nordregion erging es nicht anders, so dass der Status quo der dreigliedrigen Föderation und der Bundeshauptstadt Lagos erhalten blieb.

[28] Der wesentliche jüngere Monday Owens Wiwa studierte Medizin und eröffnete Ende der achtziger Jahre in Bori eine Privatklinik.

[29] Christopher Okigbo kämpfte als Igbo auf Seiten der Sezessionisten und fiel 1967. Elechi Amadi (Ikwerre) und John Pepper Clark (Ijaw) standen auf der Seite der Zentralregierung.

[30] Der volle Name lautet: Kenule Beeson Saro-Wiwa

[31] Diese Wahl war die bislang einzige transparente Wahl Nigerias, und alle unabhängigen nationalen und internationalen Wahlbeobachter bestätigten einen haushohen Sieg des Multi-Millionärs und Yoruba.

[32] Der Verfasser hat das Dorf Kaa wenige Wochen nach der Zerstörung besucht.

[33] Der Verfasser nahm mit beiden an einem Symposium in Abuja teil, wo NROs Strategien für eine Nationale Verfassungskonferenz entwickelten.

[34] Zwei von ihnen hatten im Bürgerkrieg auf der Seite Biafras gekämpft.

[35] Diese Äußerung eines jungen Rechtsanwaltes fiel gegenüber dem Autor in Lagos.

[36] 2008 leitete er federführend eine von der Bundesregierung eingesetzte Kommission, die ein Gutachten zur Problemlösung im Niger-Delta erstellte.

[37] Dieser Rechtszustand galt noch Ende 2009.

[38] Häufig auch geschrieben Yenagoa.

[39] Die Namensähnlichkeit mit der Milizengruppe von Isaac Boro war gewollt.

[40] Zahlreiche Quellen sprechen auch von Niger-Delta Vigilante Group (NDVG)

[41] Technical Committee on the Niger-Delta.

[42] Mit hoher Wahrscheinlichkeit hat der französische Ölkonzern ELF bereits Ende Dezember 1966 mehrere Millionen Dollar an Biafra gezahlt.

[43] Gemeinhin wird der Zeitraum 1960-1966 als I. Republik bezeichnet, obwohl Nigeria erst 1963 zur Republik mutierte. (s. Anhang: 1 Zeittafel).

[44] Ein Angas aus dem heutigen Plateau State in Zentralnigeria.

[45] Sein voller Name lautet: Isaac Jasper Adaka Boro.

[46] Vergleichbar einem Minister in einer Landesregierung. .

[47] Sein voller Name lautet: Oluwole Akinwande Babatunde Oludeinde Isola Soyinka

[48] Die deutsche Ausgabe erschien 1983 unter dem Titel *Die Ausleger*.

[49] Obasanjo war zu dieser Zeit Kommandeur des »Western Area Command«.

[50] In den letzten Monaten der Militärregierung Babangida (1985-93) stellte Chukwumerije als Informationsminister im Dienste des Diktators seine unglaublichen Fähigkeiten nochmals unter Beweis. Er sitzt seit 2003 als Senator in der *National Assembly*. Auch er studierte in Ibadan.

[51] Mit der Hauptstadt Benin City.

[52] Nur Tansania, Cote d' Ivoire, Sambia, Gabun und Haiti erkannten Biafra diplomatisch an.

[53] Das waren 200.000 Pfund.

[54] Chinua Achebe, *Zwölf Gedichte*, herausgegeben von Ulli Beier, Heinrich Bergstresser, Iwalewa-Haus Bayreuth, 1990.

[55] Stellvertretend sei hier nur Major Emmanuel Ifeajuna genannt, einer der Putschisten vom 15. Januar 1966, und Oberstleutnant Victor Banjo, der die Invasion der Midwest-Region leitete. Sie planten angeblich einen Putsch gegen Ojukwu.

[56] Der »Chancellor" hat keine Machtbefugnisse im Universitätssystem Nigerias. Der Titel ist eine Ehrung, und der *Chancellor* nimmt Repräsentationsaufgaben wahr. Nach dem Krieg wurde Azikiwe *Chancellor der Universität Lagos*.

[57] National Guidance Committee of Biafra.

[58] Zu den namhaftesten gehörte Golo Mann.

[59] Sammlung und Katalog: Uche Okeke. Herausgeber: Zentrale der Aktions-Komitees Biafra-Sudan e.V. Beuel, Bergweg 21. Graphische Gestaltung des Katalogs: Franz Kuck. Gestaltung der Ausstellung: Heinrich Hüning. 1969.

[60] Norbert Aas arbeitete zu der Zeit als Assistent von Ulli Beier. Er organisierte den Transport in Deutschland und stellte dem Verfasser freundlicherweise auch das Informationsmaterial zur Ausstellung zur Verfügung.

[61] Stattdessen wurden weitgehend die Empfehlungen einer großen Konferenz zum Wiederaufbau und zur Re-Integration der Igbo umgesetzt, die bereits im März 1969 in der Universität Ibadan stattfand.

[62] Es kursieren auch Zahlen von 1.5 Millionen, eine unseriöse hohe Zahl, die aber noch heute in politischen und intellektuellen Igbo-Zirkeln immer wieder auftaucht.

[63] Erst der ehemalige Biafrakämpfer Okoh Ebitu Ukiwe konnte als Commodore der Navy in der Militärregierung Babangida in die oberste Hierarchie aufsteigen und war sogar kurzeitig *Chief of General Staff* (1985-86), also de facto Babangidas Stellvertreter, bevor er zwangspensioniert wurde. Und Anfang September 2010 wurde erstmals seit dem Bürgerkrieg ein Igbo, Generalmajor Onyeabor Azubike Ihejirika, zum Chief of Army Staff berufen.

[64] Saro-Wiwa griff auf die 20 Jahre früher an der Universität Ibadan geschriebene Kurzgeschichte *Highlife* zurück, die 1969 veröffentlicht wurde und die der Herausgeber als Spiel mit der Sprache, frei jeglicher Hemmungen bezeichnete und als Versuch ansah, in einem skurrilen, seltsamen Stil zu schreiben.

[65] *Soja* hat auch Eingang in die Haussasprache gefunden.

[66] Der fiktive Ort Dukana klingt fast so wie Gokana in Ogoni.

[67] Ihr Vater war der erste nigerianische Professor für Statistik. Die Mutter war die erste Frau in leitender Funktion im Prüfungsamt der Universität Nsukka.

[68] *Half of a Yellow Sun* lautet der Originaltitel.

[69] Nzeogwu, Ifeajuna, Okafor, Anuforo, Chukwuka, Nwobosi, Oji, Ademoyega. Nur der Letztgenannte war kein Igbo, sonder Yoruba.

[70] Zu den Opfern zählte nur ein hoher Igbo-Offizier namens Arthur Unegbe, der offensichtlich Alarm schlagen wollte.

[71] Macaulay war ein Enkel des ersten nigerianischen Bischofs der Anglikaner Samuel Crowther.

[72] Der Senat, vergleichbar dem britischen Oberhaus, besaß als zweite Kammer des Bundesparlamentes nur wenig Einfluss auf Politik und Gesetzgebung.

[73] Er war damit Stellvertreter des nominellen Staatsoberhauptes Königin Elisabeth.

[74] Der Nigerian National Alliance (NNA) gehörten auch Minoritätengruppen aus dem Niger-Delta an.

[75] United Progressive Grand Alliance (UPGA).

[76] Movement for the Actualization of the Sovereign State of Biafra.

[77] Nach eigenen Angaben ist er Ende der fünfziger Jahre in Okigwe im heutigen Imo State geboren. Ein genaueres Datum kann er nicht angeben.

[78] Oduduwa People's Congress

[79] National Liberation Coalition

[80] UN-Generalsekretär Kofi Annan und der Generalsekretär des Commonwealth, Emeka Anyaoku, hatten vergeblich versucht, Abiola zu bewegen, auf sein Amt zu verzichten. Während der Gespräche mit einer hochrangigen US-Delegation über seine Zukunft, der Susan Rice und Thomas Pickering angehörten, verstarb Abiola am 6. Juli 1998.

[81] Die Partei hat sich im August 2010 in Action Congress of Nigeria (ACN) umbenannt.

[82] Economic Community of West African States.

[83] Die 1977 entstandene Nigerian National Petroleum Corporation hatte in der 1971 gegründeten Nigerian National Oil Corporation (NNOC) ihren Vorgänger. Zuvor hatte der Staat nur Lizenzgebühren und Gewinnsteuern erhoben. Sie arbeitete man-

gels eigener Kompetenz in Joint-Ventures und später im Rahmen von Production-Sharing Contracts mit den internationalen Ölkonzernen zusammen.

[84] Das Bundesterritorium Abuja entspricht verfassungsrechtlich dem Status von Washington D.C.

[85] Sie entstand erst gegen Ende des Bürgerkrieges, während die Carter Bridge 1901 gebaut worden war.

[86] Nigerian Institute of International Affairs, das Akinyemi von 1975-83 leitete.

[87] Viele emigrierten auch in die benachbarte Cote d'Ivoire.

[88] Eine deutsche Übersetzung erschien ein Jahr nach dem Staatsbesuch von Shagari in Deutschland.

[89] Nördlicher Stadtteil von Lagos und Hauptstadt des Bundesstaates.

[90] Oft auch geschrieben Oshogbo.

[91] Auf Deutsch erschien der Roman unter den Titeln *Zeit der Gesetzlosigkeit* und *Die Plage der tollwütigen Hunde*.

[92] Das erste fand 1966 in Dakar statt.

[93] Maradonna war zu der Zeit der wohl beste Fussballspieler, der seine Mitspieler geschickt einzusetzen vermochte und zugleich seine Gegenspieler brilliant ausspielen konnte.

[94] Der sogenannte Oputa-Panel, der 1999 seine Arbeit aufnahm, um Menschenrechtsverletzungen seit 1966 zu untersuchen, ist diesbezüglich sehr präzise. Der Bericht durfte nach einem Gerichtsentscheid nicht veröffentlicht werden. Aber er erschien 2005 in den USA, lanciert von Menschenrechtsgruppen und ist in Gänze im Internet abrufbar.

[95] Maryam Babangida ist 2009 verstorben.

[96] Mass Mobilization for Social Justice and Economic Recovery.

[97] Structural Adjustment Programme.

[98] Das Buch erschien erst 1987.

[99] Claude Aké kam 1997 bei einem ungeklärten Flugzeugabsturz in Nigeria um Leben. Er hatte sich nach Saro-Wiwas Hinrichtung entschieden, das Land in Richtung USA zu verlassen.

[100] Diese Verfassung diente als Vorlage für den Transitionsprozess, der aber nach den Präsidentschaftswahlen im Juni 1993 von der Militärjunta unter Ibrahim Babangida abrupt beendet wurde.

[101] Im Falle interner Grenzverschiebungen und Gründung neuer Bundesstaaten sind sogar vier Fünftel Mehrheiten in den beiden Kammern nötig.

[102] Entspricht dem bei uns bekannten Idiom Schaun ma Mal oder Abwarten und Tee trinken.

[103] Alle eingehenden Ergebnisse wiesen darauf hin, dass der Business Tycoon Moshood Abiola nach zehn Jahren Militärherrschaft die bislang einzige transparente Präsidentschaftswahl gewinnen würde. Kurz vor Beendigung der Stimmenauszählung annullierte das Babangida-Regime die Wahl.

[104] Dem Autor wurde schon Wochen vor der Wahl von Insidern versichert, dass Ghali

Na'Abba, Sprecher des Repräsentantenhauses und schärfster Kritiker des Amtsinhabers, sein Mandat verlieren würde.

[105] Wie in den USA, lässt die Verfassung nur zwei Amtszeiten zu.

[106] Ein Zusammenschluss der westlichen Gläubigerregierungen bzw. Gläubigerbanken.

[107] Die Bakassi Boys im Igbo-Gebiet zählten zu den berühmtesten und berüchtigsten Bürgerwehren, die von den Händlern bezahlt wurden, um Jagd auf Klein- und Schwerkriminelle zu machen.

[108] Er nahm sogar privat Französischunterricht.

[109] Dies hätte auch ein zeitlich befristeter Rückzug sein können.

[110] Er ging aus einer gemischten Ehe eines Kenianers und einer US-Amerikanerin hervor.

[111] Die Schätzungen für die USA bewegen sich zwischen zwei und drei Millionen, für Großbritannien zwischen anderthalb und zwei Millionen.

[112] Der Einsatz einer kleinen britischen Truppe fand erst 2000 statt und diente zuallererst der Rettung britischer Staatsbürger und der Sicherung des Flughafens für die eintreffenden UN-Truppen.

[113] Economic Community Monitoring Group.

[114] Department for International Development.

[115] Movimento Popular de Libertação de Angola.

[116] Der alle zwei Jahre stattfindende Gipfel, benannt nach dem US-amerikanischen Bürgerrechtler und Baptistenführer Leon Sullivan, lädt Manager, Intellektuelle und Politiker ein, um die Lage der Afrikaner und Afrika-stämmigen Menschen zu diskutieren und Verbesserungen einzufordern.

[117] Military Professional Resources Incorporated.

[118] Defense Institute of Security Assistant Management.

[119] United States Africa Command.

[120] Auch Botswana verpflichtete gern nigerianische Juristen als Richter.

[121] Chocolate City, in *Le Monde diplomatique* Mai 2010 (Deutsche Ausgabe).

[122] Im Mittelpunkt standen die ehemaligen Gouverneure Diepreye Alamieyeseigha, Joshua Dariye und James Ibori.

[123] Der Preis ist benannt nach Michael Caine, langjähriger Vorsitzender von Booker.

[124] Die Liste der hier vorgestellten Autoren ist nicht vollständig und ließe sich erheblich verlängern, so z. B. um Christopher Abani, Nnedi Okarafor-Mbachu und andere, die in den USA leben und lehren.

[125] Auf Deutsch 2005 unter dem Titel *Blauer Hibiskus* erschienen.

[126] Auf Deutsch 2009 erschienen unter dem Titel *Sag Allen, es wird gut.*

[127] Auf Deutsch 1994 erschienen unter dem Titel *Die hungrige Straße.*

[128] Diese Kirche stand im Fokus der Steuerfahndung, als bekannt wurde, dass der wöchentlich aus Lagos eingeflogene Pastor üppige Honorare einstrich.

[129] Der offiziell nie veröffentlichte Oputa-Report gibt beredtes Zeugnis davon ab.

[130] Retired Army, Navy and Airforce Officers Club of Nigeria.

[131] Die Nummer Eins des nigerianischen Militärs war W.U. Bassey.

[132] Seine Primär- und Sekundärbildung erhielt er in den Kaderschulen St. Gregory School und Kings College in Lagos.

[133] Die Gründung der Mid-West Region 1963 während der I. Republik basierte auf einer manipulierten Notstandserklärung der Western Region. Dies war der bislang einzige Fall, in dem eine gewählte Region unter mehr als fragwürdigen Umständen die staatliche Struktur verändern konnte.

[134] Sie war nicht nur eine herausragende Lehrerin und Mutter der berühmten Ransome-Kuti Brüder Fela (Musiker), Olikoye (Arzt und Gesundheitsminister unter Babangida) und Beko (Arzt und Bürgerrechtler), sondern hatte auch den Grundstein für die nigerianische Frauenbewegung gelegt.

[135] Nach Babangidas Entmachtung wurde die »National Guard« wieder aufgelöst.

[136] Dies äußerte er gegenüber einem informellen Kreis, dem auch der Autor angehörte.

[137] Der Emir Major a. D. Mustapha Jokolo verlor 2005 unter dubiosen politischen Umständen sein Amt.

[138] Der vierte Sprachstamm Khoi-San findet sich nur im südlichen Afrika.

[139] Gemeinhin auch als Heiden bezeichnet, die als Randgruppen am unteren Ende der Haussa-Fulani-Gesellschaft stehen.

[140] Ken Saro-Wiwa bezeichnete sie jedoch als Königtümer.

[141] Als Kronkolonie war Lagos integraler Bestandteil des Vereinigten Königreiches und seine Bewohner britische Staatsbürger.

[142] Die Bevölkerungszahlen basieren auf dem Zensus 1952/53, der trotz aller Mängel eine brauchbare Orientierung bietet.

[143] Mit hoher Wahrscheinlichkeit gilt dies auch für das Bundesterritorium Abuja.

[144] Aus pragmatischen Gründen wird der Zensus 2006 herangezogen, der jedoch mit einer Zuwachsrate von 2,5 Prozent auf den aktuellen Stand hochgerechnet werden kann. Laut UNDP wird die Bevölkerung im Jahre 2020 nahe der 200 Millionen Marke liegen.

[145] Der Zensus von 1991, der erstmals tendenziell eine gewisse Plausibilität besaß, gibt 89 Millionen an. In Deutschland liegt die Bevölkerungsdichte bei 231 je km^2.

[146] Dies geht aus dem *Religion Monitor* hervor, den die Bertelsmann 2008 veröffentlichte. Das Pew Forum on Religion and Public Life setzt die Religiosität in Nigeria wesentlich niedriger an. Der Autor neigt auf Grund seiner langjährigen Beobachtung den Angaben des *Religion Monitor* zu.

[147] Boris Herrmann vom *Berliner Tagesspiegel* war während eines vierwöchigen Austauschprogramms des Goethe-Instituts Gast der Tageszeitung *This Day* in Lagos.

[148] Bauern und Landarbeiter.

[149] Bauchi, Borno, Gombe, Jigawa, Kaduna, Kano, Katsina, Kebbi, Niger, Sokoto, Yobe, Zamfara.

[150] Diese Daten basieren auf Berechnungen und Schätzungen von Philip Ostien: Sharia Implementation in Northern Nigeria 1999-2006: A Sourcebook: Vol. I, 2007

[151] Gustav Nachtigal schloss während seines Aufenthaltes in Borno 1870-73 den ersten völkerrechtlichen Vertrag des Deutschen Reiches mit einem Reich auf dem Territorium des heutigen Nigeria.

[152] Jama'atu Izalat al-Bida wa iqamat as-sunnar
[153] Allein während der Abacha-Diktatur saß er zwei Jahre im Gefängnis.
[154] Das Gemetzel ereignete sich im Dezember 1980 in Kano.
[155] 1900/01 war Miller bis nach Kano gelangt, wurde dort aber vom Emir aus der Stadt verwiesen.
[156] So auch der Titel eines Radio-Features von Bettina Rühl über Reinhard Bonnke.
[157] 1992 hatte Nigeria die Vollmitgliedschaft angeblich wieder aufgegeben, doch gilt es nach OIC-Angaben inzwischen wieder als Vollmitglied.
[158] Auch in Deutschland existiert Rechtspluralismus. Denn das Islamische Recht kann im Zivilrecht Anwendung finden, wenn es um personenstandsrechtliche und erbrechtliche Fragen muslimischer Mitbürger geht, die nicht die Deutsche Staatsbürgerschaft besitzen.
[159] So unterscheiden sich Penal Code in Nordnigeria und Criminal Code in Südnigeria insbesondere dadurch, dass es im Penal Code die Prügelstrafe gibt.
[160] In der Literatur wird häufig auch die Bezeichnung Kaje verwendet.
[161] Kaduna ist das Haussa-Wort für Krokodil.
[162] Das trifft in diesem starken Maße auch auf Ghana, Kenia und Uganda zu.
[163] Am 31. Oktober 1959 nahm der Western Nigeria Television Service in Ibadan die Arbeit auf.
[164] NTA (*Nigerian Television Authority*); FRCN (*Federal Radio Corporation of Nigeria*).
[165] Das Verhältnis von Programmen in Haussa und Englisch ist 5:1.
[166] Dieser Trend trifft auf ganz Afrika zu.
[167] Das britische Kolonialgebiet des heutigen Ghana.
[168] Dies gilt auch für die meisten anderen afrikanischen Medien.
[169] Außerhalb Deutschlands kennt man nur die Bezeichnungen Mobile, Cellular Phone, Cell Phone.
[170] Der Stand Mitte 2010.
[171] Dieses Paradoxon gilt für Afrika insgesamt.
[172] Der Dokumentarfilm zu *Nollywood in Flandern* vermittelt einen guten Einblick.
[173] Wenner, Dorothee: *Showtime in Nigeria*, Die Zeit Nr. 25, 10. Juni 2009; Peace Mission: Dokumentarfilm 2008
[174] Angaben der UNESCO für das Jahr 2007.
[175] Nach Angaben der »National Universities Commission« ist dies der Stand Anfang 2010.
[176] Viele ethnische Gruppen, auch kleinere, leben in mehr als einem Bundesstaat.
[177] Abstimmung eines Wahlkollegiums aus den Mitgliedern aller Parlamente mit unklarem Ausgang für Shagari.

VII Anhang

1 Zeittafel

1804	Gründung des Kalifats von Sokoto
1841	Niger-Expedition
1861	Lagos wird britische Kronkolonie
1864	Samuel Ajayi Crowther erster afrikanischer Bischof (Anglikaner)
1885	Errichtung des Oil Rivers Protectorate
1893	Umbenennung des Protektorates in Niger Coast Protectorate
1900	Errichtung der beiden Protektorate Nord- und Südnigeria. Lagos behielt seinen Sonderstatus als Kronkolonie
1903	Unterwerfung des Kalifats von Sokoto. Die Briten erschießen den Sultan
1906	Unterwerfung des Reiches Borno und Gründung der Colony and Protectorate of Southern Nigeria
1914	Zusammenlegung der beiden Protektorate Nord- und Südnigeria und Gründung der Colony and Protectorate of Nigeria
1923	Erste Verfassung für Nigeria (*Clifford Constitution*) eröffnet Nigerianern erstmals die Möglichkeit, in den Legislative Council gewählt zu werden
1948	Gründung der ersten Universität in Ibadan als Ableger der Universität London
1954	Endgültige Errichtung (*Lyttleton Constitution*) der dreiteiligen Föderation und dem Bundesterritorium Lagos
1957	Regionale Selbstverwaltung in der Ost- und Westregion
1959	Regionale Selbstverwaltung in der Nordregion
1. Okt. 1960	Unabhängigkeit. Die britische Königin bleibt Staatsoberhaupt. Nigeria verbleibt als parlamentarische Monarchie Teil von *Her Majesty's Dominion*
1963	Nigeria wird Republik mit einem eigenen Staatsoberhaupt. Die Gründung der Mid-West Region erweitert die Föderation auf vier Regionen
15. Jan. 1966	Militärputsch junger Igbo-Offiziere. Der ranghöchste Offizier Johnson Aguiyi-Ironsi übernimmt schließlich die Macht. Ende der I. Republik, die gemeinhin für den Zeitraum von 1960-1966 angegeben wird
29. Juli 1966	Putsch mittlerer Offizierränge und Unteroffizieren aus der Nordregion. Oberstleutnant Yakubu Gowon wird neuer Juntachef

27. Mai 1967	Erweitung der Föderation auf zwölf Bundesstaaten
30. Mai 1967	Oberstleutnant Chukwuemeka Odumegwu-Ojukwu proklamiert die souveräne Republik Biafra
6. Juli 1967	Beginn des Bürgerkrieges
12. Jan. 1970	Kapitulation von Biafra
15. Jan.1970	Formelle Kapitulation von Biafra in der Bundeshauptstadt Lagos
1971	Nigeria tritt der OPEC bei
30. Juli 1975	Militärputsch. Murtala Ramat Mohammed neuer Juntachef
13. Febr. 1976	Militärputsch. Mohammed wird ermordet. Sein Stellvertreter Olusegun Obasanjo wird neuer Juntachef. Erweiterung der Föderation auf 19 Bundesstaaten
1. Okt. 1979	Beginn der II. Republik. Shehu Shagari erster gewählter Staatspräsident
31. Dez. 1983	Militärputsch. Generalmajor Muhammadu Buhari neuer Juntachef. Ende der II. Republik
27. Aug. 1985	Militärputsch. Ibrahim Badamasi Babangida neuer Juntachef
1986	Wole Soyinka erhält als erster Afrikaner den Literaturnobelpreis
1987	Erweiterung der Föderation auf 21 Bundesstaaten
12 Juni 1993	Präsidentschaftswahlen als letzter Schritt zum Projekt III. Republik (1985-93). Moshood Abiola inoffiziell klarer Wahlsieger
23. Juni 1993	Annullierung der Wahlen durch das Militärregime. Abruptes Ende des Übergangs zum Projekt III. Republik (1985-93)
27. Aug. 1993	Interimsregierung Ernest Shonekan
17. Nov. 1993	Militärputsch. General Sani Abacha neuer Juntachef
23. Juni 1994	Moshood Abiola inhaftiert
11. Sept.1995	Generalmajor a. D. Shehu Musa Yar'Adua und zehn andere Personen wg. eines angeblich geplanten Staatsstreiches zum Tode verurteilt. Olusegun Obasanjo erhält 25 Jahre Haft
1. Okt. 1995	Umwandlung der Todesstrafen in lebenslange Haft. Obasanjos Haftstrafe wird auf 15 Jahre reduziert
10. Nov. 1995	Ken Saro-Wiwa und acht weitere Ogoni nach Schauprozess exekutiert
08. Juni 1998	Tod des Diktators Sani Abacha. General Abdulsalami Abubakar übernimmt die Macht und bereitet den Übergang zur IV. Republik vor
29. Mai 1999	Ex-Juntachef Olusegun Obasanjo übernimmt als gewählter Staatspräsident der IV. Republik die Macht und wird 2003 für eine zweite und damit letzte Amtszeit wiedergewählt
29. Mai 2007	Umaru Musa Yar'Adua, jüngerer Bruder des in der Haft verstorbenen Generalmajors a. D. Shehu Musa Yar'Adua, übernimmt als gewählter Staatspräsident die Führung des Landes.

9. Febr. 2010	Vizepräsident Goodluck Jonathan übernimmt vom schwerkranken Amtsinhaber geschäftsführend das Amt des Staatspräsidenten
5. Mai 2010	Umaru Musa Yar'Adua verstorben
6. Mai 2010	Goodluck Jonathan wird als Staatspräsident vereidigt

2 Bundesstaaten, Hauptstädte, Bezirke und ausgewählte Ethnien[176]

Bundesstaat (Zahl der Bezirke)	**768 Local Government Areas (Bezirke)**	**Hauptstadt**
Abia (17) Igbo	Aba North, Aba South, Arochukwu, Bende, Ikwuano, Isiala-Ngwa North, Isiala-Ngwa South, Isuikwato, Obi Ngwa, Ohafia, Osisioma Ngwa, Ugwunagbo, Ukwa East, Ukwa West, Umuahia North, Umuahia South, Umu-Nneochi	Umuahia
Adamawa (21) Mbula, Sukur, Bachama	Demsa, Fufore, Ganaye, Gireri, Gombi, Guyuk, Hong, Jada, Lamurde, Madagali, Maiha, Mayo-Belwa, Michika, Mubi North, Mubi South, Numan, Shelleng, Song, Toungo, Yola North, Yola South.	Yola
Akwa Ibom (31) Ibibio, Annang	Abak, Eastern Obolo, Eket, Esit Eket, Essien Udim, Etim Ekpo, Etinan, Ibeno, Ibesikpo Asutan, Ibiono Ibom, Ika, Ikono, Ikot Abasi, Ikot Ekpene, Ini, Itu, Mbo, Mkpat Enin, Nsit Atai, Nsit Ibom, Nsit Ubium, Obot Akara, Okobo, Onna, Oron, Oruk Anam, Udung Uko, Ukanafun, Uruan, Urue-Offong/Oruko, Uyo.	Uyo
Anambra (21) Igbo	Aguata, Anambra East, Anambra West, Anaocha, Awka North, Awka South, Ayamelum, Dunukofia, Ekwusigo, Idemili North, Idemili South, Ihiala, Njikoka, Nnewi North, Nnewi South, Ogbaru, Onitsha North, Onitsha South, Orumba North, Orumba South, Oyi.	Awka
Bauchi (20) Jimbin, Gere,	Alkaleri, Bauchi, Bogoro, Damban, Darazo, Dass, Gamawa, Ganjuwa, Giade, Itas/Gadau, Jama'are, Katagum, Kirfi, Misau, Ningi, Shira, Tafawa-Balewa, Toro, Warji, Zaki	Bauchi
Bayelsa (8) Ijaw	Brass, Ekeremor, Kolokuma/Opokuma, Nembe, Ogbia, Sagbama, Southern Ijaw, Yenegoa.	Yenegoa
Benue (23) Tiv, Idoma	Ado, Agatu, Apa, Buruku, Gboko, Guma, Gwer East, Gwer West, Katsina-Ala, Konshisha, Kwande, Logo, Makurdi, Obi, Ogbadibo, Oju, Okpokwu, Ohimini, Oturkpo, Tarka, Ukum, Ushongo, Vandeikya.	Makurdi
Borno (27) Kanuri, Shuwa, Mandara	Abadam, Askira/Uba, Bama, Bayo, Biu, Chibok, Damboa, Dikwa, Gubio, Guzamala, Gwoza, Hawul, Jere, Kaga, Kala/Balge, Konduga, Kukawa, Kwaya Kusar, Mafa, Magumeri, Maiduguri, Marte, Mobbar, Monguno, Ngala, Nganzai, Shani.	Maiduguri

Cross River (18) Efik, Ekoi	Abi, Akamkpa, Akpabuyo, Bakassi, Bekwara, Biase, Boki, Calabar-Municipal, Calabar South, Etung, Ikom, Obanliku, Obubra, Obudu, Odukpani, Ogoja, Yakurr, Yala	Calabar
Delta (25) Ijaw, Itsekiri, Urhobo	Aniocha North, Aniocha South, Bomadi, Burutu, Ethiope East, Ethiope West, Ika North East, Ika South, Isoko North, Isoko South, Ndokwa East, Ndokwa West, Okpe, Oshimili North, Oshimili South, Patani, Sapele, Udu, Ughelli North, Ughelli South, Ukwuani, Uvwie, Warri North, Warri South, Warri South West.	Asaba
Ebonyi (13) Igbo	Abakaliki, Afikpo North, Afikpo South, Ebonyi, Ezza North, Ezza South, Ikwo, Ishielu, Ivo, Izzi, Ohaozara, Ohaukwu, Onicha	Abakaliki
Edo (18) Ineme (Uneme), Ishan (Esan), Bini	Akoko-Edo, Egor, Esan Central, Esan North East, Esan South East, Esan West, Etsako Central, Etsako East, Etsako West, Igueben, Ikpoba-Okha, Oredo, Orhionmwon, Ovia North East, Ovia South West, Owan East, Owan West, Uhunmwonde.	Benin City
Ekiti (16) Yoruba	Ado Ekiti, Aiyekire, Efon, Ekiti East, Ekiti South West, Ekiti West, Emure, Idosi-Osi, Ijero, Ikere, Ikole, Ilejemeji, Irepodun/Ifelodun, Ise/Orun, Moba, Oye.	Ado Ekiti
Enugu (17) Igbo	Aninri, Awgu, Enugu East, Enugu North, Enugu South, Ezeagu, Igbo-Etiti, Igbo-Eze North, Igbo-Eze South, Isi-Uzo, Nkanu East, Nkanu West, Nsukka, Oji-River, Udenu, Udi, Uzo-Uwani	Enugu
Gombe (11) Haussa-Fulani, Fulani, Ngamo	Akko, Balanga, Billiri, Dukku, Funakaye, Gombe, Kaltungo, Kwami, Nafada, Shomgom, Yamaltu/Deba.	Gombe
Imo (27) Igbo	Aboh-Mbaise, Ahiazu-Mbaise, Ehime-Mbano, Ezinihitte, Ideato North, Ideato South, Ihitte/Uboma, Ikeduru, Isiala Mbano, Isu, Mbaitoli, Ngor-Okpala, Njaba, Nwangele, Nkwerre, Obowo, Oguta, Ohaji/Egbema, Okigwe, Orlu, Orsu, Oru East, Oru West, Owerri-Municipal, Owerri North,Owerri West, Unuimo.	Owerri
Jigawa (27) Haussa-Fulani, Fulani	Auyo, Babura, Birni Kudu, Biriniwa, Buji, Dutse, Gagarawa, Garki, Gumel, Guri, Gwaram, Gwiwa, Hadejia, Jahun, Kafin Haussa, Kaugama, Kazaure, Kiri Kasamma, Kiyawa, Maigatari, Malam Madori, Miga, Ringim, Roni, Sule-Tankarkar, Taura, Yankwashi.	Dutse

Kaduna (23) Haussa-Fulani, Kataf, Gwari, Fulani, Kagoma	Birnin-Gwari, Chikun, Giwa, Igabi, Ikara, Jaba, Jema'a, Kachia, Kaduna North, Kaduna South, Kagarko, Kajuru, Kaura, Kauru, Kubau, Kudan, Lere, Makarfi, Sabon-Gari, Sanga, Soba, Zangon-Kataf, Zaria	Kaduna
Kano (44) Haussa-Fulani	Ajingi, Albasu, Bagwai, Bebeji, Bichi, Bunkure, Dala, Dambatta, Dawakin Kudu, Dawakin Tofa, Doguwa, Fagge, Gabasawa, Garko, Garum Mallam, Gaya, Gezawa,Gwale, Gwarzo, Kabo, Kano Municipal, Karaye, Kibiya, Kiru, Kumbotso, Kunchi, Kura, Madobi, Makoda, Minjibir, Nasarawa, Rano, Rimin Gado, Rogo, Shanono, Sumaila, Takai, Tarauni, Tofa, Tsanyawa, Tudun Wada, Ungogo, Warawa, Wudil.	Kano
Katsina (34) Haussa-Fulani	Bakori, Batagarawa, Batsari, Baure, Bindawa, Charanchi, Dandume, Danja, Dan Musa, Daura, Dutsi, Dutsin-Ma, Faskari, Funtua, Ingawa, Jibia, Kafur, Kaita, Kankara, Kankia, Katsina, Kurfi, Kusada, Mai'Adua, Malumfashi, Mani, Mashi, Matazuu, Musawa, Rimi, Sabuwa, Safana, Sandamu, Zango.	Katsina
Kebbi (21) Haussa-Fulani, Danda, Zarma	Aleiro, Arewa-Dandi, Argungu, Augie, Bagudo, Birnin Kebbi, Bunza, Dandi, Fakai, Gwandu, Jega, Kalgo, Koko/Besse, Maiyama, Ngaski, Sakaba, Shanga, Suru, Wasagu/Danko, Yauri, Zuru.	Birnin Kebbi
Kogi (21) Igbirra	Adavi, Ajaokuta, Ankpa, Bassa, Dekina, Ibaji, Idah, Igalamela-Odolu, Ijumu, Kabba/Bunu, Kogi, Lokoja, Mopa-Muro, Ofu, Ogori/Magongo, Okehi, Okene, Olamabolo, Omala, Yagba East, Yagba West.	Lokoja
Kwara (16) Yoruba, Kambari, Ogori	Asa, Baruten, Edu, Ekiti, Ifelodun, Ilorin East, Ilorin South, Ilorin West, Irepodun, Isin, Kaiama, Moro, Offa, Oke-Ero, Oyun, Pategi.	Ilorin
Lagos (20) Yoruba	Agege, Ajeromi-Ifelodun, Alimosho, Amuwo-Odofin, Apapa, Badagry, Epe, Eti-Osa, Ibeju/Lekki, Ifako-Ijaye, Ikeja, Ikorodu, Kosofe, Lagos Island, Lagos Mainland, Mushin, Ojo, Oshodi-Isolo, Shomolu, Surulere.	Ikeja
Nasarawa (13) Idoma, Eggon, Ninzam	Akwanga, Awe, Doma, Karu, Keana, Keffi, Kokona, Lafia, Nasarawa, Nasarawa-Eggon, Obi, Toto, Wamba.	Lafia
Niger (25) Nupe, Gwari	Agaie, Agwara, Bida, Borgu, Bosso, Chanchaga, Edati, Gbako, Gurara, Katcha, Kontagora, Lapai, Lavun, Magama, Mariga, Mashegu, Mokwa, Muya, Paikoro, Rafi, Rijau, Shiroro, Suleja, Tafa, Wushishi.	Minna

Ogun (20) Yoruba	Abeokuta North, Abeokuta South, Ado-Odo/Ota, Egbado North, Egbado South, Ewekoro, Ifo, Ijebu East, Ijebu North, Ijebu North East, Ijebu Ode, Ikenne, Imeko-Afon, Ipokia, Obafemi-Owode, Ogun Waterside, Odeda, Odogbolu, Remo North, Shagamu.	Abeokuta
Ondo (18) Yoruba	Akoko North East, Akoko North West, Akoko South East, Akoko South West, Akure North, Akure South, Ese-Odo, Idanre, Ifedore, Ilaje, Ile-Oluji-Okeigbo, Irele, Odigbo, Okitipupa, Ondo East, Ondo West, Ose, Owo.	Akure
Osun (30) Yoruba	Aiyedade, Aiyedire, Atakumosa East, Atakumosa West, Boluwaduro, Boripe, Ede North, Ede South, Egbedore, Ejigbo, Ife Central, Ife East, Ife North, Ife South, Ifedayo, Ifelodun, Ila, Ilesha East, Ilesha West, Irepodun, Irewole, Isokan, Iwo, Obokun, Odo-Otin, Ola-Oluwa, Olorunda, Oriade, Orolu, Osogbo.	Osogbo
Oyo (33) Yoruba	Afijio, Akinyele, Atiba, Atigbo, Egbeda, Ibadan Central, Ibadan North, Ibadan North West, Ibadan South East, Ibadan South West, Ibarapa Central, Ibarapa East, Ibarapa North, Ido, Irepo, Iseyin, Itesiwaju, Iwajowa, Kajola, Lagelu, Ogbomoso North, Ogbomoso South, Ogo Oluwa, Olorunsogo, Oluyole, Ona-Ara, Orelope, Ori Ire, Oyo East, Oyo West, Saki East, Saki West, Surulere.	Ibadan
Plateau (17) Birom, Haussa-Fulani, Fulani, Angas	Barikin Ladi, Bassa, Bokkos, Jos East, Jos North, Jos South, Kanam, Kanke, Langtang North, Langtang South, Mangu, Mikang, Pankshin, Qua'an Pan, Riyom, Shendam, Wase.	Jos
Rivers (23) Ijaw, Khana (Ogoni)	Abua/Odual, Ahoada East, Ahoada West, Akuku Toru, Andoni, Asari-Toru, Bonny, Degema, Emohua, Eleme, Etche, Gokana, Ikwerre, Khana, Obia/Akpor, Ogba/ Egbema/Ndoni, Ogu/Bolo, Okrika, Omumma, Opobo/ Nkoro, Oyigbo, Port-Harcourt, Tai.	Port-Harcourt
Sokoto (23) Haussa-Fulani Fulani	Binji, Bodinga, Dange-Shuni, Gada, Goronyo, Gudu, Gwadabawa, Illela, Isa, Kware, Kebbe, Rabah, Sabon Birni, Shagari, Silame, Sokoto North, Sokoto South, Tambuwal, Tangaza, Tureta, Wamako, Wurno, Yabo.	Sokoto
Taraba (16) Jukun, Kuteb. Mumuye	Ardo-Kola, Bali, Donga, Gashaka, Cassol, Ibi, Jalingo, Karim-Lamido, Kurmi, Lau, Sardauna, Takum, Ussa, Wukari, Yorro, Zing.	Jalingo
Yobe (17) Bole, Karekare, Bade	Bade, Bursari, Damaturu, Fika, Fune, Geidam, Gujba, Gulani, Jakusko, Karasuwa, Machina, Nangere, Nguru, Potiskum, Tarmua, Yunusari, Yusufari.	Damaturu

Zamfara (14) Haussa-Fulani	Anka, Bakura, Birnin Magaji, Bukkuyum, Bungudu, Gummi, Gusau, Kaura Namoda, Maradun, Maru, Shinkafi, Talata Mafara, Tsafe, Zurmi.	Gusau
FCT Abuja (6 Area Councils) Gwari, Koro, Bassa (Ethnien)	Abaji, Abuja Municipial, Bwari, Gwagwalada, Kuje, Kwali;	

2A Statistik der Bundesstaaten und des Bundesterritoriums Abuja

Federal Republic of Nigeria
*Bundesstaaten (**alphabetisch**), Gebietsgröße, Bevölkerungszahlen, Bevölkerungsdichte*

36 Bundesstaaten Bundesstaat	Hauptstadt	(km^2)	Bev. in Millionen 2006 Zensus	P/km^2
Abia (AB)	Umuahia	6,320	2,84	450
Adamawa (AD)	Yola	36,917	3,17	86
Akwa Ibom (AK)	Uyo	7,081	3,90	551
Anambra (AN)	Awka	4,844	4,17	862
Bauchi (BA)	Bauchi	45,837	4,65	102
Bayelsa (BY)	Yenegoa	10,773	1,70	158
Benue (BN)	Makurdi	34,059	4,25	125
Borno (BO)	Maiduguri	70,898	4,17	59
Cross River (CR)	Calabar	20,156	2,89	144
Delta (DL)	Asaba	17,698	4,11	232
Ebonyi (EB)	Abakaliki	5,670	2,17	384
Edo (ED)	Benin City	17,802	3,23	182
Ekiti (EK)	Ado-Ekiti	6,353	2,39	378
Enugu (EN)	Enugu	7,161	3,26	456
Gombe (GO)	Gombe	18,768	2,36	126
Imo (IM)	Owerri	5,100	3,92	770
Jigawa (JG)	Dutse	23,154	4,36	188
Kaduna (KD)	Kaduna	46,053	6,11	133
Kano (KN)	Kano	20,131	9,40	467
Katsina (KT)	Katsina	24,192	5,80	240
Kebbi (KB)	Birnin Kebbi	36,800	3,25	88
Kogi (KG)	Lokoja	29,833	3,31	111
Kwara (KW)	Ilorin	36,825	2,36	64
Lagos (LA)	Ikeja	3,345	9,11	2,725
Nasarawa (NA)	Lafia	27,117	1,86	69
Niger (NG)	Minna	76,363	3,95	52
Ogun (OG)	Abeokuta	16,762	3,75	224
Ondo (OD)	Akure	15,500	3,46	223
Osun (OS)	Osogbo	9,251	3,41	369
Oyo (OY)	Ibadan	28,454	5,58	196
Plateau (PL)	Jos	30,913	3,20	104
Rivers (RV)	Port Harcourt	11,077	5,19	469
Sokoto (SO)	Sokoto	25,973	3,70	143

Taraba (TR)	Jalingo	54,473	2,29	42
Yobe (YO)	Damaturu	45,502	2,32	51
Zamfara (ZA)	Gusau	39,762	3,27	82
Bundesterritorium, Abuja		7,315	1,40	192
Nigeria		924,192	140*	152

*gerundet

2006 Census Population: Official Gazette, Vol. 96, No. 2 of 2nd of February 2009. Federal Republic of Nigeria

Federal Republic of Nigeria
*Bundesstaaten (**nach Gebietsgröße**), Bevölkerungszahle, Bevölkerungsdichte*

36 Bundesstaaten Bundesstaat	Hauptstadt	(km^2)	Bev. in Millionen 2006 Zensus	P/km^2
Niger (NG)	Minna	76,363	3,95	52
Borno (BO)	Maiduguri	70,898	4,17	59
Taraba (TR)	Jalingo	54,473	2,29	42
Kaduna (KD)	Kaduna	46,053	6,11	133
Bauchi (BA)	Bauchi	45,837	4,65	102
Yobe (YO)	Damaturu	45,502	2,32	51
Zamfara (ZA)	Gusau	39,762	3,27	82
Adamawa (AD)	Yola	36,917	3,17	86
Kwara (KW)	Ilorin	36,825	2,36	64
Kebbi (KB)	Birnin Kebbi	36,800	3,25	88
Benue (BN)	Makurdi	34,059	4,25	125
Plateau (PL)	Jos	30,913	3,20	104
Kogi (KG)	Lokoja	29,833	3,31	111
Oyo (OY)	Ibadan	28,454	5,58	196
Nasarawa (NA)	Lafia	27,117	1,86	69
Sokoto (SO)	Sokoto	25,973	3,70	143
Katsina (KT)	Katsina	24,192	5,80	240
Jigawa (JG)	Dutse	23,154	4,36	188
Cross River (CR)	Calabar	20,156	2,89	144
Kano (KN)	Kano	20,131	9,40	467
Gombe (GO)	Gombe	18,768	2,36	126
Edo (ED)	Benin City	17,802	3,23	182
Delta (DL)	Asaba	17,698	4,11	232
Ogun (OG)	Abeokuta	16,762	3,75	224
Ondo (OD)	Akure	15,500	3,46	223

Rivers (RV)	Port Harcourt	11,077	5,19	469
Bayelsa (BY)	Yenegoa	10,773	1,70	158
Osun (OS)	Osogbo	9,251	3,41	369
Federal Capital Territory, Abuja		7,315	1,40	192
Enugu (EN)	Enugu	7,161	3,26	456
Akwa Ibom (AK)	Uyo	7,081	3,90	551
Ekiti (EK)	Ado-Ekiti	6,353	2,39	378
Abia (AB)	Umuahia	6,320	2,84	450
Ebonyi (EB)	Abakaliki	5,670	2,17	384
Imo (IM)	Owerri	5,100	3,92	770
Anambra (AN)	Awka	4,844	4,17	862
Lagos (LA)	Ikeja	3,345	9,11	2,725
Nigeria		924,192	140*	152

*gerundet

2006 Census Population: Official Gazette, Vol. 96, No. 2 of 2nd of February 2009. Federal Republic of Nigeria

Federal Republic of Nigeria
*Bundesstaaten **(nach Bevölkerungszahlen)**, Gebietsgröße, Bevölkerungsdichte*

36 Bundesstaaten Bundesstaat	Hauptstadt	(km^2)	Bev. in Millionen 2006 Zensus	P/km^2
Kano (KN)	Kano	20,131	9,40	467
Lagos (LA)	Ikeja	3,345	9,11	2,725
Kaduna (KD)	Kaduna	46,053	6,11	133
Katsina (KT)	Katsina	24,192	5,80	240
Oyo (OY)	Ibadan	28,454	5,58	196
Rivers (RV)	Port Harcourt	11,077	5,19	469
Bauchi (BA)	Bauchi	45,837	4,65	102
Jigawa (JG)	Dutse	23,154	4,36	188
Benue (BN)	Makurdi	34,059	4,25	125
Borno (BO)	Maiduguri	70,898	4,17	59
Anambra (AN)	Awka	4,844	4,17	862
Delta (DL)	Asaba	17,698	4,11	232
Niger (NG)	Minna	76,363	3,95	52
Imo (IM)	Owerri	5,100	3,92	770
Akwa Ibom (AK)	Uyo	7,081	3,90	551
Ogun (OG)	Abeokuta	16,762	3,75	224

Sokoto (SO)	Sokoto	25,973	3,70	143
Ondo (OD)	Akure	15,500	3,46	223
Osun (OS)	Osogbo	9,251	3,41	369
Kogi (KG)	Lokoja	29,833	3,31	111
Zamfara (ZA)	Gusau	39,762	3,27	82
Enugu (EN)	Enugu	7,161	3,26	456
Kebbi (KB)	Birnin Kebbi	36,800	3,25	88
Edo (ED)	Benin City	17,802	3,23	182
Plateau (PL)	Jos	30,913	3,20	104
Adamawa (AD)	Yola	36,917	3,17	86
Cross River (CR)	Calabar	20,156	2,89	144
Abia (AB)	Umuahia	6,320	2,84	450
Ekiti (EK)	Ado-Ekiti	6,353	2,39	378
Gombe (GO)	Gombe	18,768	2,36	126
Kwara (KW)	Ilorin	36,825	2,36	64
Yobe (YO)	Damaturu	45,502	2,32	51
Taraba (TR)	Jalingo	54,473	2,29	42
Ebonyi (EB)	Abakaliki	5,670	2,17	384
Nasarawa (NA)	Lafia	27,117	1,86	69
Bayelsa (BY)	Yenegoa	10,773	1,70	158
Bundesterritorium, Abuja		7,315	1,40	192
Nigeria		924,192	140*	152

*gerundet

2006 Census Population: Official Gazette, Vol. 96, No. 2 of 2nd of February 2009. Federal Republic of Nigeria

Federal Republic of Nigeria
*Bundesstaaten (**nach Bevölkerungsdichte**), Gebietszahlen, Gebietsgröße, Bevölkerungsdichte*

36 Bundesstaaten Bundesstaat	Hauptstadt	(km^2)	Bev. in Millionen 2006 Zensus	P/km^2
Lagos (LA)	Ikeja	3,345	9,11	2,725
Anambra (AN)	Awka	4,844	4,17	862
Imo (IM)	Owerri	5,100	3,92	770
Akwa Ibom (AK)	Uyo	7,081	3,90	551
Rivers (RV)	Port Harcourt	11,077	5,19	469
Kano (KN)	Kano	20,131	9,40	467
Enugu (EN)	Enugu	7,161	3,26	456

Abia (AB)	Umuahia	6,320	2,84	450
Ebonyi (EB)	Abakaliki	5,670	2,17	384
Ekiti (EK)	Ado-Ekiti	6,353	2,39	378
Osun (OS)	Osogbo	9,251	3,41	369
Katsina (KT)	Katsina	24,192	5,80	240
Delta (DL)	Asaba	17,698	4,11	232
Ogun (OG)	Abeokuta	16,762	3,75	224
Ondo (OD)	Akure	15,500	3,46	223
Oyo (OY)	Ibadan	28,454	5,58	196
Federal Capital Territory, Abuja		7,315	1,40	192
Jigawa (JG)	Dutse	23,154	4,36	188
Edo (ED)	Benin City	17,802	3,23	182
Bayelsa (BY)	Yenegoa	10,773	1,70	158
Cross River (CR)	Calabar	20,156	2,89	144
Sokoto (SO)	Sokoto	25,973	3,70	143
Kaduna (KD)	Kaduna	46,053	6,11	133
Gombe (GO)	Gombe	18,768	2,36	126
Benue (BN)	Makurdi	34,059	4,25	125
Kogi (KG)	Lokoja	29,833	3,31	111
Plateau (PL)	Jos	30,913	3,20	104
Bauchi (BA)	Bauchi	45,837	4,65	102
Kebbi (KB)	Birnin Kebbi	36,800	3,25	88
Adamawa (AD)	Yola	36,917	3,17	86
Zamfara (ZA)	Gusau	39,762	3,27	82
Nasarawa (NA)	Lafia	27,117	1,86	69
Kwara (KW)	Ilorin	36,825	2,36	64
Borno (BO)	Maiduguri	70,898	4,17	59
Niger (NG)	Minna	76,363	3,95	52
Yobe (YO)	Damaturu	45,502	2,32	51
Taraba (TR)	Jalingo	54,473	2,29	42
Nigeria		924,192	140*	152

*gerundet

2006 Census Population: Official Gazette, Vol. 96, No. 2 of 2nd of February 2009.

Sechs Geopolitische Zonen

Northern Nigeria	**730,885 (km²)**	**75,26 (Millionen)**	**103 (P/km²)**
North-West Jigawa, Kaduna, Kano, Katsina, Kebbi, Sokoto, Zamfara	216,065 km²	35,91	166
North-East Adamawa, Bauchi, Borno, Gombe, Taraba, Yobe	272,395 km²	18,98	70
North-Central Benue, Kogi, Kwara, Nasarawa, Niger, Plateau	235,110 km²	18,96	81
Federal Capital Territory, Abuja	7,315 km²	1,40	192
Southern Nigeria	**193,307 (km²)**	**65,16 (Millionen)**	**337 (P/km²)**
South-West Ekiti, Lagos, Ogun, Ondo, Osun, Oyo	79,665 km²	27,72	348
South-South Akwa Ibom, Bayelsa, Cross River, Delta, Edo, Rivers	84,547 km²	21,04	249
South-East Abia, Anambra, Ebonyi, Enugu, Imo	29,095 km²	16,39	564

Nigeria: von 3 Regionen 1960 zu 36 Bundesstaaten

3 Regions 01.10.1960	12 States 27.05.1967	19 States 03.02.1976	21 States 23.09.1987	30 States 27.08.1991	36 States 01.10.1996
Northern	North-Western	Sokoto	Sokoto	Sokoto	Sokoto
					Zamfara
				Kebbi	Kebbi
		Niger	Niger	Niger	Niger[f]
	North-Central	Kaduna	Kaduna	Kaduna	Kaduna
			Katsina	Katsina	Katsina
	Kano	Kano	Kano	Kano	Kano
				Jigawa	Jigawa
	North-Eastern	Bauchi	Bauchi	Bauchi	Bauchi
					Gombe
		Borno	Borno	Borno	Borno
				Yobe	Yobe
		Gongola	Gongola	Adamawa	Adamawa
				Taraba	Taraba[c]
	Benue-Plateau	Plateau	Plateau	Plateau	Plateau
					Nasarawa
		Benue	Benue	Benue	Benue[c, e]
	Central-Western			Kogi	Kogi[e]
	Kwara[h]	Kwara	Kwara	Kwara	Kwara[e, f]
		FCT[i]	FCT, Abuja	FCT, Abuja	FCT, Abuja[b]
Federal Territory of Lagos	Lagos	Lagos	Lagos	Lagos	Lagos[a]
Western	Western	Ogun	Ogun	Ogun	Ogun
		Oyo	Oyo	Oyo	Oyo
				Osun	Osun
		Ondo	Ondo	Ondo	Ondo
					Ekiti[j]
Mid-Western	Mid-Western	Bendel	Bendel	Edo	Edo
				Delta	Delta[d]
Eastern	Central-Eastern	Anambra	Anambra	Anambra	Anambra
				Enugu[k]	Enugu[g]
	East-Central				Ebonyi[g]
				Abia	Abia[g]
		Imo	Imo	Imo	Imo
	South-Eastern	Cross River	Cross River	Cross River	Cross River
			Akwa Ibom	Akwa Ibom	Akwa Ibom
	Rivers	Rivers	Rivers	Rivers	Rivers
					Bayelsa[d]

a) Colony Province from Western Region to Lagos State in 1967.
b) FCT (Federal Capital Territory) excised from Niger, Kwara and Plateau States, respectively, on 4 February 1976.
c) Wukari Division (forming part of former Benue Province) from Benue-Plateau State to Gongola State in 1976.
d) part of Western Ijaw Division of Delta Province (Sagbama, Ekeremor) from Bendel State to Rivers State in 1976.
e) Ankpa, Dekina and Idah Divisions of former Kabba Province from Kwara State to Benue State in 1976,reunited in 1991 with Igbira, Kabba and Kwara Divisions of former Kabba Province to form the new Kogi State.
f) Borgu Local Government Area (as constituted in 1989: former Bussa Emirate) from Kwara State to Niger State in 1991.
g) former Abakaliki and Afikpo Divisions of Abakaliki Province carved from Enugu and Abia States, respectively, in 1996.
h) March 1968
i) 1979: Abuja
j) excised from the Western Region on 9 August 1963
k) from 8 April 1970

3 Register

4 Abkürzungsverzeichnis

ABU	Ahmadu Bello University
AC	Action Congress
AD	Alliance for Democracy
AFRICOM	United States Africa Command
AG	Action Group
ANC	African National Congress
ANPP	All Nigerian People's Party
APP	All People's Party
AU	Afrikanische Union
BBC	British Broadcasting Corporation
CAN	Christian Association of Nigeria
CNN	Cable News Network
DISAM	Defense Institute of Security Assistant Management
DFID	Department for International Development
DW	Deutsche Welle
ECOMOG	Ecomic Community of West African States Monitoring Group
ECOWAS	Economic Community of West African States
FESTAC	Festival of Black and African Arts and Culture
GECF	Gas Exporting Countries Forum
IYC	Ijaw Youths Council
IWF	Internationaler Währungsfonds
JNI	Jama'atu Nasril Islam
MASSOB	Movement for the Actualization of the Sovereign State of Biafra
MEND	Movement for the Emancipation of the Niger-Delta
MIT	Massachusetts Institute of Technology
MOSOP	Movement for the Survival of the Ogoni People
MPLA	Movimento Popular de Libertação de Angola
MPRI	Military Professional Resources Incorporated
MSS	Muslim Student Society
MTN	Mobile Telephone Networks
NALICON	National Liberation Coalition
NCA	Northern Christian Association
NCNC	National Council of Nigeria and the Cameroons. Später umbenannt in National Council of Nigerian Citizens
NDV	Niger-Delta Volunteer Force
NDVF	Niger-Delta Volunteer Force
NLNG	Nigeria Liquefied Natural Gas
NIIA	Nigerian Institute for International Affairs
NITEL	Nigerian Telecommunications Limited

NNDP	Nigerian National Democratic Party
NNPC	Nigerian National Petroleum Corporation
NPC	Northern Peoples' Congress
NPN	National Party of Nigeria
NPP	Nigerian People's Party
NRC	National Republican Convention
NSCIA	Nigerian Supreme Council of Islamic Affairs
NTA	Nigerian Television Authority
NYM	Nigerian Youth Movement
OAU	Organisation of African Unity
OECD	Organisation of Economic Co-Operation and Development
OIC	Organisation of The Islamic Conference
OPEC	Organisation of the Petroleum Exporting Countries
OPC	Oduduwa People's Congress
PDP	People's Democratic Party
PHCN	Power Holding Company of Nigeria
PROCMURA	Programme for Christian-Muslim Relations in Africa
SDR	Social Democratic Party
TAC	Technical Aid Corps
TSGP	Trans-Saharan Gas Pipeline
UNESCO	United Nations Education, Scientific and Cultural Organization
UNPO	Unrepresented Nations and Peoples' Organisation
UNN	University of Nigeria Nsukka
UNO	United Nations Organization
UPN	United Party of Nigeria
VBOI	Voice of Biafra International
VOA	Voice of America
WAGP	West African Gas Pipeline

5 Ausgewählte traditionelle Herrscher in den jeweiligen Bundesstaaten

Sultan of Sokoto	Sokoto
Shehu of Borno	Borno
Emir of Kano	Kano
Emir of Zaria	Kaduna
Emir of Daura	Katsina
Emir of Katsina	Katsina
Emir of Gwandu	Kebbi
Emir of Ilorin	Kwara
Emir of Gumel	Jigawa
Emir of Hadeja	Jigawa
Emir of Bauchi	Bauchi
Emir of Jama'are	Bauchi
Emir of Zuru	Kebbi
Emir of Borgu	Niger
Alaafin von Oyo	Oyo
Ooni of Ife	Osun
Oba of Benin	Edo
Olu of Warri	Delta
Deji of Akure	Ondo
Oba of Lagos	Lagos
Alake of Egbaland	Ogun
Olubadan of Ibadan	Oyo
Etsu Nupe	Niger
Tor Tiv	Benue
Gbong Gwom	Plateau
Lamido of Adamawa	Adamawa
Amanyanabo of Opobo	Rivers
Amanyanabo of Nembe	Bayelsa
Gbenemene of Gokana	Rivers
Obong of Calabar	Cross River

Für die Wahl zum Staatspräsidenten muss der siegreiche Kandidat die meisten Stimmen auf sich vereinen und zugleich in zwei Drittel der Bundesstaaten und im Bundesterritorium Abuja mindestens 25 Prozent der Stimmen gewinnen. Überspringt keiner der Präsidentschaftskandidaten die hohe 25 Prozent-Hürde, findet ein zweiter Wahlgang mit zwei Kandidaten statt. Derjenige Kandidat, der im ersten Wahlgang die meisten Stimmen erhält, trifft dann auf jenen Kandidaten, der in den meisten Bundesstaaten das beste Ergebnis vorweist. Sollten zwei oder mehr Bewerber die gleiche Anzahl von Bundesstaaten gewonnen haben, wird derjenige zur Stichwahl zugelassen, der die Mehrheit aller abgegebenen gültigen Stimmen des ersten Wahlgangs gewann. Schafft in der Stichwahl keiner der beiden Kandidaten die 25 Prozent-Hürde, muss die Wahlkommission einen weiteren Wahlgang mit diesen beiden Kandidaten ohne die 25 Prozent-Hürde ansetzen. Der Kandidat mit den meisten gültigen Stimmen wäre dann zum Staatspräsidenten gewählt.

Sollte nur ein Kandidat zur Wahl antreten, gilt auch für ihn die 25 Prozent-Klausel, und er benötigt mehr Ja- als Nein-Stimmen. Erfüllt er die beiden Bedingungen nicht, müssen neue Kandidaten für einen erneuten Wahlgang benannt werden.

Eine vergleichbare Verfahrensweise sieht das Wahlsystem für die Gouverneurswahlen vor, wobei sich die 25 Prozent-Hürde auf die Anzahl der Bezirke (Local Government) in den jeweiligen Bundesstaaten bezieht.

Nach der ersten Wahl unter dem präsidentiellen Regierungssystem 1979 musste die Wahlkommission zu einem Rechentrick greifen, um dem Kandidaten mit den meisten Stimmen, Shehu Shagari, zum Wahlsieg zu verhelfen und einen Präzedenzfall[177] zu verhindern. Shagaris Ernennung zum Staatspräsidenten war verfassungsrechtlich äußerst umstritten, denn er hatte nach weit verbreiteter Meinung von Juristen und Verfassungsexperten eine zentrale Anforderung des Wahlsystems, mindestens 25 Prozent der Stimmen in zwei Drittel der Bundesstaaten zu gewinnen, nicht erfüllt. Allgemein ging man davon aus, dass zwei Drittel der damaligen 19 Bundesstaaten 13 Bundesstaaten entsprächen. Shagari hatte aber nur in 12 Bundesstaaten die 25 Prozent-Hürde überwunden. In einem weiteren Bundesstaat hatte er aber 20 Prozent der Stimmen erhalten. Die Wahlkommission entschied, dass zwei Drittel von 19 Bundesstaaten 12 zwei Drittel seien. 25 Prozent von zwei Drittel seien aber ein Sechstel, also 16.66 Prozent, womit die 20 Prozent der Stimmen in diesem 13. Bundesstaat ausreichend wären. Der Supreme Court bestätigte diese Verfahrensweise, die somit Eingang in die Wahlarithmetik fand.

Die beiden Kammern der National Assembly (Bundesparlament) verfügen insgesamt über 469 Sitze. Der Senat hat 109 und das Repräsentantenhaus 360 Sitze. Die Legislaturperiode beträgt vier Jahre und deckt sich mit wenigen Tagen Verzögerung mit der Amtzeit des Staatspräsidenten.

Jeder Bundesstaat schickt drei Senatoren in den Senat, die nach dem Mehrheitswahlrecht gewählt werden. Das Bundesterritorium Abuja entsendet einen Senator. Die 360 Wahlkreise für das Repräsentantenhaus sind entsprechend der Bevölkerungszahl in den einzelnen Bundesstaaten zugeschnitten, wobei das Bundesterritorium über zwei zu vergebene Mandate verfügt. Auch diese Mandatsträger werden nach dem Mehrheitswahlrecht gewählt.

Die 36 Parlamente der Bundesstaaten haben 990 Sitze, wobei sich die Mandate der einzelnen Parlamente an der Zahl der Wahlkreise für das Repräsentantenhaus orientieren müssen. So darf ein Parlament nicht weniger als 24 und nicht mehr als 49 Abgeordnete haben.

7 Auszug aus Ken Saro-Wiwas Schlussplädoyer vor dem Tribunal

STATEMENT TO THE OGONI CIVIL DISTURBANCES TRIBUNAL

My name is Kenule Beeson Saro-Wiwa. I live at Simaseng Place, 9 Rumuibekwe Road, Port Harcourt. I am a writer, publisher, environmentalist and human rights activist.

I am the President of the Ethnic Minority Rights Organization of Africa (EMIROAF). I am also the current President of the Movement for the Survival of the Ogoni People (MOSOP) which was founded in 1990 to struggle non-violently for the political, economic and environmental rights of the Ogoni people. The motto of the Movement is "Freedom, Peace and Justice".

The Ogoni are a distinct ethnic group, numbering 500,000 and inhabit the coastal plains terraces to the north of the Niger delta in south-east Nigeria. Living in an area of 404 square miles, Ogoni is one of the most densely populated rural areas in the world.

Oil was discovered in Ogoni by Shell in 1958 and about 900 million barrels of oil of estimated value 30 billion US dollars have been mined from the area since then. There are in Ogoni, 96 oil wells connected to five oilfields where gas has been flared twenty-four hours a day for thirty-five years. Shell's oil pipelines cris-cross the surface of Ogoni lands dangerously. There are, as well, a fertilizer plant, two oil refineries, a petrochemical plant and a seaport. Most of the oil wells in Ogoni are operated by Shell. Chevron operates the balance.

In 1990, the Ogoni took stock of their condition and found that in spite of the stupendous oil and gas wealth of their land, they were extremely poor, had no social amenities, that unemployment was running at over seventy per cent, and that they were powerless, as an ethnic minority in a country of 100 million people, to do anything to alleviate their condition. Worse, their environment was completely devastated by three decades of reckless oil exploitation or ecological warfare by Shell. In brief, the Ogoni were faced with environmental degradation, political marginalization, economic strangulation, slavery and possible extinction.

The Chiefs and leaders of Ogoni therefore adopted an Ogoni Bill of Rights (OBR) in which they demanded (a) the right to self-determination as a distinct people in the Nigerian Federation; (b) adequate representation as of right in all Nigerian national institutions; (c) the right to use a fair proportion of the economic resources of their land for their development and (d) the right to control their environment. These demands were presented to the Government and people of Nigeria in October 1990.

Petitioning governments for rights is common and is an undeniable prerogative of individuals and communities in the country. Ordinarily, therefore, the OBR would not have raised an eyebrow. The Babangida military dictatorship ignored the demands. So, the Ogoni embarked on intense publicity at the national and international levels. And MOSOP embarked on the mass mobilization of the Ogoni grassroots, in preparation for non-violent struggle.

On 3rd November, 1992, the Ogoni people, under MOSOP, and after extensive popular consultation, issued the oil companies operating in Ogoni with a thirty-day Demand Notice: pay back rents and royalties, pay compensation for devastated land or quit. The oil companies, Shell, Chevron and the Nigerian National Petroleum Corporation, ignored the demand.

On 4th January, 1993, the Ogoni situated their struggle in an international milieu when, in celebration of the United Nations Year of the World's Indigenous Populations, 300,000 Ogoni

1

8 Karte

200km
© BITmap/Munzinger
NIGER
TSCHAD
Tschadsee
BENIN
NIGERIA
KAMERUN
Sokoto
Sokoto
Niger
Katsina
Zamfara
Jigawa
Kano
Gusau
Kano
Yobe
N'Djamena
Maiduguri
Kebbi
Bauchi
Borno
Kaduna
Bergland
Gombe
Kainji-Reservoir
Niger
Kaduna
1781
von Jos
Adamawa
Sn
Capital Terr.
Abuja
Plateau
Kwara
Nassarawa
Ogbomosho
Oyo
Oshogbo
Ekiti
Benue
Taraba
Ibadan
Osun
Kogi
Ogun
Ondo
Benue
Chappal Waddi
2419
Lagos
Edo
Enugu
Ebonyi
Porto Novo
Lagos
Anambra
Cross River
Delta
Imo
Abia
Bayelsa
Rivers
Akwa-Ibom
Port Harcourt
Nigerdelta
Malabo
3008
Bioko
Golf von Guinea
ÄQUATORIAL-GUINEA
Erdgas
Erdöl
Zinn
Steinkohle